Les transferts
culturels
franco-allemands

法德
文化迁变

[法] 米歇尔·埃斯帕涅 Michel Espagne 著　齐赵园 译

上海人民出版社

中文版序

　　文化是通过引进物品、理论和概念形成的，并将它们转变到这样一个程度，即引进的东西在接受语境和原生语境中都是原创的、真实且合法的。历史编纂学对外国文化的开放与其说是通过自我与他者的比较，不如说是通过阐明每个文化实体的多重嵌套，以及由此产生的混合。然而，这并不是要否认文化的原创性，而是要承认这种原创性也来自一连串的借用，排除误解，强调创造新义。"再语义化"一词可以很好地描述在文化迁变中发生的事情。

　　文化迁变理论诞生并发展于 20 世纪 80 年代中期，最初是为了理解 19 世纪法德关系而提出的。在这一时期，对德国的参照在法国历史上无处不在，如果我们考虑到这两个空间之间的无数交汇点，甚至可以说，直到 21 世纪初，尽管两国间发生了三次战争（1870 年、1914—1918 年、1940—1945 年），但法国有点像德国，就像德国也有点像法国一样。黑格尔的弟子，马克思的老师，那些"青年黑格尔派"，难道不是在社会主义的早期形式中，在傅里叶主义者或圣西门主义者中，寻找一种与德国古典哲学相对应的社会吗？ 19 世纪末的法国不是把康德哲学变成了一种公民宗教形式，在所有学校的哲学课堂上教授吗？这种处理法德关系的方式要求我们重新思考法国和德国的人文科学历史，将其视为一种永久对话、一系列的相互影响，例如促使法国哲学家们去拯救一位像费希特（Fichte）这样深受民族主义影响的德国思想家——费希特强调了他对法国大革命最初的热情。有必要研究经常被低估的中介网络，例如翻译、语言教师，也有必要观察书籍的流通以及档案中记忆层的构成方式。一些人物有助于更好地理解法德关系，比如迁居巴黎的德国诗人海因里希·海涅（Heinrich Heine），他向德国同代人展示了巴黎画卷。他这样做，与其说是为了告诉他们消息，不如说是为了革新他们的思想。

很快就会看到在法国和德国之间发现的现象符合可以在更广范围观察到的规则，例如在俄罗斯。本书在1999年就试图得出对这些现象的第一个理论小结。我们注意到18世纪在莱布尼茨的影响下成立的俄罗斯科学院在其存在的第一个世纪里有大量德籍院士，莱布尼茨本人也会见过彼得大帝。例如，戈特利布·齐格弗里德·巴耶尔（Gottlieb Siegfried Bayer）便是其德籍院士之一，他最先提出了斯堪的纳维亚人中的瓦良格人是第一个俄罗斯国家建立之源头的理论，他们建立了基辅罗斯。另外，这位移居俄国的德国人是最早的欧洲汉学家之一，1730年出版的《汉语博览》（*Museum sinicum*）一书可以为证。他并不是唯一一个为俄罗斯民族的定义作出贡献的德国人，德国探险家和学者被派往俄国最偏远的地区，特别是西伯利亚的广袤地区，他们不仅研究自然资源，还研究俄罗斯帝国的民族和语言，而俄罗斯帝国尚在寻求自我定义。[1] 日耳曼的欧洲和俄罗斯的这种相互渗透没有在18世纪停止下来，19世纪和20世纪依然能看到这种现象，当时最优秀的俄罗斯学生常常前往德国大学，接受新康德主义或德国语言学流派的培养。莫斯科大学的创始人罗蒙诺索夫（Lomonossov）在1736年至1740年间难道不是在马尔堡大学和弗莱贝格矿业学院（Ecole des mines de

---

[1]　巴维尔·阿列克谢耶夫（Pavel Alexeiev）、叶卡捷琳娜·德米特里耶娃（Ekaterina Dmitrieva）、米歇尔·埃斯帕涅（Michel Espagne）编：《作为文化迁变之地的西伯利亚：从阿尔泰到雅库特》（*La Sibérie comme champ de transferts culturels：De l'Altaï à la Iakoutie*），巴黎：德摩波利斯（Demopolis）出版社，2018年。

Freiberg）求学吗？俄罗斯和德国人文科学之间有着紧密联系，以至于如果不考虑由此产生的迁变，就无法想象俄罗斯人文科学史。① 欧洲的文化迁变问题特别需要阐明德俄之间的交汇融合。

　　这两个例子也不是仅有的证据。分析文化迁变的方法使得从这个角度逐步研究整个欧洲空间成为可能。因此，在解放战争和 1830 年获得独立之前，希腊是一个居住着塞尔维亚人、阿尔巴尼亚人或土耳其人的国家，而不是古希腊人后裔的国家。但当欧洲列强同意让一位巴伐利亚血统的统治者登上希腊王位时，希腊是按照德国语文学原则和德国知识分子对古希腊的描述塑造的。雅典的许多官方建筑都是在德国建筑师的指导下建造起来的，第一个希腊国家的管理权掌握在巴伐利亚或普鲁士官员手中。而在古代晚期，士麦那（Smyrne）、亚历山大、西西里岛或伊斯坦布尔的法纳尔区（Fanar）等周边地区对希腊的重要性不亚于阿提卡。我们还能发现，尽管德国建造了希腊，但在某种程度上，反过来也成立，雷根斯堡（Ratisbonne）附近的瓦尔哈拉神殿（Walhalla）是崇拜纪念德国历史伟人的地方，这是一座模仿雅典帕特农神庙的建筑，而慕尼黑或柏林等城市中普遍存在希腊式建筑。希腊像德国就如同德国像希腊一样。

　　在邻近国家的文化史中，外国参照的大量存在使得我们考虑欧洲以外的空间，例如，越南文化特别适合基于文化迁变模式的历史编纂学。② 这不仅是因为越南长期以来一直是一个和中国关系密切的国家，并采用了汉字、儒学、道教和佛教，还因为它曾长期被殖民，越南借鉴了法国的文学、哲学、行政、医学和艺术传统，作为其身份建构的基石。现代越南文学一定程度上

────────────────

① 米歇尔·埃斯帕涅：《琥珀与化石：19—20 世纪人文科学领域里的德俄迁变》(*L'ambre et le fossile. Transferts germano-russes dans les sciences humaines XIX*e*—XX*e *siècles*)，巴黎：阿尔曼·科林（Armand Colin）出版社，2014 年。

② 怀香·奥贝尔-阮（Hoai Huong Aubert-Nguyen）、米歇尔·埃斯帕涅：《越南：文化迁变历史》(*Le Vietnam：Une histoire de transferts culturels*)，巴黎：德摩波利斯出版社，2015 年。

是在借鉴法国文学和改编法国作品的基础上形成的。法国在越南建构中所扮演角色最明显的表现之一，无疑是采用了拉丁文字。与之相反，我们注意到本土越南人和越南侨民先后创作了法语文学作品，直到 21 世纪初，还有与大量越南裔法国人的存在相关的习俗，例如，这些越南裔法国人的祖先将水稻引种到卡马格（Camargue）。每一个被研究的新情况反过来又丰富了研究它的理论框架。当然，也有一些不变的东西，例如引进事物的再语义化——无论是日常生活物品还是理论结构，例如传统类别的中介、翻译、语言教师、从一个国家到另一个国家旅行的商人所发挥的特有作用。但在所研究的每一种情况下，迁变的概念都因与有关文化的特异性、与其历史及其发展所处的地理环境有关的新维度而得到丰富。最有希望的是，就像十几年以来，与中国历史学家和人文科学学者进行交流，探讨从文化迁变角度研究中国的美学和社会思想史的可能性。① 这个问题当然适用于古代中国，古代中国引进、翻译，但也改编了佛经，古代中国重新采用了在犍陀罗艺术中已经存在的希腊形式，以建立独特的雕塑艺术。对于在中国历史上与唐朝一样重要的历史时期来说，这是必要的，唐朝对中国和中亚之间的流通非常开放。总体而言，丝绸之路的主题②、伊朗的索格迪亚人或景教在中古时代中国存在的主题，所有这些主题均可以被视为一系列文化迁变，该研究受到了对敦煌手稿进行研究的广袤大陆的支持。当谈到清朝末期通过扩大与西欧的交流来增强中国国力时，再次提出了从文化迁变角度分析中国文化的问题。洋务运动并非质疑中国传统，相反这是一个根据中国能给西方传统带来什么来重新解释西方传

① 米歇尔·埃斯帕涅、李宏图主编：《意义的移位与创造：多边文化史的路标（中国—法国—欧洲）》（*Chine France-Europe Asie. Itinéraires de concepts*），巴黎：乌尔姆街出版社（Editions rue d'Ulm），2018 年。
② 米歇尔·埃斯帕涅、斯维特拉娜·戈尔舍妮娜（Svetlana Gorshenina）、弗朗茨·葛乐耐（Frantz Grenet）、沙英·穆斯塔法耶夫（Shahin Mustafayev）、克洛德·拉宾（Claude Rapin）编：《中亚：丝绸之路沿线的文化迁变》（*Asie centrale. Transferts culturels le long de la Route de la soie*），巴黎：葡月（Vendémiaire）出版社，2016 年。

统的问题。文化迁变研究方法强调意义的基本可用性和再语义化程序。欧洲思想在传播到中国时发生了变化，这种变化产生了新作品或新思想，其真实性不容怀疑，和原初要素的真实性是一样的。中国对欧洲思想潮流的重新表述传回欧洲无疑是有价值的。

    研究欧洲作品或思想潮流在中国的改编和重写模式本身就构成了一个学科领域①，包括书籍流通、翻译人员的选择和翻译活动的具体实施以及语言学习。1899 年林纾翻译的《茶花女》是 20 世纪初中法文化迁变的一个典型例子，林纾不懂法语，却用优美的古典汉语将大概内容翻译出来了。同时代中国古典诗歌理论家王国维对尼采和叔本华作品的改编表明引进绝不是模仿。人文社会科学中所使用概念的历史迫使我们追寻意义的变迁，根据我们思考的一个德国概念（例如 1750 年左右在哈雷［Halle］出现的美学概念），它会在法国发生变化、会迁移到日本，并在传播到中国后将有利于古汉字的重新激活。中国年轻的研究人员已经完成或正在撰写的许多博士论文为可能甚至必要的文化迁变研究勾勒了范围。我们可以提及一些研究成果，它们涉及中国蒙田、中国普鲁斯特、中国卢梭以及法国"品位"概念在明代的接受。这项研究还涉及从中国历史编纂学的角度考虑对法国历史的取用，中国历史编纂学更关注殖民主义或战争起源以及国际主义的定义等问题。②

巴黎高等师范学院教授

米歇尔·埃斯帕涅（Michel Espagne）

2023 年 10 月 27 日

---

① 参见《乌尔姆街中国学术研讨会》（*Conférences chinoises de la rue d'Ulm*）2017 年、2020 年、2022 年三卷论文集。
② 这里要提的是巴黎高师—复旦大学人文学科联合培养项目培养的马洁宁、齐悦、胡玥、陈雅雯、文竹、王缜虹、钟牧辰、闫瑾以及其他博士生的研究成果。

目录

引　言

　　"文化迁变"一词是指同时讨论几个国家空间及其共同要素，而不是将这些对立起来，也不是将它们进行比较或者仅仅放到一起。它意在强调文化交融的不同形式，这些形式往往因为对认同的寻求而被忽略，身份认同必然力求掩盖这些交融现象，但也正是在文化交融的过程中不同的身份才得以产生。文化迁变用以复合为中心的人文科学来反对追求同质形式。这一术语同时令人想起资金流动、人口迁徙、精神分析治疗的某一时刻，这并非完全偶然。实际上，文化迁变也涉及被比较的社会群体的经济、人口、心理、知识生活，即使知识生活的确对牵涉的人和物，特别是对他们或它们的符号阐释的错综复杂关系的观察更有利。一项致力于文化带的研究因其内部分层的复杂性而能够更加合理地描述这些机制，而人文社会科学的传统学科只能断章取义地理解这些机制。

　　虽然文化迁变也发生在两个美洲印第安部落之间，但是文化迁变通常涉及的是作为民族的群体自我认同。"民族"这个概念在法国和德国是根据不同模式发展起来的，二者的外延在两国历史上不尽相同。在德语被所有社会群体使用前、在统一的愿望被明确表达前，何谈"德意志民族"？在绝对君主制的意识形态基础被摧毁之前，何谈"法兰西民族"？简言之，基本上要到18世纪中叶才可以谈民族空间之间的文化迁变，而这些交流直到第一次世界大战之后仍在加强。或许当今文化迁变这个概念的影响还不大，但一个经济理论、哲学思潮、服饰潮流、小说抑或汽车的欧洲市场确实存在。为文化迁变，特别是法德文化交融设定年代框架绝不会阻碍针对其他或近或久远时期的调查研究，也不会限制平行关系的意义，随后我们会看到人们能够且应该在关于那些生活在遥远地区的民族、没有文字的民族之间关系的民族学分析以及欧洲内部关系之间建立平行性。对年代的限制只是意在揭示在近两个世纪的时间里文化迁变机制显得最为有效，而欧洲现代社会也是在这个时期形成的。有鉴于此，对19世纪法德文化迁变现象进行描述能够帮助我们更好地理解当代社会。

时间线问题是文化迁变研究与政治史之间差异的决定性要素。事实上，考虑到不同国家的发展节奏，文化迁变研究至少使得对法国或者德国历史连续性的划分相对化。但很显然，战争或政体的变革同移民潮或者重大文化输入现象的发生在时间上并不一致，或者说并不必然一致。在杜鲁伊（Duruy）部长的推动下，法国教育界从19世纪60年代末而不是1870年就已经开始借鉴德国模式进行改革，但直到19世纪80年代德国参照才成为制定科学政策的重要依据。1870年普法战争所造成的典型政治破裂对法德两国间文化迁变的影响是有限的。如果我们试图了解德裔音乐家在巴黎音乐界所拥有的地位，我们将记住梅耶贝尔（Meyerbeer）与奥芬巴赫（Offenbach）两人的影响力在1848年革命表现的政治破裂之中体现出来。维克多·库辛（Victor Cousin）在1828年的哲学课上首次向法国公众介绍了黑格尔（Hegel）历史哲学的基本概念，两年后即1830年，革命爆发。但亚历山大·科耶夫（Alexandre Kojève）开始对黑格尔哲学进行研究的时间与希特勒（Hitler）掌权的时间并不吻合。一家德国银行在法国建立，其过程并未因波旁复辟王朝与七月王朝之间的政权更迭而出现中断。对法德文化迁变进行阐释就要接受年代划分的多样性与偏差。这种偏差伴随着一种间断，这种间断我们将在三角文化迁变中看得尤为明显。除了那些文化交流密集的时期，还存在一些潜伏期与停滞期。文化迁变让人们去思考不连贯的历史，并且较少受目的论影响。

思考文化交融

　　对欧洲诸多文化之间，特别是法国与德国文化之间关系的研究已经沦为资料的经验性堆砌，相关研究已经取得了足够多的成果，但是难以形成一个综合性观点。这些资料固然有其价值，但也存在严重不足，理论方法方面的不足使得这些资料甚至令人难以理解。更具体地说，通过一种新的理论方法可以重新定义对象，这种再定义才是文化交流研究最需要的。一个关于特定民族空间的社会学、历史学和美学方法，如果没有其他形式的程序，就不能扩展到几个空间之间的衔接形式。自亚历山大·科瓦雷（Alexandre Koyré）起，科学史便在法国诞生，它倾向于表明理论问题在一种新科学方法里的重要性。有一种观点认为，只有反对周围亚里士多德学派先验的柏拉图主义者才能够解释伽利略日心说，经验验证具有证实价值，这一观点并不仅仅说明了科学史上的一次重大决裂①。对众多经验的认识只有在知识水平允许的情况下才有实现的可能。只有这些能够被迅速感知的对象达到看似遥远的层次，构建新对象才有可能。从很多角度来看，文化迁变都是一个新研究对象，因为文化迁变不再位于文化体系的外围——这个体系必然会与外界形成联系——而是将这个外围研究置于核心位置。

　　文化迁变研究就是将不同文化进行比较和对照，梳理文化间的关系，并对所有观点的内涵进行确切分析，文化交流研究的不足之处在于对比较双方的完整性与自身身份的过分重视。但事实上并非所有的比较都是可能的，也并非所有的比较都要进行。比较的可能性与一种已经被遗忘甚至被排斥的共同基础的存在有关，对这一基础的耐心重建就是文化迁变研究的核心目标。只有借助于一门已经消失的共同语言，或者一种已经被遗忘的共同宗

---

① 　亚历山大·科瓦雷：《科学思想史研究》（*Etudes d'histoire de la pensée scientifique*），巴黎：伽利玛（Gallimard）出版社，1973年。

教——这不是全人类所共有的，而是一个混杂群体所共有的宗教——比较语言、神话、习俗才有意义。这个群体应该被遗忘，以便一些不同的身份得以在它的废墟上重建，从这个角度看，与其说这种遗忘是一种非自愿的消失，不如说是文化构造化的一个确定过程。在只需对理论视角作一点改变就有可能分析共同基础本身历史的情况下，跨文化基础没有任何理由保留任何结构性一致的抽象一面。存在"德国的法国史"和"法国的德国史"，这与单纯的法德关系史不同，至少比单纯的法德关系史涵盖范围更为宽广。举例来说，"德国的法国史"和"法国的德国史"可以让人将法兰西第三共和国的政教分离史看作对康德哲学的正式接受。

不过，这个基础并不仅仅由法德文化交融形成，它也体现出一种悖论，即它有其自身历史，但进行中的异化机制也通过它得以阐明。异化绝不只是发展的后期阶段，它也被视为基础阶段。法德基础的悖论，或者更加宽泛的跨文化基础悖论，是指间离形式也能在其中被看作嵌套形式。从威廉·冯·洪堡（Wilhelm von Humboldt）到19世纪普鲁士教育机构的理念，"教化"（Bildung）概念作为一个否定的、结构性的，有时又惊人相近的参照，它的产生掩盖了孔狄亚克（Condillac）和观念学者发展的感觉主义语言哲学。

我们知道对一个群体或一种文化进行历史分析也是一个语义问题。仍有一些社会阶层或同业者无法用词语指称，但如果没有词语也就没有任何科学感知，词语根植于具有自身传统的语言文化背景之中。诸如 *Bürger*（公民）、*Nation*（民族）、*Patriotismus*（爱国主义）、*Zivilisation*（文明）、*Bildung*（教化）、*Stände*（社会地位）以及其他许多词语，它们既是一种知识工具——如果没有这些词语，则无法对文化进行科学描述——又是这个文化的身份符号表达。历史语义学的一个主要价值与其说是阐明了无数概念的确切含义，不如说是通过展现其内在的历史性来使其变得晦涩难懂。如果说历史语义学似乎忽略了一个维度，那就是它所分析概念的跨文化维度。一方面，历史分析的主要手段最初是从国外逐渐引进的：我们想起德国的"文明"（*Zivilisation*）

这个术语的例子。另一方面，这些术语后来在文化带之间进行传播，在这个过程中其最初意义得到再阐释，并且在原生语境中未能体现的潜在含义也得以阐发。"*Jakobiner*"一词在 18 世纪 90 年代的德国并不是指同时期法国人所理解的雅各宾派。犹如一个概念在不同的地方被使用而产生的语义偏差，一个概念的外国源头为理解文化迁变提供了捷径。即使涉及经济和人口问题，但指称这些问题的术语以及这些术语在交流和传播的过程中所发生的语义迁变也不能被忽略。根据克里福德·格尔茨（Clifford Geertz）的观点[①]，人类学不仅与对社会结构的描述相符，也与在文章中运用大量修辞的作者创作相符，这个观点不仅十分符合文化迁变研究，并且也符合迁变现象本身，即那些创作现象与语义迁变现象。

或许文化迁变能够使我们发展起来的理论免于落入教条主义倾向，也避免建立起错误的认识论框架。目前历史编纂学出现了一种不断创造理论转向的趋势，这些理论转向常常与历史学家正在探索的、出于好意发展起来的一种自发哲学相符，但未能很好地掩盖具体研究逐渐消失的事实，而各种理论转向（例如语言学转向、语用学转向）被认为开辟了具体研究的道路[②]，因此我们很自然地要重新质疑现在这种趋势。要想文化迁变研究不那么快地陷入这样的僵局，应使其自身研究方法实现一种持久的语义相对化，并对文化迁变的认识论主张进行彻底的历史化。正如"*Geschichte*"或"*Historie*"与"历史"（histoire）并不完全对应，"*Schriftlichkeit*"之于"书写"（écriture）亦是如此，"*Vergleich*"与"比较"（comparaison）这个概念的外延也并不完全相同。经验主义将文化带之间的交汇研究转变成了材料的堆积，出于纠正这一错误的考虑，文化迁变研究没有将自身批判分析的方法与过程排除在外，并对研究对象进行了批判分析。

6

[①] 克里福德·格尔茨（Clifford Geertz）：《这里和那里，作为作者的人类学家》（*Ici et là-bas. L'anthropologue comme auteur*），巴黎：梅泰利埃（Métailié）出版社，1996 年。

[②] 热拉尔·努瓦利耶（Gérard Noiriel）：《论"历史的危机"》（*Sur la "crise de l'histoire"*），巴黎：勃兰（Belin）出版社，1996 年。

文化交融研究表现出的批评动力赋予了该研究一种启发性的功能，从某些方面来看是一种统合性功能。事实上，根据假设，法国文化与德国文化中的相异性因素一直有待发掘，不仅在于整体的系统层面，还在于整体之下构成文化的不同部分，譬如文学史和艺术感知的差异，这一假设促使人们不懈地探求这些组成部分的新维度。通常相异性被同一性问题掩盖，而同一性问题通过对所有文化传统的反思显现出来。

文化迁变机制有时可以描绘出一个社会空间的整体概况，因为这些概况同时涉及两个社会系统的分层，所以它们更加具有综合性，边界并不是对两个社会系统无关紧要的限制，而是新整体的一个结构性因素。我们想到民族学家埃文斯-普里查德（Evans-Pritchard）做过的一项关于苏丹南部努尔人的研究。努尔人以放牧为生，他们与生活在尼罗河流域的相邻民族丁卡人长期处于冲突之中，但同时也相互影响。努尔人内部分成很多部落，并且每个部落都具有强烈的族群身份认同。努尔人偷窃丁卡人的牲畜但却愿意接纳丁卡人。换言之，努尔人将丁卡人吸收进自己的部落。虽然努尔人部落之间会发生冲突，而且很频繁，但在对抗丁卡人的过程中，他们重新找到了某种形式的团结。当为了维护一个更大族群的统一以对抗另外一个族群，甚至是为了维护努尔人的统一以对抗另一个民族时，冲突对一个亚族群的团结是必要的。

融合的趋势是努尔人政治结构中所固有的族群特征，任何群体都确实有分裂成相互对立部分的趋势，这些部分与其他族群相比应该更倾向于融合，因为它们同属于一个族群系统。因此可以得出这样的结论：政治群体中的分裂与融合是同一个族群的两个方面，努尔人部落及其分支的分裂与融合这两种相互矛盾但互补的趋势构成了一种平衡①。

用努尔人与丁卡人之间的关系映射法国与德国的关系可能是一种大胆的

---

① E. E. 埃文斯-普里查德（E. E. Evans-Pritchard）：《努尔人——对尼罗河畔一个人群的生活方式和政治制度的描述》（ *Les Nuer. Description des modes de vie et des institutions politiques d'un peuple nilote* ）（牛津，1937 年），巴黎：伽利玛出版社，1994 年，第 175 页。

想法，但我们可以对埃文斯－普里查德构建的社会模型进行研究，在这个模型中，一致性与差异性并不是对立的，而应该将它们看作是互补的。同样，孤立地理解一个族群可能没有意义，正如欧洲社会划分并非自然形成，而是一个历史建构。或许这是理解这两个分裂的族群及它们全体性的最佳出发点之一。比较的界限或许在于时间层面。分裂阶段与融合阶段的持续交替将南苏丹民族所生活的那段非历史时间限制为单纯地通过时间结构 ①，而对法德交流起决定性作用的历史记忆却可以改变自身结构。但无论这种划分是永久性的结构前提条件，还是临时性的结构前提条件，它仍然是理解其所隐藏的一致性的关键。

文化迁变机制对目前文化系统的整体产生了一定影响，我们无法在一个客体在其源系统中的功能位置与其在接受它的系统中的位置之间建立严格的对等关系，尽管如此，研究实践仍然在更严格限定的层面（例如物体、社会群体、作品）上进行。微观分析实际上构成了将要开展的研究的主要部分，面对这些微观分析，一种文化向另一种文化迁变的综合视角只是一种调节性视野。

译者与图书馆

文化迁变是一种翻译，因为它符合将一种代码转换为一种新代码的定义。然而，如果更广泛意义上的社会习惯是文化代码，那么语言仍然是范式代码。因此，翻译史无论从本义还是转义上来讲都是文化迁变研究的重要组成部分。虽然将翻译程序形式化的努力，除交流的基本方式之外，都是徒劳无益的，但翻译学希望将一个代码完全转换成另一个代码的奇怪想法仍然萦绕在

① 《努尔人——对尼罗河畔一个人群的生活方式和政治制度的描述》，第 131 页："我们已经注意到，结构性时间运动在某种意义上是一种幻觉，因为结构是非常稳定的，对时间的感知只不过是人们作为群体通过这种结构的运动。"

人们心头。也许这个执念可以解释对翻译条件，特别是对译者的漠视，然而正是译者选出了最值得在外国代表民族精神的作品。最早将德文译成法文的译者是一些对权力感到失望的德国人，按照那个时代常用的一种说法，就是和法国人合作，通过法语修辞给德国文学"穿上外衣"。很少有人知道，迈克尔·胡伯（Michael Huber）在法国出版了第一部德语诗集。安托万-雅克-路易·儒尔当（Antoine-Jacques-Louis Jourdan）是拿破仑军队里一位孜孜不倦地将德国科学著作译成法文的军医，我们对他又了解多少呢？还有一些人更是鲜为人知，譬如致力于将德国戏剧翻译成法文的容克（Junker）。

应该将 E. T. A. 霍夫曼（E. T. A. Hoffmann）、海因里希·海涅以及其他像兹肖克（Zschokke）一样默默无闻的德国浪漫主义文学家的发现归功于洛埃夫-威玛斯（Loève-Veimars）。洛埃夫-威玛斯出生于巴黎，父母都是德国犹太人，在投身文学及翻译工作之前，他在汉堡一家商行长大。他仿照弗里德里希·布特维克（Friedrich Bouterwek）的著作于 1825 年撰写了一部法国文学史，但这部著作后来和其他作品一起被人们遗忘了。同时他也是一位文学家，他撰写的文学评论让他成为路易-菲利普时期巴黎的社会名流。这使他过上了奢靡生活，身边聚集着光鲜亮丽的随从，直至他放弃文学生涯，开始去东方担任外交官为止。他担任了很长时间的法国驻巴格达领事，后来以法国驻加拉加斯领事的身份结束了外交生涯。在此期间，他还曾短暂地担任过剧院主管，也曾在俄国执行任务并结识了一些同时代的俄国作家。他混迹七月王朝政界，并在《两个世界杂志》（Revue des deux mondes）上发表过一些描写当时政治人物的文章。洛埃夫-威玛斯以自己说法语为傲，对海涅声称自己不说德语，并与霍夫曼一起引进了法国浪漫主义的主要德国参照。然而除了在脚注里，再没有别的地方会提及沟通两个文化空间的作品和人。这种遗忘给人们造成一种印象：法国民众是凭直觉发现了德国浪漫主义。洛埃夫-威玛斯以及其他很多佚名译者为初具规模的文化迁变研究奠定了基础。如果没有阿梅代·雅克（Amédée Jacques）、儒勒-罗曼·巴尔尼（Jules-Romain Barni）、奥古斯特·维拉（Auguste Vera）、皮埃尔·格兰布洛（Pierre Grimblot）、赫尔曼·埃韦贝克（Hermann Ewerbeck）、弗朗西斯科·布伊利耶（Francisque Bouiller）、皮埃尔·洛泰（Pierre Lortet）等人，德国哲学的参照如何在法国发展起来？他们所起的媒介作用虽然被维克多·库辛的光芒掩盖，但仍为伊波利特（Hippolyte）和科耶夫后来所起的媒介作用作了铺垫。

　　翻译问题连带引发了目标书籍问题，目标书籍以译著或原著的形式在文化带之间传播，将外国代码传递至接受语境。借助书籍史的某些方面对文化迁变进行研究是很清楚的。除考虑著作的翻译、印刷与接受以外，对在法国与德国传播的外国书籍的考察也很重要。在德国存在或者曾经有过一些法文书籍图书馆。同样，在法国也有或者曾经有过一些德文书籍图书馆。莱比锡或德累斯顿的出版社出版了一些法文书籍，但为何德国宫廷图书馆却没有非常丰富的法文藏书呢？当然法国的德文藏书更少。然而从杜尔哥的藏书目录到 19 世纪外省学者的藏书目录，拥有德国书籍似乎并不鲜见。19 世纪的德国作为图书帝国 ① 从莱茵河东岸向外出口了大量书籍。从法兰西第二帝国末期到第一次世界大战 ②，德国科学在法国人的心中占据了重要位置，这个想法——人们有时会说这是一个神话——也许解释了为什么收藏德文书籍的大学图书馆和公共科学图书馆的数量能迅速增长。有这样一则轶事，吕西安·厄尔（Lucien Herr）是高等师范学院的图书管理员，同时他还不知疲倦地宣传德国的研究成果。对他而言，波德莱尔的作品只有在被翻译成德文时才具有魅力。这则轶事表明这些德文书籍在 19 世纪末具有重要地位。19 世纪巴黎的德国印刷工人和出版商的作用也许已经被深入研究过了，他们促进了德文书籍在法国的传播，此外还将目录学方法以及某种新创作风格引进到

10

---

① 弗雷德里克·巴比耶（Frédéric Barbier）：《图书帝国，书籍与当代德国建设》（*L'Empire du livre. Le livre imprimé et la construction de l'Allemagne contemporaine*），巴黎：雄鹿（Cerf）出版社，1995 年。

② 克劳德·狄荣（Claude Digeon）：《法国思想的德国危机（1870—1914 年）》（*La crise allemande de la pensée française*［*1870—1914*］），巴黎：1959 年。

法国。在此补充一句，图书管理员的职位似乎常常是留给那些 19 世纪想要定居法国的德国移民的。卡尔·贝内迪克特·哈塞（Karl Benedikt Hase）在帝国时期从耶拿（Iéna）来到巴黎，在他和柏林犹太人萨洛蒙·蒙克（Salomon Munk）这位研究中世纪犹太哲学专家的努力下，王家图书馆，即后来的帝国图书馆、国家图书馆的希腊文和希伯来文手稿得以编目。更使人感到意外的是那些大量的私人藏书。于贝尔（Hubert）神甫曾在德国一个贵族家庭当家庭教师，他移居法国，带来了极为丰富的关于德国启蒙运动的著作、18 世纪诗人的作品以及一些与共济会历史相关的文献，这些书籍没有详细目录，被保存在香槟地区的特鲁瓦（Troyes）图书馆，这些书籍似乎只给当地学术团体的研讨会提供了素材。还应该提到那些曾经计划筹建的，以及已经消失的图书馆，比如 20 世纪 30 年代一些反纳粹的移民曾在巴黎十四区建立的图书馆。这些译作和书籍的历史可以被归入这些领域：它们可以作为文化迁变研究的补充学科，并且通过跨文化的研究方法，它们的学科属性可以发生转变。

一个集体计划的各个阶段

文化迁变研究始于 20 世纪 80 年代，由一群从事 19 世纪法德知识分子历史研究的学者创立。首先需要理解的是海因里希·海涅对德国哲学的论述以一种圣西门主义的语言表达出来并传播到法国时，在何种程度上受到了已经占有一席之地的德国前辈经验的阻碍。在一次研讨会上，人们不仅发现了法国人对黑格尔和康德学说的首次接受，而且还发现了圣西门思想中的德国时刻 ①。

笔者与迈克尔·沃纳（Micheal Werner）于 1985 年创立了一个由来自不同大学和实验室的研究者组成的联合研究机构，其科研计划于 1986 年在哥

---

① 菲利普·雷尼埃（Philippe Régnier）关于圣西门主义（saint-simonisme）的著作，后来成为一个关于 19 世纪文学和意识形态的自主项目的出发点，这些著作使我们得以阐明这个问题。

廷根法国历史研究代表团（Mission historique française de Göttingen）组织
的一场研讨会上明确提出了 ①。联合研究机构设在巴黎高等师范学院，这个团
体 ② 汇聚了不同学科的代表。其创始人是一些专门从事手稿翻译问题研究的
德语语言学家 ③，因此，该机构的语文学实力很强，并走上了语文学 ④ 与其他
更广泛的人文科学交叉历史研究的道路。初始阶段，哲学研究也是重要组成
部分，不仅涉及与德国 ⑤ 的关系，而且还涉及一些历史学家（移民 ⑥、书籍 ⑦
以及知识生活 ⑧ 方面）。犹太人研究以海涅的传记为范本，描述了欧洲范围内

① 这次会议由德国史学家艾田·弗朗索瓦（Etienne François）发起。在他的帮助下，会议论文
　集得以出版。即米歇尔·埃斯帕涅、迈克尔·沃纳主编：《迁变，法德空间中的知识分子关
　系》（ Transfert. Les relations intellectuelles dans l'espace franco-allemand ），巴黎：文明研究
　出版社，1988 年。笔者与沃纳在《年鉴》上共同署名的一篇文章也详细说明了最初计划。米
　歇尔·埃斯帕涅、迈克尔·沃纳：《德国参照在法国的建立 1750—1914，起源与文化史》（ La
　construction d'une référence allemande en France 1750—1914, Genèse et histoire culturelle ），
　《经济、社会与文明年鉴》（ Annales ESC ），1987 年 7—8 月刊，第 969—992 页。
② 法国国家科学研究中心（CNRS，Centre National de la Recherche Scientifique）法德文化
　迁变研究小组。
③ 这些最初的工作解释了研究小组成员对手稿传统以及文本和话语的产生所提出问题的关注。
④ 与语文学历史研究者皮埃尔·朱迪·德拉贡贝（Pierre Judet de la Combe）等人和德国日
　耳曼学历史学家克里斯托夫·科尼格（Christoph König）等人的合作帮助研究小组走上了
　这条道路。
⑤ 皮埃尔·佩尼森（Pierre Pénisson）发展的赫尔德翻译和起源理论经常被我们用作参考。皮
　埃尔·马舍雷（Pierre Macherey）对斯塔尔夫人（Madame de Staël）和法国哲学的研究极大
　地推进了我们的工作。最近，诺伯特·瓦泽克（Norbert Waszek）阐明了早期黑格尔学说与
　法国的关系，马克·克雷彭（Marc Crépon）将边界和地理的概念在哲学中予以主题化。
⑥ 雅克·格朗荣（Jacques Grandjonc）是 19 世纪德国手工业者移民到法国问题和最早一批
　社会主义者研究的专家，还是马克思著作编辑专家，他从一开始就参加了本团体的研究工
　作。社会史专家弗雷德·施拉德（Fred Schrader）在对波尔多和汉堡的研究中，对两座城
　市之间的交流进行了比较和研究。阿兰·鲁伊斯（Alain Ruiz）对德国激进民主主义者和
　康德学说的最早接受研究阐明了法国大革命时期对文化迁变的理解。
⑦ 弗雷德里克·巴比耶是研究 19 世纪德国图书史的专家，他让本团体成员明白了图书史领
　域的方方面面给他带来了什么。埃尔加·让布朗（Helga Jeanblanc）致力于法国的德国书
　店史研究。这些研究一直都得到巴黎高等师范学院图书管理员皮埃尔·皮蒂曼让（Pierre
　Petitmengin）的支持，他负责管理的藏书最能凸显法德文化迁变的事实。
⑧ 克利斯朵夫·夏尔勒（Christophe Charle）撰写的关于第三共和国时期教育界德国参照的
　著作向我们展示了社会学对跨文化交流史的所有贡献。

的人口迁徙，犹太人研究常常成为主线①。严格意义上的文学研究维度并没有因此而被抛弃②。20 世纪 90 年代初，已经开展的研究逐步趋于成熟，与此同时欧洲政治的变化也为研究开拓了新领域。我们同莱比锡大学建立了合作关系，共同研究德国文化中的法兰西元素③，还与莫斯科科学院的研究员们共同发起对法德俄三国之间文化迁变的研究④。同时，奥地利研究、维也纳研究和中欧研究专家雅克·勒·里德（Jacques Le Rider）对德语国家研究领域将目光过度集中在德国的研究方法进行了修正⑤。20 世纪 90 年代中期，得益于巴黎高等师范学院对新兴研究特别是对德语世界研究的宽容接纳⑥，研究小组的体系结构更加稳定⑦。

---

① 柏林犹太教历史学家多米尼克·布雷尔（Dominique Bourel）推动了迁变研究；这项研究也得益于让·鲍姆加滕（Jean Baumgarten）的工作成果，他研究意第绪语；近来还得益于佩里娜·西蒙-纳胡姆（Perrine Simon-Nahum）、德尔菲娜·贝克特尔（Delphine Bechtel）、席琳·特劳特曼-沃勒（Céline Trautmann-Waller）的研究，他们的新作阐明了问题的某一个方面。

② 金特·奥斯特勒（Günther Oesterle）关于巴黎的著作、让-皮埃尔·勒费弗尔（Jean-Pierre Lefebvre）关于荷尔德林在法国以及翻译问题的著作、菲利普·雷尼埃关于 19 世纪文学中意识形态的著作、贝贝尔·普洛特纳（Bärbel Plötner）关于格里姆兄弟的著作都表明了这种连续性。

③ 法国历史学家卡塔琳娜·米德尔（Katharina Middell）和马蒂亚斯·米德尔（Matthias Middell）的研究使得我们开始对欧洲文化迁变的地区参考因素和跨文化档案这一广泛领域进行思考。

④ 卡蒂娅·迪米特里耶娃（Katia Dmitrieva）致力于将文化迁变概念应用于俄罗斯空间，尤其是文学领域。斯拉夫民族研究学者爱娃·贝拉尔（Ewa Bérard）的加入促使本团体将该问题的研究延伸到俄罗斯空间。

⑤ 雅克·勒·里德的参与促成了一本高度关注文化迁变问题的期刊诞生，即《国际日耳曼杂志》（*Revue germanique international*）。

⑥ 在成为法兰克福学派的法国中继站之后，巴黎高等师范学院很早就设立了胡塞尔档案馆，接着又成立了一个海因里希·海涅研究小组。如需了解一些史实，参阅 M. 埃斯帕涅主编的《巴黎高等师范学院与德国》（*L'Ecole normale supérieure et l'Allemagne*），德法文化图书馆，第六卷，莱比锡：莱比锡大学出版社，1996 年。

⑦ 继成立了"迁变，日耳曼跨文化史"联合研究小组（URA, Unité de Recherche Associée）之后，本团体于 1998 年与巴黎高等师范学院胡塞尔档案馆德国哲学研究人员共同组成了"德语国家：历史、文化、哲学"联合研究所（UMR, Unité mixte de recherche）。

　　同时，随着应用范围的扩大 ① 以及文化迁变研究领域新组成部分的出现 ②，产生了一种分散效应 ③。

　　以上列举并不详尽，但足以表明文化迁变问题在很大程度上过去是并将继续是多种研究的交汇点，它勾勒了一个理论与方法论的共同空间，并回答了以新方式研究文化交融的问题。这些以集体方式构建的理论具有清晰轮廓，如果随处可见的对这个理论的使用在某些情况下有使其失去特定意义的风险，那么我们只能为文化迁变研究在法国与德国引起的反响而感到高兴。这也正是写作这本书的必要性。这本书部分内容以业已发表的文章为基础 ④，力图对

---

① 由勒内·佩雷内克（René Pérennec）发起的一次研讨会（德国历史研究所，1995 年 3 月）探讨了文化迁变理论对中世纪文学史研究的影响。参阅英格里德·卡斯滕（Ingrid Kasten）、沃纳·帕拉维奇尼（Werner Paravicini）、勒内·佩雷内克编：《文化迁变与中世纪文学史》（ *Kultureller Austausch und literaturgeschichte im Mittelalter/Transfets culturels et histoire littéraire au Moyen Age* ），齐克马林根（Sigmaringen）：扬·索贝克（Jan Thorbecke）出版社，1998 年。

② 伊丽莎白·德居勒多（Elisabeth Décultot）特别关注法德两国在艺术话语领域的交融，并从新角度重新思考日耳曼研究史。伊莎贝尔·卡利诺夫斯基（Isabelle Kalinowski）在完成了荷尔德林在法国的接受研究之后，开始着手研究 1800 年前后语文学和观念学之间的相互作用。

③ 迈克尔·沃纳后来成为社会科学高等学院（EHESS, École des hautes études en sciences sociales）的研究主任，并在那里成立了一个关于德国的学习研究中心，致力于研究当代德国的历史编纂学和社会科学。彼得·舒特勒（Peter Schöttler）是年鉴学派与德国关系方面的研究专家，他定居柏林，部分时间从事纳粹主义历史编纂学研究。

④ 尤其是使用了以下几篇文章。第二章中关于文化史中比较研究的局限性，《起源，社会科学与历史》（ *Genèse. Science sociales et histoire* ），1994 年 9 月 17 日，第 112—121 页。第三章中 19 世纪法国文学高等教育中的德国人和讲德语的人，《中世纪至 20 世纪法德学界交流》（ *Les échanges universitaires franco-allemands du Moyen Age au XXe siècle* ），M. 帕里斯（M. Parisse）主编，巴黎：文明研究出版社，1991 年，第 157—180 页。第五章中 19 世纪初波尔多的德国人，加登、迈尔、克里普施家族（familles Gaden, Meyer, Klipsch）的例子，吉尔伯特·梅里奥（Gilbert Merlio）、尼科尔·帕切特（Nicole Pelletier）主编：《荷尔德林时代的波尔多》（ *Bordeaux au temps de Hölderlin* ），伯尔尼（Bern）：彼得·朗（Peter Lang）出版社，1997 年，第 53—77 页。第六章中萨克森跨文化史的前提条件，《日耳曼研究手册》（ *Cahiers d'études germaniques* ），1995 年，第 28 期，第 23—38 页。第九章中 18 世纪通信网络的作用，J. G. 维勒（J. G. Wille）的例子，《媒介》（ *Médiations/Vermittlungen* ），米歇尔·格鲁内瓦尔德（Michel Grunewald）与约亨·施洛巴赫（Jochen Schlobach）的联合研究，伯尔尼：彼得·朗出版社，1992 年，第 2 卷，第 433—451 页。第十二章中费希特政治哲学在法国的接受，《世界主义与国家理念，费希特研究》（ *Kosmopolitismus und Nationalidee. Fichte-Studien* ）1990 年第 2 期，第 193—222 页。

14　文化迁变领域的理论问题与实践调查进行全面概述。

　　第一章明确概念定义；第二章将比较研究与迁变进行对比以解决长久以来二者的混淆问题，并明确在各种文化关系研究中所要采取的拒绝简单比较的方法特征。第三章着手对具体例子进行分析：思考德国在法国人文科学领域所扮演的角色，并阐明人文科学交叉历史的必然性。关于跨文化档案的这一章对身份认同的历史编纂所依据的文献基础进行了批评。我们将以波尔多的德国移民聚居地为例讨论作为文化迁变载体的移民问题。然后我们将尝试对应地描述一个德国地区——萨克森——的跨文化分析意义，这种分析使我们能够在前国家（prénational）层面，即地区层面上思考迁变。在这种情况下，将文化交流话语与人类学话语要素进行比较是有用的，并且出现了许多相似之处。在我们的话语中，法国与德国处于中心位置，通过欧洲的文化交融研究可以丰富并改良现在过于传统的研究模式。关于法德俄三国文化迁变的这一章通过选取实例为研究范围的扩大进行辩护。不论是发生在三国之间还是两国之间，文化迁变都是建立在比单纯的移民群体更为复杂的社会学载体之上。这个载体可以用"网络"概念来指称，这是一个值得通过举例来说明的重要分析工具。网络带来了交流、物品和观念。可以从比交流更基础的层面对文化迁变进行分析，即从审美感知层面，这是我们在提及跨文化维度时试图去讨论的一个主题，这个维度对德国艺术史的产生具有决定性作用。

15　在不脱离美学问题的条件下回到我们的一个出发点，即巴黎19世纪德国文学，以海涅为例，通过拿破仑的例子我们已经试图展现相异性，即外国参照是如何在文学史中产生民族认同的。身份是从相异性中发展出来的，这种观点掩盖了本质上的交融，可以在民族概念的交叉历史中找到更为彻底的论证，这段交叉历史在本书中是根据费希特政治著作在法国的接受史来勾勒的。

　　希望在理论设想与经验调查之间取得平衡的这些观点与可能的角度选择相符，这一点无需特别强调。尽管如此，我们还是希望本书将阐明文化交融研究新方法的不同维度。

第一章

概念界定

为了让"迁变"能够介入两个文化空间,特别是介入法国与德国,这些空间应该被定义为整体,即使不算有机整体,至少也是具有强烈认同意识的整体。如果这种自我认识表示民族文化,那么我们应该可以想见在 18 世纪之前法国与德国之间几乎没有发生过文化迁变。直到 18 世纪,尤其是在日耳曼空间里,"民族"这个词指在一个共同参照网络中包括所有讲德语人的整体,即一个集体主体。

民族文化概念

德意志民族意识的产生在法国引起这样一种看法:今后法国会遇到一个与之竞争的美学或文化价值体系参照,法兰西民族或许会对将邻国的科学技术知识产品据为己有感兴趣。这后来成为《外国报》①（*Journal étranger*）的雄心壮志,狄德罗在《百科全书》序言中也表达了同样的远大抱负。坦率地说,不能将法国与德国直接进行比较,因为长久以来在法国就存在一个趋向于民族的国家形态,即政治实体和与之有关的艺术、技术知识产品之间存在

---

① 该报自 1754 年起在巴黎发行,其目的是用邻国的主要作品来丰富法国文学,尤其是将当时完全不为人知的德国文学作品引入法国。

一致性，然而彼时的德国还根本谈不上是一个国家。但是这种不对称性可能由德意志帝国观念的模糊记忆弥补，自从文化民族（nation culturelle）观念被接受以来，这种不对称性就不再能阻止交流。

欧洲各城市之间的交流并非始于 18 世纪，欧洲各地天南地北的文化精英们从未停止过交流信息，他们通常使用拉丁语就一些共同感兴趣的问题进行交流，这一点千真万确。以埃克哈特大师（Maître Eckhart）的模式 ① 为例，这些文化精英也在欧洲各地旅行。然而这无关输入或输出机制，仅仅是极为纯粹的知识分子范围内的流动。"民族文化"（culture nationale）概念意味着由于本地语言的使用而产生差异，而不仅仅是融入牢固植根于当地或地区精英群体的交流系统。总而言之，除了学者文化，还要有资产阶级文化，并且资产阶级文化将逐渐侵占学者圈子的传统空间，直到迫使人们使用民族语言表述科学 ②。并非因为有产者不是与远方交往的媒介。相反，那些受过教育、会书写，甚至可以用外语交流的大商人们从 18 世纪起就成为文化迁变的杰出媒介。这些交流从一个地方开始，例如汉萨同盟城市或法兰克福，且具有非常明确的语言、政治和信仰特征。

"民族文化"概念已经准备好与其他文化共同进入交流体系，尤其是已经准备好引发法德两国之间输入和输出的复杂机制，这个概念具有多个层次。正如民族学意义上的文化，"民族文化"是一个社会群体成员之间的整体交流体系，因此它既包括语言，也包括生产方式，可以恰当地称之为物质文化。我们将假设在群体生活中一些具体方面，例如饮食习惯或者衣着风尚，与精神层面的审美选择、哲学或文学创作之间存在着某种一致性。如果说法德两国之间的文化迁变研究在任何情况下都不能忽略物质文化，这可能只是

---

① 埃克哈特大师于 1293—1294 年在巴黎大学讲授《格言》（*Livre des Sentences*），后于 1302—1303 年和 1311—1313 年两度来巴黎任教。

② 1687 年 10 月 24 日，克里斯蒂安·托马修斯（Christian Thomasius）在莱比锡用德语讲授一门课程，并援引法国人已经在科学研究中使用法语作为依据。

因为作为交往媒介的常常是直接参与经济或工业生活的人，而那些更为抽象的形式旨在定义某种民族文化的特性，它们具有区分标记功能。因此法德两国之间的文化迁变研究更加自然地倾向于分析美学或科学交流，而不是物质层面的交流，即便后者往往是前者发生的条件。由于每个民族对其作家与历史学家提出的文化概念有不同定义，因此更有必要将关注焦点放在交流的美学、科学与历史层面。"文化"一词因法语或德语本身的语义传统而具有差异——两国"教化""文化""文明"等概念的经典对比在此不再赘述——文化可能成为输入与输出机制的对象。要注意的是，民族文化的概念以某种方式调和了民族学与人文主义，可能会质疑现行的模式论，因为模式论在分析社会功能时将物质基础与上层建筑对立起来。严格意义上属于上层建筑的要素，譬如宗教团体的归属、维持国际交往的能力，都有可能导致一些原则上属于物质基础的经济行为。对不同民族空间之间的文化交流的研究表明知识或者道德生活中的一些现象具有很强的"基础"性维度。

同样，民族文化作为一个共同点，在任何情况下都不能消弭内部的紧张与分歧。或许民族文化可以通过试图超越这些紧张关系而获得确切定义。民族文化也是一种意识形态结构，它可能只具有短暂有效性。我们或许可以猜想，民族文化在 18 世纪之前并没有多大意义，其完整意义直到 19 世纪才体现出来。这里所说的 19 世纪，其下限截至 1918 年"一战"结束。虽然与佛朗哥主义或者与墨索里尼的意大利有关的国家社会主义思想不能被定义为一种民族文化，虽然德意志民族文化的代表们当时流亡在外，但直到第二次世界大战，民族文化也许一直具有确切的相关性。然而 20 世纪民族文化概念的边界也开始逐渐变得模糊。

阐释学与形势

对文化迁变的分析存在多种模式。其中最简单的或许是交际模式。一个

20

文化实体就像说话者一样发出信息。接收者收到信息，并对信息进行解读。但是信息发送者与接收者并非处于真空中，他们受到第三方的注视，第三方有时在信息中被指出，以顾及他们的存在。此外被传递的信息应该从发送系统的参照码被译成接收系统的参照码。这种语义转换深刻地改变了从一个系统转移至另一个系统的对象。因此我们不会讨论信息在传递过程中发生的偏差。第三共和国时期在学校里教书的哲学家们把康德视为世俗共和国的道德参照，并不是因为他们用不同于德国同时代人的方式解读康德，也不是因为他们的解读不那么有趣，更不是因为他们的解读违背了康德思想。此外，通过再阐释进行的转化也存在于不同语境中，尽管这些不同语境共享一个文化空间。

虽然对接受语境引进的作品或习俗的阐释与在原生语境中的阐释具有同等价值，但文化迁变提出的是一个阐释学问题。一方面它对一个异国对象进行阐释并将其整合至一个新参照系统，这些参照通常是为了开创新的语言参照、是为了进行翻译。尽管这种阐释在历史学家看来是一种歪曲，但实际上是完全合理的，因为历史学家偶尔会在与原始信息进行逐项比较，即与信息在发送地的假设成分进行比较时误入歧途。阐释允许个体阐释者在面对特定时代时进行定位，然而除个体之外，由个体构成的群体（大学、思想流派、杂志社、社会阶层）也因阐释得以被定位。

另一方面，阐释过程并不仅或并不总是始于对异国对象的第一次接受。常常出现被引进的对象已经被部分接受，并开始对其进行了初步阐释的情况。这样，新的接受与之前的接受叠加在一起，并对之前的阐释进行再阐释，即一种更新。如果以广为人知的德国哲学在 19 世纪法国的接受为例 ①，则不难看出雅各宾派理解的康德与斯塔尔夫人理解的康德之间的差异不亚于后者和观念学派的理性主义康德思想之间的差异，巴黎的德国移民

---

① 让·基里安（Jean Quillien）编：《19—20 世纪德国哲学在法国的接受》（*La réception de la philosophie allemande en France aux XIXe et XXe siècles*），里尔大学出版社，1994 年。

从 1796 年开始就试图将雅各宾派理解的康德带进革命辩论 ①。将异国对象纳入民族辩论的阐释过程比科学研究，甚至比翻译活动更早。我们还是以康德为例，康德的著作最早由巴尔尼 ② 翻译成法文。巴尔尼的译本作为媒介最终为公众提供了一个真实文本，此后可以基于这个文本进行阐释，但他的翻译工作要比最早对康德的提及以及对康德参照的构建晚得多。可以说阐释先于它所阐释对象的科学建构。对黑格尔的接受也与此完全类似。除维克多·库辛对这位柏林哲学家的最初阐释外，库辛的学生还翻译了黑格尔的著作，但他们的翻译工作是在黑格尔已经在法国意识形态辩论中占有明确地位时进行的 ③。

我们不会说从一个语境到另一个语境，文化对象就失去其身份特征，以至于我们对它是否仍是同一个对象产生疑问。再阐释不是无中生有的创造，像德国和法国这样的文化范式，即使它们限定了意义空间，也并不是封闭系统。可以说，一些共同的文化因素可以作为桥梁促进迁变。特别是古代人文主义与古希腊的形象。希腊在 19 世纪的法国和德国都具有一种价值，即便弗里德里希·奥古斯特·沃尔夫（Friedrich August Wolf）对古希腊、古罗马文化的理解与夏多布里昂笔下的希腊几乎毫无联系。事实上，大量古希腊语语文学家是在德国大学接受教育，尔后来到法国的，比如卡尔-贝内迪克特·哈

22

---

① 关于康德思想最早在法国被接受，参见弗朗索瓦·阿祖维（François Azouvi）、多米尼克·布雷尔（Dominique Bourel）：《从柯尼斯堡到巴黎，康德在法国的接受（1788—1804）》（*De Königsberg à Paris. La réception de Kant en France* [1788—1804]），巴黎：芙兰（Vrin）出版社。请读者们着重阅读参考书目。

② 儒勒-罗曼·巴尔尼（1818—1878），曾就读于巴黎高等师范学院，通过了哲学师资会考，在路易-拿破仑·波拿巴发动政变后拒绝宣誓。他主要翻译了康德的三部"批判"。他代表了共和派对帝制的抵抗，在他身上也体现了世俗思想的德国根源。

③ 由查理·贝纳尔（Charles Bénard）翻译的《美学讲演录》（*Cours d'esthétiqu*e）是最早在法国出版的黑格尔的重要著作。谢林著作最早的法文译本是保罗·格兰布洛（Paul Grimblot）于 1842 年翻译的《先验唯心论体系》（*Système de l'idéalisme transcendantal*）以及克劳德·于松（Claude Husson）于 1845 年翻译的《布鲁诺》（*Bruno*）。

泽（Karl-Benedikt Hase）或弗里德里希·杜布纳①（Friedriche Dübner）以及后来的本洛夫②和亨利·威尔③（Henri Weil），他们促进了德国文化元素向法国的迁移，例如文本的语文学和历史批评方法。作为七月王朝的范式调和者，维克多·库辛与德国哲学家保持着联系，并且经常与语文学家进行接触。于是波恩的语文学家布兰迪斯④，这位亚里士多德作品的出版者，给库辛介绍了谢林（Schelling）。出于对希腊文学的人文主义尊重，吉尼奥特（Guigniaut）给克鲁泽（Creuzer）的作品《象征》（*Symbolique*）⑤写了导言，这篇文章远远超出了简单的希腊语文学，包含了对宗教史的早期描述。

因此，从一个文化空间到另一个文化空间的迁变会导致其类型转变，这

---

① 关于 19 世纪生活在巴黎的德国语文学家，推荐阅读皮埃尔·皮蒂曼让：《法国的德国语文学两座桥头堡：〈希腊语言宝库〉（*Thesaurus Linguac Graecae*）与〈希腊作家丛书〉（*Bibliothèque des auteurs grecs*）（1830—1867）》，载《19 世纪 20 年代语文学与阐释学》，马约特·波拉克（Mayotte Bollac）与海因茨·威斯曼（Heinz Wismann）编，哥廷根：范登霍克与鲁普雷希特（Vandenhoeck & Ruprecht）出版社，1983 年，76—98 页。

② 路易·本洛夫（Louis Benloew）出生于埃尔福特（Erfurt），1848 年他担任第戎大学外国文学教授，1860 年改任希腊和拉丁文学教授。

③ 亨利·威尔在海德堡（Heidelberg）完成学业后于 1843 年来到巴黎，主要在巴黎高等师范学院和高等研究实践学院教授希腊语。他培养了几代古希腊研究学者。

④ 克里斯蒂安·奥古斯特·布兰迪斯（Christian August Brandis，1790—1867）曾前往意大利、巴黎和牛津的图书馆为出版亚里士多德的作品做准备。1823 年他获得波恩大学的教席，1837 年他随奥托国王前往希腊。他的主要作品是《希腊罗马哲学史手册》（*Handbuch der Geschichte der Griechisch-Römischen Philosophie*，1835—1864）。

⑤ 《主要从象征与神话形式角度来思考的古代宗教》（*Religion de l'Antiquité considérées principalement dans leurs formes symboliques et mythologique*）（1825—1851，10 卷本），关于这部译著，参见马克-马蒂厄·蒙奇（Marc-Marthieu Münch）：《约瑟夫-达尼埃尔·吉尼奥特与由他翻译的克鲁泽的〈象征〉》（*Joseph-Daniel Guigniaut et sa traduction de la Symbolique de Creuzer*），雷恩：布列塔尼大学出版社，1978 年。关于克鲁泽，吉尼奥特在他的一部作品《乔治-弗雷德里克·克鲁泽生平与作品传略》（*Notice historique sur la vie et les œuvres de Georges-Frédéric Greuzer*）（巴黎：费尔曼-迪多［Firmin-Didot］出版社，1863 年）中写道："没有人像他一样致力于得出并普及一个在这个时代已经得到重视且将继续得到重视的概念——神话的概念，这个概念在某些时代被认为是人类信仰的自然形式，他把这个概念提升至历史学和哲学的高度。"

种转变在金属铸工的经验工作中也会发生，金属铸工头脑里有炼金术士精神，这种精神被霍尔巴赫（Holbach）男爵翻译成法语后，为《百科全书》中关于物质以及矿物技术词条的定义提供了素材①。总之，这种根本性转变的原因根植于旧知识模式，即一个专注于思想的德国和一个关注社会生活的法国的互补性模式。正是这种模式促使青年黑格尔派，如马克思（Marx）、鲁格（Ruge）和莫泽斯·赫斯（Moses Hess），试图往巴黎前社会主义者圈子里引入德国哲学元素，并试图调和思想和行动以重新采用他们的术语②。

文化迁变并非主要由输出问题决定。相反，接受语境的形势在很大程度上决定了哪些东西可以输入，抑或哪些东西已经存在于潜在的民族记忆之中，必须重新激活并在当下的辩论中发挥作用。如果对19世纪90年代法国对尼采作品的初次接受感兴趣，我们就会发现这与从德国引进历史主义这个时代背景直接相关，这种历史主义体现在当时许多历史学家的履历以及罗曼语族语言研究的历史批判转折点上，历史主义产生了渗透。此外，人们普遍认为历史主义与德国大学有关，损害了建立在修辞学和纯文学基础上的民族文化认同。尼采重新质疑历史主义，并颂扬以法国为代表的南方文化，尼采只能作为一个杰出的德国人出现在当时的法国辩论中。因此，当外国参照进入一场接受语境专有的辩论时，它就已经与其来源无关，而只能由当前辩论行为者的立场决定。例如，作家皮埃尔·勒鲁（Pierre Leroux）试图对官方哲学家库辛的象征权力提出质疑，库辛自称对黑格尔思想和德国哲学非常熟悉，其权力即源于此，而皮埃尔·勒鲁把谢林当作新阶段的代表人物。但勒鲁本

① 参见 M. 埃斯帕涅、M. 沃纳：《与百科全书派有来往的德国人物》(*Figures allemandes autour de l'Encyclopédie*)，载《18 世纪杂志》(*Dix-huitième siècle*) 1987 年第 19 期，第 263—281 页。

② 莫泽斯·赫斯：《柏林、巴黎与伦敦，欧洲三巨头》(*Berlin, Paris, Londres, La Triarchie européenne*)，杜松（Tusson）：杜·雷洛（Du Lérot）出版社，1988 年，或参见吉拉尔·本苏桑（Gérard Bensussan）：《莫泽斯·赫斯，哲学与社会主义（1836—1845）》(*Moses Hess. La philosophie, le socialisme* [*1836—1845*])，巴黎：法国大学出版社（PUF），1985 年。

人并没有读过谢林的著作,原因很简单,他不懂德语,当时也没有译本。但这个参照在库辛思想的支持者和前社会主义者之间的一场堪称严格意义上的法语辩论中被使用。在勒鲁看来,谢林并不适合被这样利用这一事实其实不大重要。

24

然而,值得注意的是,在法国知识分子群体的辩论及其内部倾向中,借助外国有助于增强象征性知识力量,特别是在面对既定情况时能够产生颠覆性效果。人们试图将德国哲学在 19 世纪法国的被接受与联邦德国大学生在 20 世纪七八十年代利用某种被归入后结构主义的法国哲学来动摇其学术思想的做法联系起来。

德国参照的作用

衡量文化输入的影响不仅要看在知识分子史或社会史的一个特定时刻对外国模式的使用。其影响还体现在时限上,尤其是体现在一些社交场所的产生上,我们将用"机构"或者"机构雏形"这样的术语来指称这些社交场所。因此,必须在 18、19 世纪法国各个群体的内部寻找德国文化的存在,这些群体可能并存,这种并存关系也许可以描绘出德国参照的完整图景。在这些群体中,我们将会提到 18 世纪的雕刻工匠 ① 和 19 世纪的音乐家。还会提到书籍印刷销售商,他们除传播德国科学成果外,还出版法国研究人员的著作 ②。我们还会提到一些宗教团体,例如犹太人宗教团体,他们因法国有更有利的社会地位上升制度而离开德国,在诸如音乐界、银行业,以及某些学术圈(特

---

① 伊丽莎白·德居勒多、米歇尔·埃斯帕涅、迈克尔·沃纳:《汉斯-乔治·维勒的书信往来》(*Hans-George Wille. Briefwechsel*),图宾根(Tübingen):尼迈尔(Niemeyer)出版社,1998 年。

② 参见埃尔加·让布朗:《巴黎图书出版交易业里的德国人(1811—1870)》(*Des Allemands dans l'industrie et le commerce du livre à Paris* [1811—1870]),巴黎:国家科学研究中心出版社,1994 年。

别是东方学研究领域）有大量德裔犹太人①。德国移民中犹太人居多，他们拥
有一些沙龙和德文图书馆，这些地方成为聚会场所。大量手工业者聚在一起，
第一批德国社会主义者就来自其中②，他们的聚集之地是另一种形式的制度化
聚会场所。

　　在文化迁变的载体中，教师具有突出作用。第一批语言教师从 1830 年
起在王国的初中里教授德语，他们大多数是讲德语的人③。他们必须克服困
难融入各种各样的法国环境，他们在教育、文学和文化方面的选择标志着深
度文化迁变的很多重要时刻。对 19 世纪法国人文和社会科学制度化的研究，
在很大程度上是对法德文化迁变的一种评价尝试，卡尔·希勒布兰德（Karl
Hillebrand）等人所做的具有划时代意义的调查研究④是重要标志。

　　也许应该把那些严格意义上的地理场所列入机构的总范围，由于在这些
地方具有不同社会地位但相互联系的移民大量存在，它们成为德国和法国之
间的过渡地点。关于这方面我们首先想到的是波尔多，从 18 世纪初开始，一
些来自汉萨同盟的批发商就来到此地，将法国的葡萄酒以及安的列斯群岛的
商品销往北欧市场，最终在波尔多移民地的这批人当中产生了 19 世纪的政治
与文化精英。当然我们也将提到斯特拉斯堡，不过还有一些意想不到的地方，

---

① 19 世纪法国和德国学者最初是在《亚细亚学报》（*Journal asiatique*）上交流，在亚细亚学
　会（*Société asiatique*）聚会，并取得了丰硕的成果，尽管这种接触一直以来鲜为人知。

② 沃尔夫冈·斯特拉尔（Wolfgang Strähl）：《1835—1836 年瑞士人寄往巴黎的信，关于
　早期无产阶级文化与运动的历史新文献》（*Briefe eines Schweizers aus Paris 1835—1836.
　Neue Dokumente zur Geschichte der frühproletarischen Kultur und Bewegung*）（雅克·格
　朗荣、瓦尔特劳德·赛德尔-霍普纳［Waltraud Seidel-Höppner］、迈克尔·沃纳编），科
　学院出版社，1988 年。

③ M. 埃斯帕涅、F. 拉吉尔（F. Lagier）、M. 沃纳：《德语教师：1830—1850 年第一批德国
　教师》（*Le maître de langue. Les premiers enseignants d'allemand*［*1830—1850*]），巴黎：
　人文科学之家出版社，1991 年。

④ 参见让·博拉克（Jean Bollack）：《法国大学的德国批评（蒂尔施、哈恩、希勒布兰德）》
　（*Critique allemande de l'université de France*［*Thiersch，Hahn，Hillebrand*]），载《德
　国杂志》（*Revue d'Allemagne*）1977 年第 9 期，第 642—666 页。

比如香槟地区、奥尔良，甚至滨海萨纳里（Sanary-sur-Mer），从希特勒统治下的德国逃出来的反法西斯作家们曾到过该地。

对决定文化产品进口形势的研究破坏了关于接受语境不忠实于真实性或对接受语境产生影响的任何表述。然而，为了最终超越这些长期阻碍思考的范畴，我们必须把注意力集中到外国参照的产生及其作用上。文化迁移研究不是一种共时性研究，而是试图对过程进行理解。实现这个目的有好几种路径。其中一种就是社会学路径，我们将重新考虑这个路径。必须要明确群体行动，这些行动将一些元素从地理边境或者象征性边境的一侧转移至另一侧，从一个系统转移至另一个系统。另一种路径更多地与话语起源有关。这是一个理解在法国文化空间内部德国参照如何发展的问题，以一种接近语文学的方式进行分析，例如对集体文本的生成进行分析。话语生成问题并不忽视个体的媒介作用以及对德国采取的独特立场，而是将这些都纳入一个整体。形成集体话语的熔炉是个人经验的交汇之地。例如，我们可以想到 19 世纪或 20 世纪的各种日耳曼语期刊或亲德期刊 ①。

除期刊之外，通信者网络也为德国参照的发展提供了有利条件，通信者网络中的一些文章片段有时是一些在或大或小的圈子中传播的著作片段。这些网络并非多到数不清，我们可能想要将这些网络绘制出来。其中库辛的书信尤为重要，他促成一所信服其哲学和语文学科学成果的德国大学与一所法

---

① 在 1947 年《日耳曼研究》（*Etudes germaniques*）杂志创刊之前，《日耳曼杂志》（*Revue germanique*）自 1905 年就开始出版。还应提到 19 世纪的《德意志藏书》（*Bibliothèque allemande*），这本杂志创刊于 1826 年，1829 年更名为《新日耳曼杂志》（*Nouvelle revue germanique*），1835 年更名为《日耳曼杂志》（*Revue germanique*），直到 1838 年最终以《北方杂志》（*Revue du Nord*）之名停刊。1858 年查理·多尔福斯（Charles Dollfus）与奥古斯特·内夫策（Auguste Nefftzer）重新创办《日耳曼杂志》（*Revue germanique*），并发行了十几年。最早可以追溯到 18 世纪，当时曾有一本名为《日耳曼藏书》（*Bibliothèque germanique*）的杂志，后更名为《德国、瑞士与北方文学报》（*Journal littéraire d'Allemagne, de la Suisse et du Nord*），后来于 1720—1760 年间更名为《新日耳曼藏书》（*Nouvelle bibliothèque germanique*），在阿姆斯特丹发行。

国大学进行了长达数十年的交流，在这所法国大学里，从库辛的学生中逐渐涌现出一批将来成为真正称职的传播者、译者以及新事物引进者的人物，这一点得到了公认。对与德国相关的集体话语熔炉的研究 ① 表明，库辛会筛选他想要引进的事物，同时也表明他几十年来对这所大学的绝对控制。埃德加·奎奈（Edgar Quinet）的通信者网络 ②，一些与语文学和德国历史主义有关，另一些与 19 世纪中叶法国历史编纂学有关，此外弗朗索瓦·基佐（François Guizot）的通信者网络也值得一提 ③。当然这些是考古学遗迹，是经常遗失的整体痕迹，但总归可以得到补充。然而，它们使我们能够理解，例如，自由主义以及后来的世俗共和国从德国文化元素的引进中获得了怎样的政治用途。

文化迁变的社会学载体

思想、书籍和行为不仅经由个人传播，也经由跨越国界的群体进行传播。要理解法国文化的德国成分，就需要对这些群体进行历史社会学分析，这些群体规模一般都比较小。护照登记册显然因为提供了过于宽泛的信息而失去

---

① M. 埃斯帕涅、M. 沃纳：《与维克多·库辛通信的德国人》(*Les correspondants allemands de Victor Cousin*)，载《黑格尔研究》(*Hegel-Studien*)，1986 年，第 65—85 页。——同前（编）：《德国书信、维克多·库辛与黑格尔学说的信徒》(*Lettres d'Allemagne. Victor Cousin et les hégéliens*)，杜·雷洛出版社，1990 年。关于库辛，还可以参阅让-皮埃尔·科滕（Jean-Pierre Cotten）：《关于库辛：一种哲学政治》(*Autour de Victor Cousin: Une politique de la philosophie*)，贝藏松：1992 年；帕特里斯·维尔梅伦（Patrice Vermeren）：《维克多·库辛，哲学与国家的游戏》(*Victor Cousin, Le jeu de la philosophie et de l'Etat*)，巴黎，1995 年；埃里克·福凯（Eric Fauquet）编：《维克多·库辛：神学政治家，语文学、哲学与文学史》(*Victor Cousin Homo theologico-politicus. Philologie, philosophie, histoire littéraire*)，巴黎：基美（Kimé）出版社，1997 年。
② 埃德加·奎奈的这些信件大部分未出版，保存在法国国家图书馆的手稿陈列室里。
③ 弗朗索瓦·基佐的信件被保存在法国国家档案馆。M. 沃纳：《与弗朗索瓦·基佐通信的德国人》(*Les correspondants allemands de François Guizot*)，载《日耳曼研究手册》(*Cahier d'études germaniques*) 1987 年第 13 册，第 95—117 页。

利用价值。而那些通过出版游记来保存旅法记忆的旅行者人数又太少 ①。入籍
档案提供了更丰富、从数量上来看更具代表性的文件，但在整个 19 世纪，入
籍程序只涉及一部分在法国定居的外国人。此外，登记在册人员的多样性也
不利于系统研究。一个群体可以通过他们的社会活动和职业活动来改变接受
语境。毫无疑问，18、19 世纪生活在法国的德国音乐家和 19 世纪生活在巴
黎的德国医生确定了人们期待了解的知识传播门类。七月王朝时期巴黎的德
国记者或图书出版销售商 ②、1830 年左右在职的语言教师 ③、波旁王朝复辟时
期的法国银行家 ④、大革命爆发前从德国来的雕刻师或木匠 ⑤，他们已经成为众
多调查研究的对象，对他们进行调查可以使针对同一职业的外国人在接受语
境产生的影响的研究令人信服。显然，我们希望像玩拼图一样把法国社会中

---

① 托马斯·格罗瑟（Thomas Grosser）:《从巴洛克时期到法国大革命时期的旅法德文游记》
（*Reiseziel Frankreich Deutsch Reiseliteratur vom Barock bis zur Französischen Revolution*），
奥普拉登（Opladen）：西德人出版社，1989 年。海伦·巴拜-萨伊（Hélène Barbey-Say）:
《1871—1914 年从法国到德国的旅行》（*Le voyage de France en Allemagne de 1871 à 1914*），
1994 年。

② 参见埃尔加·让布朗:《七月王朝时期巴黎的德国图书印刷销售商》（*Les libraires
imprimeurs allemands à Paris sous la monarchie de Juillet*），国家科学研究中心出版社，
1995 年。德国在法国的图书印制有着悠久历史，弗朗茨·斯托克（Franz Stock）关于
1500 年前后出现在法国的第一批德国印刷工人的研究证明了这一点，而他本人则于两次
世界大战之间在巴黎的德国人社群担任神甫。参见弗朗茨·斯托克:《1500 年巴黎第一批
德国印刷工人》（*Die ersten deutschen Buchdrucker in Paris um 1500*）（安斯格尔·赫克罗
特［Ansger Heckeroth］、汉斯-瓦尔特·斯托克［Hans-Walter Storkà］编），巴黎：博尼
法提乌斯（Bonifatius）出版社，1992 年。

③ 米歇尔·埃斯帕涅、弗朗索瓦兹·拉吉尔（Françoise Lagier）、迈克尔·沃纳:《德语教
师：1830—1850 年第一批德国教师》，巴黎：人文科学之家出版社，1991 年。

④ 参见弗雷德里克·巴比耶（Frédéric Barbier）:《金融与政治，18—19 世纪，富尔德家族》
（*Finance et politique. La dynastie des Fould, XVIIIe—XIXe siècles*），巴黎：阿尔曼·科
林（Armand Colin）出版社，1991 年。

⑤ 参见让·蒙多（Jean Mondot）、让-玛丽·瓦伦丁（Jean-Marie Valentin）、尤尔根·沃
斯（Jürgen Voss）编:《1715—1789 年在德国的法国人与在法国的德国人》（*Deutsche in
Frankreich, Franzosen in Deutschland, 1715—1789*），齐克马林根（Sigmaringen）：托
尔贝克（Thorbecke）出版社，1992 年。

这样或那样的社会类别的存在痕迹拼到一起，以便对德国元素在法国的存在作一个全面概述。或许这个愿望只是一个远景，就像对民族的全面定义一样，是把一个操作性概念转变为一个实质性的实在。与比较社会学不同，文化迁变社会学关注的是所面对的两个社会中有限的群体。

迁变与学科边界

当一本书、一个理论或一种美学倾向跨越两个文化空间的边界，例如从德国到法国，它们的意义与语境紧密相连，从而发生改变。我们如果将这种转变同对两个民族空间边界的跨越联系起来，就会发现与其他跨学科标准相比，以民族为标准具有一种独特意义，这一点毫无疑问。德国语文学传入 19 世纪的法国，这一点既不能掩盖与巴黎文献学院（Ecole des Chartes）采用的历史方法有关的法国语文学的存在，也不能掩盖德国有一种纯粹的修辞方法以处理文本的事实。在某种程度上，法国与德国都存在修辞学与语文学，但其代表人物属于不同的圈子。相较于巴黎的医生或建筑师，一个布列塔尼的农民难道不是与一个德国梅克伦堡（Mecklembourg）的农民更相似吗？我们不恰当地将民族文化属性标准看作是真实的，就可能会失去对更详细分析的兴趣，因为更详细的分析可能会限制其影响。

然而，交流空间由一种民族语言划定界限，它具有一个特点，即倾向于根据一种具有隐含的固有系统性的代码来组织知识对象。边境线两边的法国和德国并不必然一切都不同，但是些微偏移便会改变对象在系统中的位置。费希特在法兰西第三共和国时期法国哲学中和在威廉二世皇帝时代德国哲学中所起的作用是不同的。1914 年安德勒（Andler）所研究的尼采与德国士兵在战壕中所读到的尼采也并不相同。

虽然对文化输入在其接受语境中的情况进行研究的目的是衡量与其来源的距离、偏移和对其来源的忠实度，但采取另一种方法也是有可能的。不论 19 世纪法国对德国哲学的真实了解究竟如何，国外参照有助于形成一种民族思想。19世纪法国哲学的认同是通过关于德国的论述形成的，它基于诸如查理·德·维耶（Charles de Villers）对康德哲学的反感觉主义阐释，通过自维克多·库辛开始的对黑格尔思想极具政治色彩的重构而得到丰富，并被皮埃尔·勒鲁对谢林的研究所修正。勒南（Renan）和利特雷（Littré）对 D. F. 施特劳斯（D. F. Strauss）的兴趣、埃德加·奎奈提出的赫尔德的文化史 [①]，以及伊波利特·泰纳（Hyppolite Taine）对黑格尔进行的受社会学影响的再读，这些都是文化迁变研究的肇始，文化迁变研究不仅丰富了而且的确建构了一种民族思想。

坦率地说，虽然人文科学史作为一门学科，其发展还很落后，当它局限于一个特定文化带时只会增强民族反思，但它可以提供一个机会，让我们明白一个民族是如何建立在对另一个民族的感知、吸收或排斥的基础上的。19世纪法国的文学研究在两种倾向之间摇摆不定：第一种倾向对修辞形式的转移进行研究，它以书本知识为依据，延续了耶稣会学校的教学方法，并因观念学派对普遍语法结构的关注而得到更新；另一种倾向是试图将文本的历史语文学研究法引进法国。从加斯东·帕里斯（Gaston Paris）到古斯塔夫·朗松（Gustave Lanson），他们试图将一种基于历史背景、语言变体和描述起源的手稿的方法应用于法国文学研究。不管我们是拒绝朗松的历史主义，还是沉湎于文本的语文学分析，民族文学遗产文化都是在与德国大学的最重要学科的联系中被确定的 [②]。

[①]　赫尔德著，埃德加·奎奈译：《关于人类历史哲学的思想》（*Herder. Idées sur la philosophie de l'histoire de l'humanité*），《赫尔德作品导言》，巴黎：勒弗罗（Levrault）出版社，1827年。

[②]　迈克尔·沃纳：《法文的"文学史"与德文的"文学史"》（*«Histoire littéraire» contre «Literaturgeschichte»*），载《起源》（*Genèses*）1994年第14期，第4—26页。迈克尔·沃纳：《1870年之前法国语文学家的德国之旅：以加斯东·帕里斯和米歇尔·布雷阿勒为例》（*A propos des voyages de philologues français en Allemagne avant 1870：le cas de Gaston Paris et de Michel Bréal*），载米歇尔·帕里斯编：《中世纪至二十世纪法德学界交流》，巴黎：文明研究出版社，1991年，第139—155页。

网络与错位

　　跨文化史可以建立在知识生活中这样或那样的名人与外国文化带之间关系的基础上，以此表明对身份的推动实际上建立在对引进的外国元素的改造上。我们还注意到在埃德加·奎奈的作品中赫尔德这个参照的重要性、德国语文学对勒南理论之创立的重要性，从而表明这些日耳曼思想形式在19世纪法国思想体系的确定中所占据的地位。尽管这种研究有必要，但它仍然过于关注那些被认为具有决定性影响的个人。通过仔细观察，发现在这些个人周围还有一些不太引人注意的中间人，他们之间的相互关系以及他们与那些名人的联系确保了行为与思想的传播。这些在某种程度上跨越了国界的网络不仅可以勾勒出跨文化关系的社会史、日常生活以及迁变的微观史学，而且还奠定了文学研究史的基础，或者从更普遍意义上说为真正跨文化的人文科学研究史奠定了基础。

　　在特定的历史编纂计划中能感受到文化迁变研究史的机遇，如瓦尔特·本杰明（Walter Benjamin）的《拱廊街工程》（*Passagenwerk*）写作计划，该书通过书写法国七月王朝和第二帝国时期的社会历史，以一种不言明的形式描绘了20世纪德国文化史。卡尔海因茨·施蒂尔勒（Karlheinz Stierle）的《巴黎神话》（*Mythe de Paris*）① 一书研究了从卢梭到波德莱尔的关于巴黎的文学话语。但是对话语的研究，在某种意义上是对瓦尔特·本杰明计划的延伸，表现为分析这座城市自身的话语、分析对巴黎精神认识的话语。这种自反性研究不仅适用于德国范畴，而且应该对海涅与鲍尔尼（Börne）给予重点关注。巴黎文学史有成为跨文化史的趋势。通过对网络的研究来构建文学史和人文科学的跨文化史，这需要一种偏移能力。文学史或文学研究史上的重要人物全副武装地离开锻造民族意识的车间，聚集在类似于万神殿或

---

① 　卡尔海因茨·施蒂尔勒：《巴黎神话：城市的象征与意识》（*Der Mythos von Paris. Zeichen und Bewußtsein der Stadt*），慕尼黑/维也纳：卡尔·汉瑟（Carl Hanser）出版社，1993年。

瓦尔哈拉神殿（Walhalla，北欧神话中的英灵殿——译者注）的地方，准备
与任何侵犯象征性民族领土的行为作斗争。在魏玛共和国时期，人们对歌德
的崇拜就像对雨果的崇拜一样狂热，对尼扎尔 ①（Nisard）的崇敬赶得上对威
廉·谢勒 ②（Wilhelm Scherer）的崇敬。跨文化史将用群体来替代那些对所在
学科具有重大影响的人物。

虽然从理想角度看，文化迁变必须突出所涉文化系统中差异很大领域的
影响，但正如汉斯-尤尔根·卢斯布林克（Hans-Jürgen Lüsebrink）和罗尔
夫·赖夏特（Rolf Reichardt）所尝试的那样 ③，利用一段限定的时期也是非常
恰当的。通过对 1800 年前后一段时间在德国出版的词典的考察，我们可以观
察到新概念对德语产生了语义感染 ④。通过对德语译作的研究可以构建出一种
新政治概念性，这些译作不仅包括名著，还包括喜剧、歌剧，甚至那些仅仅
在书名中使用了"革命"这个神奇术语的书籍。但我们看到更多的是符号学
上的偏移，而不是语义上的偏移，例如处死路易十六 ⑤ 这一事件不仅在报纸文

---

① 德西雷·尼扎尔（Désiré Nisard），《法国文学史》(*Histoire de la littérature française*，1844—
1861）的作者，他是古典主义的坚定捍卫者。

② 参见《19 世纪德意志日耳曼学大历史》(*La grande histoire de la germanique allemande
au XIXᵉ siècle*）：尤尔根·福尔曼（Jürgen Fohrmann）、威廉·沃斯坎普（Wilhelm
Voβkamp）编：《19 世纪德语语言文学史》(*Wissenschaftsgeschichte der Germanistik im 19.
Jahrlumdert*），斯图加特-魏玛（Stuttgart-Weimar）：梅茨勒（Metzler）出版社，1994 年。

③ 汉斯-尤尔根·卢斯布林克、罗尔夫·赖夏特编：《1770—1815 年，变革时代的法德文化
迁变》(*Kulturtransfer im Epochenumbruch Frankreich-Deutschland 1770—1815*），莱比
锡：莱比锡大学出版社，1997 年。关于计划的法文摘要，参见汉斯-尤尔根·卢斯布林
克、罗尔夫·赖夏特：《1770—1885 年的观念史与文化迁变——研究摘要》(*Histoire des
concepts et transferts culturels 1770—1815. Note sur une recherche*），载《起源》1994 年
第 14 期，第 27—41 页。

④ 安娜特·凯尔豪尔（Annette Keilhauer）：《1770—1815 年法德法词典中的观念转移》
(*Begriffstransfer in französisch-deutsch-französischen Wörterbüchern* [*1770—1815*]），载
汉斯-尤尔根·卢斯布林克、罗尔夫·赖夏特编：《1770—1815 年，变革时代的法德文化
迁变》，第 769—824 页。

⑤ 迈克尔·瓦格纳（Michael Wagner）：《1793 年起"弑君"概念在德国的接受》(*Die Rezeption
des "Königsmordes" von 1793 in Deutschland*），来源期刊同前，第 239—257 页。

章中，而且在诗歌、戏剧，特别是在图画中也产生了影响。在迁变过程中作品种类发生了变化，从文本转变为图像、传单和版画这些媒介 ①。将视角降低为一个明确的时间框架可以将那些必要的微观逻辑方法联系起来，这些方法充分考虑到那些决定再阐释和再象征化过程的条件。

　　也许确定描述文化迁变知识工具的努力应当以"它不可能是什么"结束。它不能是属于两个不同语言区域的两个作者之间的文学影响关系。首先，这是因为"影响"这个概念往往会抑制信息接收者对信息生产者产生交换动力，而且这一概念假定而非证明两者之间存在一种近乎神奇的直接关系。此外，"影响"这一概念假定文化之间的关系产生于一个人为的同质性空间、一个严格意义上的文学空间。事实上，解释一位作家受到一位外国作家启发的媒介方式是多种多样的，包括对旅行、书籍的历史与传播，以及教育机构的论述。当一个对象通过边界从一个文化系统跨越到另一个文化系统时，这两个文化系统都参与这个再语义化过程。文化迁变也不是对孤立的历史形态的实证研究，在研究过程中，两种文化之间会发展出一种特定的历史关系。彼得大帝在托尔高（Torgau）会见了波兰国王兼萨克森选侯，但这并不足以说明德俄之间发生了文化迁变，即便此次会面对两国历史都很重要。特定历史关系只不过是用于分析的材料。文化迁变要借助广泛的文化对照。

　　更何况，文化迁变研究不同于美学、科学或社会学的比较研究。对比较的性质，以及由比较引发的错综复杂关系重构的思考都值得我们特别关注。

33

---

① 汉斯-尤尔根·卢斯布林克／罗尔夫·赖夏特：《"购买精美的图画和铜版画……"1600—1830 年的画报传单与法德文化迁变》（*"Kauft schöne Bilder, Kupferstiche..." Illustrierte Flugblätter und französisch-deutscher Kulturtransfert 1600—1830*），美茵茨（Mainz）：赫尔曼·施密特（Hermann Schmidt）出版社，1996 年。

第二章

超越比较研究

　　历史编纂学长期与一种合法化的模式联系在一起，尤其是在法德研究领域，这种模式导致它用民族术语来给其对象下定义。比较视角的多样性只能被视为一个积极转折点，五十多年前，马克·布洛赫（Marc Bloch）（著有《封建社会》）与费尔南·布罗代尔（Fernand Braudel）（著有《菲利普二世时代的地中海与地中海世界》）的开创性成果已经充分表明这一点，并且不断得到新支持者的辩护 ①。然而，除了比较研究，我们还能想出其他方法以摆脱民族历史编纂学的限制。事实上，比较研究并不能被看作反对历史编纂学种族中心主义的主要科学手段，而历史编纂学种族中心主义对欧洲文化史抱有戒备心，应该对其进行具有建设性的批判，并表明一种具有部分或者暂时效用的方法可能存在的局限性。我们将借助几个主要发生于 19 世纪的事例来阐述一些观点。

---

① 参见佩德罗·罗西（Pietro Rossi）编：《比较历史，方法与前景》（*La storia comparata. Approcci e prospettive*），米兰：萨加托莱（Saggiatore）出版社，1990 年。以及近年的 H. G. 豪普特（H. G. Haupt）、J. 科卡（J. Kocka）编：《历史与比较，方法与结果，国际比较历史研究》（*Geschichte und Vergleich. Ansätze und Ergebnisse international vergleichender Geschichtsforschung*），法兰克福，1996 年。这本书的编者们在引言中指出，过于笼统的比较能为政治历史研究提供一个框架，但它将调查研究降低为对其隐含前提的简单说明。他们相信纯粹且简单的比较会有良好效果，因此他们很快略过了关系史研究。

比较研究预先假定文化带是封闭的，为以后通过抽象的类别来超越 其特殊性提供可能

何谓"比较历史编纂学"？首先，这个术语具有一个很普通的含义：部分的研究结果不能孤立存在，而应该上升到某种一般性的程度，为此应该将这些结果进行比较。以所有科学活动为基础，系列化已经成为一种比较形式。除这个狭义之外，还有一个更宽泛的含义：历史编纂学不应再关注民族认同，必须打破这个框架。

将两个对象进行比较意味着就二者进行对比，列出它们的相似之处和差异，并通过一种几乎不可避免的逐渐转变来固化二者的对比。实际上我们只能对那些没有被混淆的东西进行比较。例如，当我们比较法国和德国的一个社会群体时，我们无法得出这样的结论：民族归属绝不是恰当的特征。这种比较强化了民族划分，并使质疑民族划分变得可疑。

比较的两项之间的"比较中项"，原则上是必不可少的。然而在对民族进行比较时，这种中介极可能会采取严格意义上的民族视角投射。历史学家被迫使用"19 世纪欧洲知识分子、政治家、教师或资产阶级"等概念，这些概念与其说有助于研究，还不如说是一种新限制、靠不住的一般概念。但当我们抛弃这些过于宽泛的范畴时，往往又会发现：没有什么可比较。例如，关于法国、德国和英国决斗史的研究[1] 只能表明价值体系和不同规则之间的不相容性。

对此，主要问题在于观察者的立场。人们通常只把自己和别人进行比较。因此，进行比较的层面只是主观和民族维度的延伸。德国一项关于欧洲教育

---

[1]　乌特·弗雷弗特（Ute Frevert）：《文明和荣誉，关于英国和德国的决斗史》（*Bürgerlichkeit und Ehre. Zur Geschichte des Duells in England und Deutschland*），载《19 世纪的资产阶级》（*Bürgertum im 19. Jahrhundert*），J. 科卡编，第三卷，德国平装书（DTV）出版社，1988 年，第 101—140 页。

体系的研究将赋予"教化"（近乎形而上学意义的教育）这个概念以核心地位①，这个概念并不仅仅被法国或英国的研究者提及。自19世纪初以来，法国的比较研究历史表明，由于比较原则，问题从来也不在于相互否定，恰恰相反，是间接地导致主体捍卫民族形成的观点。只要读一读这位替法语辩护的外国文学教授的论述就明白了：

> 意大利语过于柔和，西班牙语又过于洪亮；此外，二者都是南方语言，也就是说，它们对北方人的发音器官不友好。这两种语言所代表的民族远没有能力扩大它们的影响，却都期待外国影响。我排斥德语也出于相似的原因：德语的北方特性太强，既生硬又含糊不清，并不适合南方人的特性。英语同样过于"日耳曼"了，由于讲英语的民族具有冒险性格，英语得以传播到世界各地，但英语只是随着盎格鲁—撒克逊人的到来才被引入；此外，英语在新世界还有一项重大的任务要完成：使一个大陆变得开化。至于斯拉夫语言，我一无所知，不便评论。……因此，就只剩下法语了。②

比较研究将同时发生的事物进行比较，但并没有充分考虑到它们相互影响的先后顺序

比较针对的是一种文化中那些由于语义相像而被视为对照现象的重要时

---

① 卡尔·恩斯特·杰斯曼（Karl Ernst Jeismann）、彼得·伦德格林（Peter Lundgreen）编：《德国教育史手册》（*Handbuch der deutschen Bildungsgeschichte*），第三卷1800—1870年，《从德意志的重组到德意志帝国的建立》（*Von der Neuorduung Deutschlands bis zur Gründung des Deutschen Reiches*），慕尼黑：贝克（Beck）出版社，1987年。

② 埃德蒙·阿诺尔（Edmond Arnould）：《文学理论与文学史评论》（*Essai de théorie et d'histoire littéraire*），巴黎：杜朗（Durand）出版社，1858年，第321页。——关于法国的外国文化与文学教育史，参见米歇尔·埃斯帕涅：《外国范式，19世纪的外国文学讲席》（*Le paradigme de l'étranger. Les chaires de littérature étrangère au XIXᵉ siècle*），巴黎：雄鹿出版社，1993年。

刻。但这些时刻本身就植根于持续数十年甚至数百年的发展之中。任何试图比较法国和德国的图书馆或教堂所起作用的人，都一定会发现诸多结构上的差异。但就它们本身而言没有任何解释价值，因为它们在各自民族领域中所占的地位绝不是对称的。依萨克·奇瓦（Isaac Chiva）和乌茨·杰格尔（Utz Jeggle）等人的实验（《民族学镜像》[*Ethnologies en miroir*]，巴黎，1987年）表明，这些研究领域只在语义层面上相似，但在所涉文化中科学领域的相对功能层面绝不相似。在法语的"民族学"（ethnologie）和德语的"民俗学"（*Volkskunde*）之间，如果我们不考虑"*Volkskunde*"一词在大多数情况下被翻译成"ethnologie"这一事实，这两个术语实际上几乎没有可能进行比较。直到近年，这两个领域在两种文化体系中的情况还是截然不同的。此外，我们是否可以肯定，如今用来描述或引用某些经济机制的被严重滥用的术语，如"市场经济"或"人力资源管理"，不论在巴黎还是在法兰克福和科特布斯（Cottbus）都具有相应含义？

有时，将两种文化中语义并不相似的东西联系起来并进行比较会更有用。在19世纪的科学体系中，真正与德国的语文学对应的是法国的社会科学，而德国哲学则与库辛的政治思想相对应①。只有从时间维度才能解释这些结构性差异。然而，发展的各个阶段不像共时观察那样容易找到共同点。

因此，选择的研究对象不仅要有形式上的相似之处，而且要有历史上的相似之处，这一点具有科学意义。历史学家们将注意力集中在生活在法国的德国医生、工匠和教师②身上，而不是比较德法两国的医生、工匠、商人等群体。

---

① M. 埃斯帕涅、M. 沃纳：《与维克多·库辛通信的德国人》，载《黑格尔研究》，1986年，第65—85页。

② 米歇尔·埃斯帕涅、F. 拉吉尔、M·沃纳：《德语教师：1830—1850年第一批德国教师》，巴黎：人文科学之家出版社，1991年。

这样就能够：

——不忽视会导致两种文化之间产生部分接触的历史的连续性。

——将差异作为语境化实际进行分析。

——比较两个术语的特有期待。

——考虑到法国语境中形势所起到的复杂决定性作用，例如对一个德国文化财产或一个社会群体的接受。

39
比较产生了一个非历史性的结果，而文化之间的接触是一个连续的过程。一旦历史学家把注意力集中在一个中间人群体身上，例如法国的一个德国移民群体，他就必须设法理解这些异质发展的交汇点，即原生语境和接受语境的交汇点。在法国的港口，尤其是在波尔多，有一些来自德国汉萨同盟城市的商行，这些商行身上汇聚了法国历史和德国历史的双重特性，法国历史与德国历史在这个维度上似乎合二为一了。

比较研究是对社会群体进行比较，而不是强调社会适应机制

记录构成欧洲社会各个阶层的信息绝非无用。收入来源、工作时间、卫生条件、组织形式和生育率能够并且应该出现在汇总表里。然而，这些统计数据的一个附属效应是误以为共同问题是真实的，并创造普遍概念。如果有不同类型的人类群体正在形成，并且没有受到质疑，人们可能会认为他们选择不与其他人群混合，就像"化石"一样。将莱茵河两边的大学群体进行比较对19世纪意味着什么？

应该不带预设地去关注那些作为独立实体即将消失并融入外国环境的群体，这些群体应该成为真正的超国家历史编纂学优先考虑的对象。

例如，19世纪生活在巴黎的德国印刷商和出版商使在德国获得的一项技术适应了法国环境，这样不仅改变了他们自己的身份，而且也改变了他们所

融入环境的结构。那些在法国工作的德裔医生、教师、画家、音乐家、插画
家 ① 和摄影师 ② 也同样如此。

　　作为有宗教信仰的群体，生活在法国的德国犹太人已经被法国犹太人所
同化，"犹太教学"在法国世俗意识的建立方面 ③ 发挥了作用，以至于在 19
世纪末德雷福斯事件发生时，在大众意识中，德国人与犹太人最后混淆了起
来。法德两国的社会群体中只有一小部分关系亲近，甚至相互融合。正是这
些群体使超越民族成见成为可能，且不仅停留在抽象层面。

　　纳唐·瓦什特尔（Nathan Wachtel）的著作《祖先的回归》（ *Le retour
des ancêtres* ）（1990 年）和《战败者的看法》（ *La vision des vaincus* ）（1971
年）对文化交杂问题的基本方法论贡献远远超过了对拉丁—印第安美洲特有
问题的贡献，这些著作提出了一些范式问题：哥伦布发现新大陆之前的社会
是如何在被征服和大量引进外国文化的情况下保持自己的思想结构的？思想
结构是如何相互叠加并经历长期过程而形成一种新组合的？这个问题也值得
在法德语境下提出和分析，涉及所有跨越两国边界的职业群体或宗教群体。
为此，应当强调移民群体（包括入境移民和移居国外者），并就他们对微观
环境产生的微观影响进行分析。对一个世纪以来入籍档案以及这些档案揭示
的社会、经济或文化机制的系统分析可以为这些微观分析提供非常丰富的
材料。

40

---

① 例如约翰诺兄弟（frères Johannot），他们为法国的浪漫主义绘画确定了表现形式。

② 例如罗依特林格家族（Reutlinger），他们是来自德国卡尔斯鲁厄（Karlsruhe）的摄影
　师，1850 年迁居巴黎。参见 J.-P. 布尔热龙（J.-P. Bourgeron）：《罗依特林格家族》（ *Les
　Reutlinger* ），巴黎，1979 年。

③ 佩里娜·西蒙–纳胡姆（Perrine Simon-Nahum）：《倾注之城，法国的犹太教学与共和
　国》（ *La cité investie. La science du judäisme français et la République* ），巴黎：雄鹿出
　版社，1991 年。席琳·特劳特曼–沃勒（Céline Trautmann-Waller）：《德国语文学与犹太
　传统，利奥波德·祖兹的思想历程》（ *Philologie allemande et tradition juive. Le parcours
　intellectuel de Leopold Zunz* ），巴黎：雄鹿出版社，1998 年。

41 **比较尤其涉及区域。在很多情况下，对欧洲各空间之间客观关系的观察可能对它们的社会和文化结构具有更大的解释价值**

目前，历史学家倾向于将德国的一个城市或州与同等规模的法国城市或省份进行比较。这些充满善意的研究项目的潜在模式似乎是城市之间建立友好关系的模式。城市或省份的选择是按照一些抽象分类标准来进行的（居民人数、具有代表性的工业部门等）。人们可能很想谈论一种以政治考量为导向的历史编纂学，人们期待它具有一种公民效用。这些研究得出的是一些差异或一致性清单，从人口出生率到企业管理风格。

在此，我们不能低估无视实际关系结构带来的风险。波尔多、南特和汉萨同盟城市就是经济增长和文化定义交织在一起的结果①。不仅要将波尔多与汉堡、不来梅进行比较，还要仔细分析以交流轴线划定范围的欧洲一个区域的历史，这样做是完全合理的。加斯科尼（Gascogne）和东普鲁士之间的航行确定了一个真正的文化空间，并被集体经济活动、一致的家庭和宗教行为以及不间断的书信往来所巩固。欧洲地图上还有许多其他更隐秘的路线需要重新绘制，例如从巴黎经莱比锡和德累斯顿到俄罗斯或波兰的这条路线。

德国一些地区与法国在社会文化史方面的关系同样值得研究。我们当然可以将萨克森的社会结构与法国任意一个省份的社会结构进行比较。但是，通过跨国历史编纂学研究该地区历史的另一种方法是追踪萨克森与法国的结

---

① 米歇尔·埃斯帕涅：《波尔多—波罗的海，18—19世纪德国文化在波尔多的影响》（*Bordeaux-Baltique. La présence culturelle allemande à Bordeaux aux XVIIIe et XIXe siècles*），巴黎：国家科学研究中心出版社，1991年。——鲁兹·阿兰（Ruiz Alain）编：《从蒙田时代到第二次世界大战德国在波尔多的影响》（*Présence de l'Allemagne à Bordeaux du siècle de Montaigne à la Seconde Guerre mondiale*），波尔多：波尔多大学出版社，1997年。

构性关系发展。强人奥古斯特二世（Auguste le Fort，神圣罗马帝国萨克森选42
侯——译者注）时代的宫廷文化、书籍历史、萨克森眼中的 19 世纪革命，这
一切都将导致承认在萨克森的内部历史中存在法国因素，且它深深地根植于
其经济和行政结构之中。从法国角度来看，我们可以很容易反过来描绘一个
基于萨克森地区的法德文化共同体，这是一个萨克森时期，在法国人对德国
的认知中具有特殊地位 ①。这种相似性在莱茵河沿岸地区很明显，这种相似性
对德国的好几个地区来说都是很突出的，产生了或多或少的重要影响，并为
一种历史编纂学提供了出发点，这种历史编纂学不仅是比较的，而且是真正
的两个民族的历史编纂学。

比较涉及被认为表现身份的对象。因此，观察者的注意力从民族记忆本身的社会结构中的外来部分转移走

当人们进行比较时，重点往往放在被认为是民族空间特有的结构上，本
质上是一些文化元素，这些文化元素使得民族的群体记忆得以具体化，即广
义上的 "记忆之场"（例如学校、街道、逝者纪念碑、图书馆）。但这样一来就
忽略了一个事实，即记忆的结构不仅包括一个文化空间，而且包括多个文化
空间，就像一些礼拜场所可能对好几个宗教都有意义。

我们可以列举出许多法德 "记忆之场"：对 19 世纪德国人文科学历史而
言尤显重要的巴黎王家图书馆、巴黎的街道与来自黑森的清洁工 ②、港口城市

---

① 《从易北河到塞纳河，18—19 世纪法国—萨克森文化迁变》（*Von der Elbe an die Seine. Französisch-sächsischer Kulturtransfer im XVIII. und XIX. Jahrhundert*），米歇尔·埃斯帕涅、马蒂亚斯·米德尔（Matthias Middel）编，莱比锡：莱比锡大学出版社，1993 年。

② 威尔弗里德·帕布斯特（Wilfried Pabst）：《临时的亚无产阶级：19 世纪巴黎的德国 "客籍工人"》（*Subproletarier auf Zeit: deutsche «Gastarbeiter» im Paris des 19. Jahrhunderts*），来源：克劳斯·J. 巴德（Klaus J. Bade）编：《在外国的德国人与在德国的外国人，历史上与当前的迁移》（*Deutsche im Ausland-Fremde in Deutschland. Migration in Geschichte und Gegenwart*），慕尼黑：贝克出版社，1992 年。

波尔多的那些受到北方资产阶级品位影响而建造的新古典主义建筑。从为柏林的胡格诺教徒修建的御林广场到莱比锡民族大会战纪念碑（这座纪念碑于第一次世界大战爆发前夕落成以重新激起解放战争的精神），说实话，这一系列建筑物都是共同记忆之场，或者说它们至少可以成为共同记忆之场，并得到应有的研究。

莫里斯·哈布瓦赫（Maurice Halbwachs）和他在20世纪20年代发展起来的社会记忆理论对跨文化记忆的定义很有用。城市、街道、建筑和整个社会构造都是这种记忆的零散痕迹。然而，这些错综复杂的记忆痕迹并没有以任何方式表明民族身份，而是显示它们之间的相互渗透。只有比较才能引导大脑去划分记忆，根据民族进行区分。

民族记忆主要保存在历史档案馆和图书馆中。档案编码种类为历史编纂学确定了绕不过去的分类基础，其中民族方向源于法国大革命的分类。法德两国的历史编纂学，或者更宽泛的跨国历史编纂学，首先要求至少在理论上确定一个新档案组织方案。对入籍档案、护照、游学、译者、语言教师、通信者网络、大使馆的报告和其他双边定义对象的利用都以定义新档案类别为前提，至少以跨国档案基础的概念为前提。

比较首先强调差异，然后才考虑共同点。在预先存在交织的背景下，区分过程被掩盖了

对民族差异的认识本身就是一个历史产物，大约可以追溯至18世纪下半叶。在此之前，民族是次要概念，甚至是无关紧要的概念。但当我们碰巧去比较不同民族文化的不同时期时，我们有可能认为相反立场是自然特征。这是历史学家能够着手对身份形式进行比较的条件。

对立的出现和裂隙的加深标志着一个历史进程。只有在描述这一进程的起源机制的同时试图逆转这一进程，才能确定一个真正的超国家历史编纂学

空间。德国的语言、人民和民族这些概念只有在作为德国对法国概念的解构进行分析时，才能有效地与这些在原则上对等的法国概念进行比较。例如 19 世纪末德国的语文学研究和法国的普遍文化概念之间的差异是人文科学史上的一个主要话题。但是普遍文化的价值在于对深入研究分散性的回应。对立的双方应该被设想为动态的双方。

　　一些书籍针对双边相互影响过程中分裂的出现进行了研究，迈克尔·杰斯曼（Michael Jeismann）的著作《敌人的祖国，1792 年至 1918 年德国和法国的民族敌人概念与民族表现》（*La patrie de l'ennemi. La notion d'ennemi nationale et la représentation de la nation en Allemagne et en France de 1792 à 1918*）[①] 就是其中之一。作者在书中指出，19 世纪德国和法国媒体中的敌人形象几乎没有提供对手的信息，但敌人具有一种内在功能。如果没有敌人，民族身份也会消失。比较敌人那些可怜、刻板的形象是荒谬的。这本书揭示了一种随意且不明确的裂隙的结构必要性，及其加深的各个阶段。这些区分、分裂和隔阂不仅标志着外部边界，它们还有起源和内在功能。那些严格意义上的比较常常导致出现难以理解的结果。

当法德空间的社会和人文科学史把比较的术语放在首位而忽略这些术语与它们的短暂性之间的相互关系时，它就只能注意到不相关联的形式

45

　　19 世纪德国大学最重要的名人中，必须得提到的是威廉·冯·洪堡。关于洪堡最具争议的一个问题就是洪堡与观念主义者的语言哲学之间的关系。在德国，我们常常将"教化"在何种程度上混合了 18 世纪法国感官主义根

---

① 迈克尔·杰斯曼：《敌人的祖国，1792 年至 1918 年德国和法国的民族敌人概念与民族表现》，巴黎：国家科学研究中心出版社，1997 年。

源的问题视为禁忌 ①。在维克多·库辛和他的学生将德国哲学，尤其是康德主义引入法国之后，19 世纪末世俗化的思想具有将德国唯心主义向法国迁移的作用。

法国大学里关于外国的科学论述是在引进德国语文学的基础上开始和发展起来的，引入德国语文学使得讲德语的教师发挥了十分重要的作用。对外国文化的语文学发现最终改变了学者们对法国文化本身的看法。普罗旺斯语研究或凯尔特语研究只是在德国大学里设计的知识工具在法国的应用 ②。如果没有洪堡，对巴斯克地区的研究可能不会那么早出现，巴伐利亚人约翰·加斯帕·泽伊斯（Johann Gaspard Zeuss）之于凯尔特语研究的重要性亦是如此 ③。众所周知，法国高等研究实践学院（Ecole pratique des hautes études）是在像米歇尔·布雷阿勒（Michel Bréal）这些说德语的人的推动下建立起来的，这所学院的建立被认为是为巴黎引进德国研究方法的一种尝试。

迄今为止针对学校和大学两个系统进行的比较研究只强调了对称性的缺乏。因此，在很大程度上决定了这两个系统内部能动性的相互关系被大大消除了。当然，克利斯朵夫·夏尔勒（Christophe Charle）关于欧洲知识分子的研究 ④ 以令人信服的方式证明了建立一个比较等级的可能性。在文学领域、师生人数关系、教师和作家区域分布方面呈现出趋同性。不过，这些趋同性的确立迫使历史学家回避所研究社会常常具有的典型特征。然而，一项研究试

46

---

① 关于这一主题，参见汉斯·阿尔斯勒夫（Hans Aarsleff）:《从洛克到索绪尔，语言与知识史研究评论》(*From Locke to Saussure. Essays on the Study of Language and Intellectual History*)，明尼阿波利斯（Minneapolis），1982 年。尤尔根·特拉班特（Jürgen Trabant）:《阿珀利俄忒斯或语言的意义，威廉·冯·洪堡的语言形象》(*Apeliotes oder Der Sinn der Sprache. Wilhelm von Humboldts Sprachbild*)，慕尼黑，1986 年。

② 米歇尔·埃斯帕涅:《外国范式，19 世纪的外国文学讲席》，巴黎:雄鹿出版社，1993 年。

③ 约翰·加斯帕·泽伊斯:《凯尔特语语法》(*Grammatica celtica*)，莱比锡:魏德曼（Weidmann）出版社，1853 年，第 2 卷。

④ 克利斯朵夫·夏尔勒:《19 世纪欧洲的知识分子，比较历史学评论》(*Les intellectuels en Europe au XIXe siècle. Essai d'histoire comparée*)，巴黎:瑟伊（Seuil）出版社，1996 年。

图证明这两个科学传统并不是独立的，而是可以用它们的相互关系来解释的，甚至它们之间存在故意的差异，这种努力似乎大有希望，即使不能超越这种不对称性，也能控制这种不对称性，因为这种努力强调它们的能动性。

比较总是从民族的角度进行。因此，比较的增多只会增强民族概念。历史学家的任务应该是分析民族的不同概念形成过程中的外国时刻

我们无法想象不基于民族概念的比较历史编纂学。在欧洲，民族国家概念与语言学意义上的民族概念、法国模式与德国模式 ① 之间存在对立。然而，任何导致两种范式对立的比较，最终都只是一种价值判断。

或者我们揭示了一个更深层次的现实，即民族国家表现为一个种族语言国家，或者相反。抑或法国式的民族国家概念也适用于德国的情况。当我们试图比较 1870 年以前的法国和德国时，我们难道不是经常忘记当时并不存在一个法式中央集权的德国吗？

这些民族概念是历史构建的。然而，历史学家很少强调这两个概念是自法国大革命以来在相互作用下产生的。在被法国大革命传播的具有普遍意义的"民族"概念被法国人民据为己有之后，费希特——从根本上说他是一个激进民主主义者，正如他的传记作者格扎维埃·莱昂（Xavier Léon）将不断重复的那样——要捍卫另一个民族的权利，即他自己的民族——德国人民的权利。勒南提出的民族概念难以理解，除非有一种潜在的意愿能够有力地驳斥德国的种族语言野心。在许多中间阶段，民族概念值得作为一个近乎对话体的跨文化概念得到分析。

作为一个双边进程，民族概念不能再从历史政治或意识形态的角度来考虑。在这个动态分析当中，比单纯的法律形式主义宽泛得多的社会政治因素

47

---

① 罗杰斯·布鲁贝克（Rogers Brubaker）：《法国和德国的公民身份与国家地位》（*Citizenship and Nationhood in France and Germany*），哈佛大学出版社，1992 年。

也发挥了作用。当我们采用了一个不再是单纯民族意义上的民族概念定义时，我们就更容易阐明社会历史基础和意识形态上层建筑的混淆和常见的颠倒。为了重建因果关系、重建相互独立的民族的不同表现形式之间相互产生的过程，只能给出一个即时概述的比较是完全不合适的。

比较研究的概念有时包含一些与比较无关的研究倾向，这些倾向与文化迁变相符

当年鉴学派的创始人号召历史学家寻找社会之间的联系点、寻找民族差异的共同根源时，他们绝不是要为狭义的比较辩护，而是主张一种包罗万象的历史视角、一种总体史。

如果我们从数量的角度来描述斯特拉斯堡海关的图书流通情况，或者研究萨克森人奥托·洛伦茨（Otto Lorentz）是如何在19世纪的法国传播目录学的，抑或仅仅对移民进行人口统计学分析，我们并不是在进行严格意义上的比较，而是满足于将民族中心主义历史编纂学严格死板的框架变得更灵活。

法国从19世纪起就已经开始出版外国历史书籍，这个趋向确实令人感到惊讶。其中关于英国和意大利的历史书目录确实令人印象深刻。试举几例，托米·佩伦斯（Tommy Perrens）所著九卷本佛罗伦萨城市史 ① 以及观念主义学者金格纳（Ginguené）所著十卷本的意大利文学史 ②。在这些历史书的写作过程中，作者自愿采取了德国视角。第一部西班牙文学文化史著作于

---

① F. T. 佩伦斯（F. T. Perrens）：《佛罗伦萨史：从起源到美第奇家族的统治，再到共和国的覆灭（1531年）》（*Histoire de Florence depuis ses origines jusqu'à la domination de Médicis et depuis la domination des Médicis jusqu'à la chute de la République* [*1531*]），巴黎：阿歇特（Hachette）出版社，9卷本，1877—1891年。

② 《意大利文学史》（*Histoire de la littérature italienne*），巴黎：L.G. 米肖（L. G. Michaud）出版社，1811—1819年。

19 世纪初从哥廷根大学弗里德里希·布特维克（Friedrich Bouterwek）教授所著的书籍翻译过来。自 19 世纪 60 年代以来，雅各布·布克哈特（Jakob Burckhardt）关于文艺复兴的著作预先决定了人们对意大利的看法。这种通过从德国引进的知识工具吸收外国知识的渴望与比较并无关系。

　　在过去十年出版的一系列书籍和集体著作中观察将比较作为一种方法使用的频率，这样做十分具有启发性。《起源》（*Genèses*）杂志自 1990 年起开始出版发行，并与一支规模庞大的外国历史学家团队合作，杂志中很明显避免使用"比较"一词或者进行比较，虽然，或者更确切地说，因为它旨在揭示国际网络。自 1991 年开始在莱比锡出版的《比较》（*Comparativ*）杂志被认为是对全球史和社会比较研究的贡献，这个评价是很恰当的。它是卡尔·兰普雷希特①（Karl Lamprecht）时隔多年的继承者。这本杂志很快专门推出了一期关于法德比较的特刊。② 这一期特刊主要讨论接受问题、18 世纪德国空间的社会政治问题或启蒙时代的一些问题。每一期杂志都试图打破民族空间的束缚，但并不是通过比较的方式。

　　历史学家尤尔根·科卡（Jürgen Kocka）出版了《19 世纪资产阶级历史，德国相较于欧洲》（*Histoire de de la bourgeoisie au XIXᵉ siècle. L'Allemagne comparée à l'Europe*）③。这部作品汇集了多位德国著名历史学家的成果，他们有时，而非总是运用比较的方法。之所以能够取得这一结果，是因为"比较中项"——欧洲资产阶级的概念具有一定的普遍性，这个概念的外延令这部文集的一些作者感觉受到束缚。此外，从标题的层次上可以清楚地看到这部

49

---

① 关于兰普雷希特，参见罗杰·奇克林（Roger Chickering）：《卡尔·兰普雷希特：一个德国人的学术生涯（1856—1925）》（*Karl Lamprecht，A German Academic Life*［*1856—1925*］），新泽西：人文出版社，1993 年。

② 《比较·莱比锡人对世界历史和比较社会研究的贡献》（*Comparativ. Leipziger Beiträge zur Universalgeschichte und vergleichenden Gesellschaftsforschung*）1992 年第 4 期。

③ 尤尔根·科卡：《19 世纪资产阶级历史，德国相较于欧洲》（*Bürgertum im 19. Jahrhundert. Deutschland im europäische Vergleich*），慕尼黑：德国平装书出版社，1988 年。

作品以德国情况为出发点。

赫尔穆特·贝尔丁（Helmut Berding）、艾田·弗朗索瓦（Etienne François）、汉斯·彼得·乌尔曼（Hans Peter Ullmann）主编了《法国大革命，法国与德国，社会变化的两种对立模式？》(*La Révolution，la France et l'Allemagne，deux modèles opposés de changement sociale?*)（巴黎：人文科学之家出版社，1989 年）。尽管标题如此，但该书压根没有进行一种比较，除了艾田·弗朗索瓦撰写的部分。他一方面强调比较是毫无希望的，另一方面却又表明法德两种模式相互高度渗透。

如果"比较研究"这个口号是指系统地扩大范围、超越民族区分，那么它当然可以促使积极结果的达成 ①。但是，比较作为一种方法，即使以文化政策战略的名义，在任何情况下也不能以非批判的方式被接受。文化迁变理论被认为是对文化史比较研究方法论的修正。

总之，应该指出，如果人文和社会科学把比较研究当作一种方法论的现代性形式，那么对人文与社会科学起源的分析只能在连续迁变的基础上进行，人文科学学科史是研究这一问题最有成效的方法之一。

---

① 应该指出的是，费尔南·巴尔登斯伯格（Fernand Baldensperger）、埃德蒙·埃格里（Edmond Eggli）和克劳德·皮舒瓦（Claude Pichois）等比较文学研究者早先的著作主要集中在法国和德国之间不可胜数的交流载体和媒介上，这些著作在很大程度上已经抛弃了严格意义上的比较研究而转向文化迁变研究。正是因为担心将自身限定在了严格的文学空间，他们选择了转向。

第三章

法国人文社会科学中的德意志参照

当我们分析 1900 年前后外国文学研究兴起的时候，一方面我们面临外国文学这个自 1830 年起就诞生的学科其内部的区分过程，另一方面也面临人文科学中一些试图获得合法性的新研究方向的出现。然而 19 世纪法国人文科学的历史表明同德国的对照是多么地必要，这种对照导致彻底的否定或新方法的引进。[①] 这就是为什么一个例如以德国文化空间为研究对象的德意志研究能够既占据核心位置又处于次要地位。因为世纪之交的大部分人文科学，从哲学到历史编纂学，再到社会学都同德国有关系，这些人文科学绝不希望将它们的身份和自身的合法性让与另一个学科。在一些特别的情况中能够认出德国参照的普遍存在，例如小说家雷蒙·博纳福斯（Raimond Bonafous），他是意大利文学研究的杰出代表之一。他的学习经历主要是在莱比锡撰写了关于海因里希·冯·克莱斯特（Heinrich von Kleist）的博士论文，并于 1894 年在巴黎答辩。[②] 类似的情况还有西班牙语专家卡米埃·皮托雷（Camille Pitollet），他在旅居德国之后，写出了一篇关于莱辛（Lessing）作品与西班

---

① 埃斯帕涅：《外国范式，19 世纪的外国文学讲席》，巴黎：雄鹿出版社，1993 年；并参见克利斯朵夫·夏尔勒：《19 世纪欧洲的知识分子，比较历史学评论》，巴黎：瑟伊出版社，1996 年。

② 雷蒙·博纳福斯：《海因里希·冯·克莱斯特，生平与作品》（*Henri de Kleist, sa vie et ses œuvres*），巴黎：阿歇特出版社，1894 年。

牙关系的博士论文。

1900 年前后人文科学，特别是社会科学中的德国参照不仅仅是因为一些重要作品而形成，这些作品的译文可能掀起了普遍承认。出于众所周知的原因，这里我们既不再谈论 1870 年的战败在法国对德国产生兴趣上所起的作用，也不再谈论自 1880 年起至世纪之交被注意到的派遣最优秀的学生或青年教师去莱茵河彼岸观察研究架构的传统。德国参照的建构也是众多普通中介者共同作用的结果，研究这些普通中介者实属不易。试举一例，我们将把艾莉丝·科利尼茨（Elise Krinitz，即卡米耶·塞尔登 [Camille Selden]）列入这些普通中介者，她是海因里希·海涅和伊波利特·泰纳的朋友，她不仅仅为泰纳提供关于德国的信息，而且她自己也写了很多被视为描述她那个时代，即 19 世纪 60 年代德国精神的文章或著作。[1]

拥有德意志语言文化背景的大学教师

在潜在的中介里，会德语的大学教师作用突出。其中尤以讲德语的教师格外值得关注，这些人又分成两个团体，一个是阿尔萨斯-洛林人团体，另一个是拥有德意志文化背景的法国人团体。

阿尔萨斯籍或洛林籍的法国大学教授，即使他们不算德国人，至少也是 19 世纪在法国传播德意志文化方面具有优势和特长的媒介。自 1900 年开始第一批德语语言学家跻身外国文学教授之列，教职由此形成，这些学者来自阿尔萨斯-洛林。利希滕贝格尔、安德勒、巴尔登斯伯格这些名字足以使这类教师享有盛誉。但是这些德语语言学家却选择生活在法国，他们参加法

---

[1]　J. 莱特（J. Wright）：《卡米耶·塞尔登，第二帝国时期德意志思想与法兰西思想之间的一位中间人，其人、其作》(*Un intermédiaire entre l'esprit germanique et l'esprit français sous le Second Empire, Camille Selden. Sa vie, son œuvre*)，巴黎：尚皮翁（Champion）出版社，1931 年。

国的考试（高等师范学院的教师资格会考）、用法语撰写博士论文。他们的
母国文化与后来所受的教育之间存在某种矛盾，并导致差异问题化，还导致
他们将这种矛盾变成自己在大学讲演的内容，并且使得体制内新生的日耳曼
学走上了文明分析之路 ①，而 19 世纪德语的引入使得这种矛盾作为语文学学
科得到确认。② 一个有趣的例子是奥古斯特·埃赫哈德（Auguste Ehrhard，
1861 年出生于下莱茵的弗热塞姆［Fegersheim］，1933 年去世）。他于 1880
年进入巴黎高等师范学院学习。他的两篇受比较思想影响的博士论文于 1888
年答辩，论文题目分别为《莫里哀喜剧在德国》（*Les comédies de Molière
en Allemagne*）和《德语中源于拉丁语的词汇》（*De vocabulis latinis quae
germanica lingua assumpsit*）。凭借着这两篇博士论文，他得以在克莱芒大
学教授外国文学，随后自 1905 年起在里昂教授德语语言文学。他在 1893 年
出版了一本游记《从克莱芒到慕尼黑》（*De Clermont à Munich*），并写了很
多关于理查德·瓦格纳的作品。他还研究了格里尔帕策（Grillparzer）的戏
剧，写过普柯勒-穆斯考（Pückler-Muskau）亲王的传记，此外他还翻译过
席勒的作品。埃赫哈德与德国的联系非常紧密，因为他的兄弟利奥·埃赫哈
德（Léon Ehrhard）留在阿尔萨斯，并且于 1882 年成为斯特拉斯堡的一名神
父，1891 年利奥在海德堡（Heidelberg）完成学业，进行博士论文答辩，彼
时奥古斯特已在克莱芒教书授课。利奥的博士论文是关于拉罗什福科（La
Rochefoucauld）《箴言集》（*Maximes*）的历史来源，不过这篇博士论文因为
这个题目而显露出作者模棱两可的处境。而奥古斯特·埃赫哈德在 1919 年被
请去撰写一本里昂大学简史，他尝试去评估里昂大学的运行模式。他在这本

---

① 参见雅克·格朗荣：《关于"法国日耳曼学学者如何理解'德意志文明'？"这个问题的
　若干数据和论点》（*Einige Daten und Thesen zur Frage：was verstehen die französischen
　Germanisten unter «Civilisation allemande»？*），载《1987 年德法日耳曼学者会议文件与
　材料》，波恩：德意志学术交流中心，1988 年，第 483—498 页。
② 米歇尔·埃斯帕涅：《19 世纪德国语文学与法国人文科学》，载《1987 年德法日耳曼学者
　会议文件与材料》，波恩：德意志学术交流中心，1988 年，第 538—555 页。

书里为 19 世纪的法国大学做了过时的辩护，以至于我们在其中看到受虐的压抑，某种程度上也说明了他的认同。

　　公共课程的质量并不低，只有那些平庸者或夸夸其谈者开设的公共课程才质量低下。相反，最好的公共课程能构成我们民族的传统。探寻真理与准确的法兰西天才喜欢充分阐明既定事实。从他们的细致分析中能得出普遍概念。不管人们怎么说，但是这个普遍概念并非想象的不可靠产物，宛如空中的肥皂泡。这个普遍概念更像思考在现实中发现的高等生活的要素，它将之重新引向真、善、美的永恒原则。一直以来人文主义在法国总是拥有最热诚的支持者。我们想说的是这些研究构成了整个灵魂，其中文艺复兴是第一次胜利，这些研究产生了 17 世纪的"君子"，这是真正的人类文明的榜样，这些研究在 18 世纪导致大革命理想主义的爆发。在我们的大学里，过度的博学不应折断思想的翅膀，不应把思想局限在目光短浅的学究们缺乏独立精神的工作中。法国的科学既丰富又可靠，与德国的科学不同，法国科学星光熠熠，而德国"文化"却堕落成了罪恶。[1]

　　所有阿尔萨斯-洛林人都成了德语语言学家。例如埃米尔·吉布哈特（Emile Gebhart，1839 年生于南锡，1908 年逝于巴黎），他在 19 世纪 60 年代初就读了雅典学校（Ecole d'Athènes），后来在索邦大学教授南欧文学。似乎没有什么使其预先倾向于成为德国任意一种形象的传播者。甚至在他生活时代的法国，大家都知道与核验事实相比他更喜欢华丽的辞藻。他的大部分书都是谈意大利的。但是当我们阅读他在 1879 年出版的《文艺复兴的起源》（*Les origines de la Renaissance*）这本书时，会发现他对雅各布·布克哈特的《意大利文艺复兴时期的文化》中的问题体系是很熟悉的。然而 1879 年

---

[1]　奥古斯特·埃赫哈德：《里昂大学》，里昂：A. 雷伊出版社（A. Rey），1919 年。

他继续推迟德语版著作的出版，而当时法语译本已经面世。埃米尔·格鲁克
（Emile Grucker），1828 年出生于斯特拉斯堡，在南锡教授外国文学，写过一
本德国美学及文学学说史，1852 年成为维克多·库辛急需的用来同外莱茵地
区维持关系的秘书之一。约瑟夫·威尔姆（Joseph Willm）是大学督学，著有
一部重要的四卷本德国哲学史，并将维尔曼（Villemain）的著作译成了德文，
他是德国哲学信息提供者网络中的一员。

　　一些相当不协调的情况涵盖了一个很大范围的所有差异。我们在 19 世
纪法国大学里看到的阿尔萨斯-洛林人，就其文化的日耳曼性而言，处境很矛
盾。让·施威豪瑟（Jean Schweighäuser，1742—1830）自 1770 年起担任斯
特拉斯堡大学逻辑学和形而上学教授，1775 年起担任该校希腊语教授，1809
年至 1824 年间还曾担任该校文学院院长。他的传略不会给人留下任何疑惑，
我们一下子就能确定他是德国语文学家。这个称号同样适用于其子让-杰弗
里·施威豪瑟（Jean-Geoffroy Schweighäuser，1776—1844），他于 1823 年
接替其父，在斯特拉斯堡大学教授希腊文学。与其通信的德国学者包括洪堡、
施勒格尔（Schlegel）、克洛伊策（Creuzer）、尼布尔（Niebuhr），总之这份
学者名单反映了他那个时代德国的知识分子生活。[1] 雅克·马特（Jacques
Matter，1791—1864）曾在哥廷根大学上过舒尔茨（Schulze）、布特维克
（Bouterwek）、黑伦（Heeren）和艾希霍恩（Eichhorn）的课，1820 年至
1828 年间他担任斯特拉斯堡大学神学院教授，但他并不满足于待在斯特拉斯
堡。1832 年他担任总督学，在七月王朝时期走遍了法国的各个省份，为王国
的初中教师们确定规范，但这种规范与其说是修辞意义上的，不如说是"语
文学意义上的"。爱德华·罗伊斯（Eduard Reuss，1804—1891）[2] 也是一名

---

① 这些信函保存在南锡市立图书馆。

② 爱德华的儿子鲁道夫·欧内斯特·罗伊斯（Rodolphe Ernst Reuss，1841—1924）于 1864
　年在哥廷根大学取得哲学博士学位，鲁道夫自 1873 年起在斯特拉斯堡大学担任图书管理
　员。1896 年成为高等研究学院教授。

神学家。1804 年他出生于斯特拉斯堡，1829 年成为斯特拉斯堡大学神学教授，他曾在德国学习，其著述也多用德文出版发表。当他的表兄弟格奥尔格·毕希纳（Georg Büchner）① 刚刚逃到斯特拉斯堡时，爱德华因主张自由，便与之交好。他的自由主义观点也能解释为什么他长期与法国大学的等级制相处困难。爱德华·罗伊斯于 19 世纪 30 年代初发行了一份自由主义日报《立宪阿尔萨斯》(*L'Alsace constitutionnelle*)。路易-奥古斯特·希姆利（Louis-Auguste Himly，1823—1906）与毕希纳家族和罗伊斯家族有姻亲关系，他也具有德意志文化背景，他曾在柏林、哈雷和哥廷根大学学习。这位斯特拉斯堡的牧师之子是奥格斯堡忏悔教会（Eglise de la confession d'Augsbourg）教务会议成员，他还是一位中世纪史专家，自 1850 年起在巴黎大学文学院任教。1869 年至 1870 年任文献学院的社团主席，1881 年至 1898 年，即在法德交流的关键时期，他还担任了巴黎大学文学院院长之职。与施威豪瑟不同，希姆利非常好地融入了法国学校。19 世纪后三十年巴黎高校中讲德语的教师人数与为否认潜在冲突背景中的这种存在而表现出的努力是相称的。

19 世纪法国大学里很多教授都有德意志经历，其原因各异，要么其本身属于讲德语的少数族群，要么其曾长期生活在莱茵河彼岸地区。尽管他们从法律上讲是法国人，抑或是法国人的后代，但他们深受另一种文化影响，这种文化与法国文化对他们的影响可谓不相上下，甚至有过之而无不及。他们在法国大学里的处境比较尴尬，因为尽管他们是德国科学的代表，但在世纪末他们需要为之辩护。当这批人于 1890 年至 20 世纪 20 年代初去世时，他们的传略系统地抹去了他们同德国的联系，以至于甚至很难辨识这群人的确切范围。对文化迁变研究而言，这群人的重要性是不言而喻的。

---

① 关于毕希纳家族与罗伊斯家族的关系以及这个法德家庭的诸多支系情况，需要查阅毕希纳叙述的人名录，达姆施塔特（Darmstadt），1987 年，巴塞尔：斯特罗姆斯菲尔德／罗特·施特恩出版社（Verlag Strosmfeld/Roter Stern），1987 年。

　　19世纪法国采用最多的德语学习方法是勒巴（Lebas）和雷尼埃（Régnier）的教学法，这种教学法于19世纪30年代初出现。按理我们可能会感到惊讶。菲利浦·勒巴（Philippe Lebas，1794—1861）于1830年在巴黎高等师范学院任教，是铭文学院院士、大学图书馆馆长和一位古典学专家。而雅克-奥古斯特·阿道夫·雷尼埃（Jacques-Auguste Adolphe Régnier）是查理大帝初中的修辞学教师，并担任亚细亚学会梵文教师，他代替布尔努夫（Burnouf）担任法兰西公学院拉丁语雄辩术教授，他差点儿就错过了任教于该校的机会。1855年他当选铭文学院院士。这些饱学之士都有一个共同点，即对德国非常熟悉。雷尼埃出生于美因茨。勒巴1820年至1827年生活在德语国家，彼时他正负责教育未来的拿破仑三世。①1838年他出版了两卷本的书介绍德国，1842年又出版了一本关于德意志邦联诸邦国情况的著作。而雷尼埃，在1848年至1850年期间除出版了一本教科书和词典以外，还发表了《论日耳曼语族的历史》（*Mémoire sur l'histoire des langues germaniques*）。

　　米歇尔·布雷阿勒（Michel Bréal，1832—1915）的早年经历表现出明显的日耳曼特征，这位后来的法兰西公学院比较语法学教授出生于朗多（Landau）的一个德意志—阿尔萨斯犹太家庭。1852年进入巴黎高等师范学院学习，后来担任斯特拉斯堡大学教授，之后他又去柏林跟随波普（Bopp）学习梵文，同时也去听一流语言学家们的课程。在接替勒南研究皇家图书馆东方手稿之后，他撰写了两篇博士论文，并于1863年取得文学博士学位，其中一篇博士论文研究的是希腊作家作品中的波斯语名字。1864年他被选为法兰西公学院教授，接替索邦大学的卡尔·贝内迪克特·哈瑟（Karl Benedikt

57

---

① 1819年路易-拿破仑11岁，定居康斯坦茨（Constance）湖畔的阿伦堡（Arenenburg）城堡（他在此处一直待到大约1837年）。在此期间，他去奥格斯堡高中学习了三年，又去图恩（Thun）的炮兵学校学习了三年。

Hase），从事比较语法学的教学工作。①1868 年米歇尔·布雷阿勒参与了高等
研究学院（Ecole des hautes études）的创建。语言学家迈耶（Meillet）1916
年在一篇悼文中大胆地写道：

> 正如所有游历过德国的青年学者一样，布雷阿勒先生在德国看到了
> 一种协调的能动性使科学的持续进步成为可能。受这些观点的影响，公
> 共教育部部长维克托·杜鲁伊（Victor Duruy）为了纠正这个非常明显的
> 缺陷于 1868 年创立了历史与语文学高等研究实践学院（Ecole pratique
> des hautes études d'histoire et de philologie）。自该学院成立起，布雷阿
> 勒先生就担任比较语法学的研究主任。②

19 世纪 80 年代他被任命为总督学。因此布雷阿勒作品中的德国参照具体
化的实现既有制度层面的，又有学术层面的。1866 年至 1872 年间他翻译了
弗朗茨·波普（Frantz Bopp）的作品③，此外他在法兰西公学院的课堂上还介
绍了德国语文学的总体概念，例如他在 1866 年开设的课程"论词汇的形式与
功能"（De la forme et de la fonction des mots）：

纪尧姆·德·洪堡（Guillaume de Humboldt，威廉·冯·洪堡名字

58

---

① 查理-伯努瓦·哈瑟（Charles-Benoît Hase［即卡尔·贝内迪克特·哈瑟，此系法语转写
形式——译者注］，1780—1864）曾在魏玛和赫尔姆施泰特（Helmstedt）学习，1801 年
前往巴黎。他在皇家图书馆工作，是未来的拿破仑三世的家庭教师，他在东方语言学院
教授希腊语，自 1852 年起担任巴黎大学文学院比较语法学教授。哈瑟身兼多职，长期领
导法国的古希腊研究工作。此外他还为来到巴黎的德国语文学家提供担保，并接待这些
学者。
② 《高等师范学院校友协会会刊》，1916 年。
③ 弗朗茨·波普：《印欧语系比较语法学，包括梵文、古波斯语和亚美尼亚语等》（*Grammaire
comparée des langues indo-européennes comprenant le sanscrit, le zend, l'arménien, etc.*），
米歇尔·布雷阿勒根据该书第二版翻译并撰写导言，巴黎：皇家印刷所，1866—1874 年，
5 卷本。

的法语转写形式——译者注）说："没有任何语言是我们不能解读的，即使是刻在石头或青铜器上的语言也不例外。语言只是一种理想的存在。单词只在我们思考和理解它们时才存在。"——因此语言形式的外在观察，就如印度人做的那样，只是比较语法学的开端和基础。观察到的事实（现象）需要与产生这些事实的原则相近。这些事实和统计指出的事实都是如此：它有责任列出清单，除最严格的准确性之外，没有其他要注意的。如果政治经济学和历史学不能告诉我们事实和收集起来的数据的原因，那么它们可能只是无意义的科学。希腊人之所以没有用他们的哲学方法从语法中得出它能给予的一切，是因为他们试图在确切地研究语言现象之前在头脑中辨识出这些现象的原因。但是哲学方法对现象具有积极全面的认识，这种方法将为我们提供关于人类精神性质、人类思想发展、各民族不同特性的新的可靠宝贵材料。我们要补充的是如此被理解的科学将引发我们对与我们谈论我们自身的研究的兴趣。是历史情感和作者的存在赋予了雅各布·格里姆（Jacob Grimm）的作品如此多的魅力和生命。除了这些次要原因，即发音、语调、语法结构，比较语文学让我们了解人类，因为语言是人类创造物中最古老、最本能以及持续时间最久的东西。①

还有一类教师在此也应该被提及，他们是法国东部的犹太人，但他们并非仅仅来自阿尔萨斯地区。政治迫害使之成为外国人，政治迫害是如此的消极以至于我们可能在提醒大家注意他们确实是特殊的中间人时感到犹豫。我们将请社会学家来确定涂尔干（Durkheim）这位社会学法国学派的奠基人是否受到他那个时代德国哲学某些方向的影响。世纪之交的反德意志民族主义甚至在不关注这个学说的情况下就解决了问题。涂尔干领导的研究，其极具

---

① 米歇尔·布雷阿勒：《神话学与语言学文集》（*Mélanges de mythologie et de linguistique*），巴黎：阿歇特出版社，1877 年，第 264—266 页。

实验性的简单组织被揭批为德意志思想入侵索邦大学，被视为与语文学研究的分化相似。

如同涂尔干的家人一样，阿尔塞纳·达姆斯特泰尔（Arsène Darmesteter，1846—1888）的家人也懂意第绪语。阿尔塞纳·达姆斯特泰尔生于洛林的沙多-萨兰（Château-Salins）。他的母亲罗萨莉·布朗岱（Rosalie Brandeis）来自布拉格。在 1877 年成为索邦大学法语语言与文学教授之前，他在高等研究实践学院教授了多年的罗曼语族语言。① 他同格勒诺布尔大学阿道夫·哈茨菲尔德（Adolphe Hatzfeld）教授一同创办了《犹太研究杂志》（*Revue des études juives*），并一起编撰了《17 世纪以来法语大词典》（*Dictionnaire général de la langue française du XVII*ᵉ *siècle à nos jours*）（1890—1900 年出版）。最近再版的一本名为《词语的生命》（*La vie des mots*）（1887 年第一版）的小书重现了 1885 年索邦大学的一门课程，达姆斯特泰尔陷入了由词语隐含内容引起的迷恋，我们感觉自己接触的是格里姆（Grimm）浪漫主义的真正继承人，但他是十分了解德国研究当代最新成果的继承人，这些成果是他自其著作的前言部分就开始提及的青年语法学家所取得的。涂尔干和达姆斯特泰尔的经历应该可以扩大到其他例子。

德意志与社会科学

法国的德国学正式诞生于 1904 年，即查理·安德勒（Charles Andler）成为索邦大学教授之时。坦率地讲，厄内斯特·利希滕贝格尔（Ernest Lichtenberger）在临退休前，已经将他的外国文学教席改名为德语语言文学

---

① 关于阿尔塞纳·达姆斯特泰尔，参见让·鲍姆加滕（Jean Baumgarten）的论文《德国与法国语文学家眼中的"法国的犹太人语言"问题》（*La question du «judéo-français» vue par les philologues allemands et français*），载米歇尔·埃斯帕涅、M. 沃纳主编：《语文学 I》，巴黎：人类科学之家出版社，1989 年。阿尔塞纳·达姆斯特泰尔的弟弟詹姆斯·达姆斯特泰尔（1849—1894）是东方学学者，1886 年成为法兰西公学院教授。

教席。但他属于一个已经过去的时代，在那个时代外国的语文学之间并无差别。而查理·安德勒却违背了他的意愿成为一个德语语言学家。一开始他想去做一名哲学教授，因为这个职业更受好评。只是因为他没能通过哲学教师资格考试才决定去当德语语言学教授。他的博士论文带有这种犹豫不决的痕迹。依照那个时代的习惯，1897 年安德勒共进行了两次博士论文答辩。拉丁语博士论文《是什么促使德国人历史的传播？》(*Quid ad fabulas Germanorum Hiberi contulerunt*)，涉及中世纪时期凯尔特人和日耳曼人关系问题。法语博士论文《德国国家社会主义的起源》(*Les origines du socialisme d'Etat en Allemagne*)，谈论的是社会科学领域 19 世纪德国哲学的成果。即使他教授德国文学史课程，尤其是 19 世纪德国文学史，但是很明显他的兴趣主要还是在哲学领域。甚至他的关于尼采的多卷本著作从 19 世纪各种趋同学派的角度研究《查斯图斯特拉如是说》(*Zarathustra*) 的作者。讲德语的阿尔萨斯人安德勒对少年时斯特拉斯堡城遭到的炮击记忆犹新。与其同代人几乎没有差别，他也将 20 世纪初的德国视为一个危险的强国，他颇有好感地关注德国社会民主主义和法国社会主义的兴起。当 1908 年他带着自己学院的一些学生去柏林，并发表演说承认德国的一些进步时，巴黎发生了一些抗议游行。对于他那一代知识分子来说德雷福斯事件是一个非常重要的事件，这个事件在全国掀起了与敌视德国紧密相连的排犹主义浪潮。因此德国学在他带领下开启了社会科学之路也就不足为奇了。还应该提一下巴黎高等师范学院图书管理员吕西安·厄尔这位名人，他对几代德语语言学家都产生了决定性影响。[1] 他是阿尔萨斯人，与查理·安德勒相比，他对纯文学几乎不感兴趣。他完成了哲学方面的学业，终其一生都抱有系统地介绍黑格尔哲学的想法。他剩余的影响力主要以一种智力指导的形式耗尽，被认为是为伟大的事业做了准备。作

60

---

[1] 安托瓦内特·布鲁姆：《查理·安德勒在 1908 年：游走在法德之间的德语语言学家》(*Charles Andler en 1908: un germaniste pris entre la France et l'Allemagne*)，载《国际日耳曼杂志》1999 年第 4 期，第 27—33 页。

为他那一代最有天赋的大学生，他曾在数所德国大学待过，初步学习了社会科学，例如莱比锡大学的社会科学。① 即使新兴的法国的德国学也关注文学，但它在一开始还是被认为是一门社会科学。索邦大学的查理·安德勒教授与吕西安·厄尔这位整整一代人的监护人之间的合作对 20 世纪初德语语言学家的培养不断地产生影响。尤其是两人之间的通信让我们清晰地看到他们在选择支持的候选人方面的评价标准。②

　　学术机构中最早一批德语语言学家的话语中社会科学的优势是由于德国学的诞生与法国社会科学的出现同时发生。涂尔干，这位埃皮纳勒（Epinal）城的犹太教教士之子，自幼就熟悉德国文化，大约在 1900 年涂尔干建立了法国的社会学。在他去波尔多大学任教并写作最初的几部社会学这门新学科的著作之前，自 19 世纪 80 年代中期开始，他在莱比锡大学待过很长一段时间，这为他提供了与德国社会科学发展进行比较的机会。这次莱比锡之行让涂尔干注意到了威廉·冯特（Wilhelm Wundt）心理学的影响，在结束这次旅行之后，他发表了两篇关于德国社会科学状况的文章。③ 但是涂尔干未能获得可能承认新社会科学的法兰西公学院的教席，而他的外甥马塞尔·莫斯（Marcel Mauss）却做到了。马塞尔·莫斯在 1909 年遭遇一次失败后，终于在 1930 年获得了这个教席。应该要强调的是在这种背景下在教授大会上为设立一个新教席进行辩护并最终达到目的的报告人是德语语言学家查理·安德勒。

　　涂尔干不是唯一一个动身去莱比锡的。熟悉其工作的学生也常常去那儿。

---

① M. 埃斯帕涅、M. 米德尔：《从易北河到塞纳河，18—19 世纪法国—萨克森文化迁变》，莱比锡：莱比锡大学出版社，1993 年。

② 《查理·安德勒与吕西安·厄尔通信集（1891—1926）》，由安托瓦内特·布鲁姆整理、介绍、注释，巴黎：邦斯（Pens）出版社，1992 年。

③ 埃米尔·涂尔干：《德国的伦理实证科学》（La science positive de la morale en Allemagne），载《哲学杂志》（Revue de philosophie）第 24 期，第 33—58、113—142、267—284 页；《德国大学里的哲学》（La philosophie dans les Universités allemandes），载《国际教学杂志》（Revue internationale de l'enseignement）1887 年第 13 期，第 313—338、423—440 页。

例如塞勒斯丹·布格雷（Célestin Bouglé），他是社会连带主义的奠基人，因此而闻名，他是索邦大学的政治经济学教授。塞勒斯丹·布格雷以让·布列吞（Jean Breton）的笔名出版了一部旅行日记，他在日记中叙述了自己在海德堡、柏林、慕尼黑和莱比锡的大学里的科学探索。1894 年夏季学期，卡尔·兰普雷希特开设的关于德意志民族统一体建构的课程吸引的人数比威廉·冯特开设的心理学课程还要多。不过 19 世纪最后十年，兰普雷希特将在法国得到回应。大学生们在德国之行中表现出的兴趣侧重于对德国大学及社会科学的辨认，这是法国大学生们期待取得重大进步以解决法国社会遇到的难题的领域。因为德语语言学家们是一群由法国人将失败的精神创伤、未来的凶兆与之联系起来的一个文化空间的专家，所以他们更应同这个期待的视野相比较。

62

哲学

　　哲学是对早期法国的德国学产生影响并赋予其内涵的诸多学科中的一门。19 世纪末的法国哲学家在很多情况下都明白他们应该要比过去更加仔细地分析德国哲学。中学教育已经使康德的伦理学成为官方信条。但是在一些情况下，哲学家成了文学史家，或者至少强调了他们专业特有的文化史维度。在此我们要特别提一下维克托·巴施（Victor Basch）①。自 1888 年起，这位犹太—匈牙利裔的德语语言学家便在雷恩大学教授德意志语言与文学。1906—1907 年间，他离开雷恩大学前往索邦大学任教，巴施在那里自 1920 年起到 1933 年退休一直从事美学这门新学科的研究工作。维克托·巴施是明确地在时间问题上表明立场的知识分子的典型代表。1897 年他进行博士论文答辩，论文讨论的是康德的美学。他的第二篇博士论文讨论的是席勒的美学，用拉

---

① 弗朗索瓦兹·巴施（Françoise Basch）：《维克托·巴施，从德雷福斯事件到保安队的罪行》（*Victor Basch. De l'affaire Dreyfus au crime de la Milice*），巴黎：普龙（Plon）出版社，1994 年。

丁文撰写。维克托·巴施的许多作品都是从美学和政治学的维度来谈 19 世纪德国哲学。19 世纪末 20 世纪初，作为无政府主义者，这种哲学维度令他印象深刻。在出版了一本介绍席勒美学的著作之后，又过了两年，他于 1904 年出版了一本关于施蒂纳（Stirner）的书。此外，维克托·巴施还是法国学界尼采的发现者之一。他最初关于尼采的评论刊登在一期杂志上，文章谈论的是 1870 年之后德国知识分子的动向 ①。19 世纪 80 年代以后，德国知识分子可能在生活中受心理学或易卜生戏剧的影响而屈服于现实主义。这种现实主义可能最终被尼采的个人主义所替代，尼采在德国可能代表了现代性。维克托·巴施狂热地崇拜超人，超人可能已经超越了怨恨的道德。对他来说，超人是 1900 年前后德国思想内部个人主义倾向的顶点。这种极端个人主义来源的冲突引起这个超越的美学表现。1800 年左右尼采在法国的接受在哲学研究特有的讨论与德语语言学家的讨论之间建立了联系。

　　路易·杜克罗（Louis Ducros）是一位重要的卢梭研究专家，他最早从事哲学研究，随后转而研究德国学和法国文学史，他的名气稍逊一些。1883 年至 1884 年，这位之前在斯特拉斯堡担任高中教师的路易·杜克罗前往波尔多大学教授德语文学。他在波尔多大学完成了博士论文。拉丁语博士论文是关于康德哲学的 ②，法语博士论文评论了叔本华哲学 ③。在这本极具理性的书籍中，杜克罗支持了康德的批判主义，驳斥了他认为存在于费希特、谢林，乃至叔本华哲学中的本体哲学。说实话他在意志中看到了一种绝对的任意性。杜克罗在波尔多大学教授的课程侧重于莱辛。很可能就是在那个时候，他开

---

① 维克托·巴施：《1870 年以来德国的知识分子运动》（Le Mouvement intellectuel en Allemagne depuis 1870），载《诺曼底地理学会学报》（Bulletin de la Société normande de géographie）第 23 期，1897 年。

② 《休谟是何时以及如何把康德从他的教条主义梦幻中唤醒的》（Quando et quomodo Kantium Humius e dogmatico sonmo excitaverit）（1883 年）。

③ 《叔本华，其形而上学的源头或事物本身的转变》（Schopenhauer. Les origines de sa métaphysique ou les transformations de la chose en soi）（1883 年）。

始写关于海涅的书，该书最终于 1886 年出版。[①] 这本书被视为 1900 年以前研究海涅语文学的主要成果之一。为了写这本书，杜克罗参考了大量文献资料，采用了令人意想不到的视角。他并不想研究海涅在法国的旅居生活，他反倒对海涅这位诗人在德国求学的岁月感兴趣，特别是海涅与黑格尔哲学之间的关系。杜克罗将这本书献给斯特拉斯堡图书管理员罗伊斯。虽然他一开始自称哲学家，随后又教授德语语言文学，但他最终在艾克斯大学获得了一个法国文学的教席，他在艾克斯大学成为那个时代研究启蒙运动的重要专家之一。尤其值得一提的是他于 1894 年出版了《狄德罗，人与作家》(*Diderot，l'homme et l'écrivain*)，于 1900 年出版了《百科全书派》(*Les encyclopédistes*)。他于 1918 年至 1920 年间出版的三卷本经典著作《让-雅克·卢梭》对卢梭研究起到了重要作用。不过值得注意的是杜克罗认为卢梭这位法国哲人在德语文学中引起了非常广泛的反响，并以此来佐证他为什么对卢梭特别感兴趣。《爱弥儿》对德国人来说可能就是一部《圣经》，人们急于阅读《新爱洛伊斯》的德语译本，这一点千真万确。德裔大教育家如巴泽多 (Basedow)、裴斯塔洛齐 (Pestalozzi) 便十分喜欢阅读卢梭的书籍，卡姆佩 (Campe) 则在他位于不伦瑞克的家中挂了一幅卢梭的画像，仿佛卢梭是保护神一般。卢梭一生都在与百科全书派争论，因其作品，卢梭极大地支持了反抗尼古莱 (Nicolai) 的德国人。应该将他的作品与席勒对人类的爱或者他对田园诗的兴趣联系起来。我们不禁认为杜克罗从广义的德国学视角分析了卢梭和法国启蒙运动。他的职业生涯表明这门学科关心的重点受到相邻学科很大的限制。

64

民族学

1900 年前后法国人文科学领域发生了一种非常特殊的分化。印欧语系

---

① 路易·杜克罗：《海因里希·海涅与他的时代 (1799—1827)》(*Henri Heine et son temps，1799—1827*)，巴黎：费尔曼·迪多 (Firmin Didot) 出版社，1886 年。

比较语法学在高等研究实践学院第四部建立起来，并且其研究范围扩大到了神话的比较研究，比较语法学的发展使得时空相隔甚远的文化的社会史成为可能。

同时有好几位哲学家，如涂尔干，在德国的大学里学习并转而研究社会学，专注于社会关系的原子型群体。这个民族学思想的兴盛期一方面有德国根源，另一方面它对德国文化空间的法国感知起作用。

65　　在这个复杂环境里的代表人物之中，举亨利·于贝尔（Henri Hubert）和马塞尔·莫斯为例是恰当的。此二人于高等研究实践学院的研讨会上相识，后来他们又都在该校任教。马塞尔·莫斯是埃米尔·涂尔干的外甥，他很早就思考社会学问题，他坚持不懈地为新学科的喉舌《社会学年》（L'Année sociologique）撰写评论。亨利·于贝尔受到吕西安·厄尔的影响，也为这份杂志作出了贡献。此二人都对印度的语言和宗教感兴趣。从这个共同的兴趣出发，他们一起撰写了《论祭品的社会性质与功能》（Essai sur la nature et la fonction sociale du scrifice）①。基于东方或古代的文本传统，他们分析了这个社会现象。我们也不能无视语文学与人类学之间的相似性，马克斯·缪勒（Max Müller）的作品中便体现了这一点。② 我们可能会思考语文学的民族学转向需要与狭义的德国学相关。无论是亨利·于贝尔还是马塞尔·莫斯都从未担任过德国文学教授一职，他们俩都参加了能够显示查理·安德勒和吕西安·厄尔圈子特征的社会环境的研究。于贝尔此外还撰写了一部关于德国人的重要著作，但长期未能出版，该著作以其在高等实践学院的授课讲义为蓝本。在教授这些关于德国人的课程时，于贝尔竭力论证日耳曼民族的概念只是一个思想上的建构。这个概念的功用可归纳为竭力赋予生活在德语地区的

---

① 亨利·于贝尔、马塞尔·莫斯：《论祭品的社会性质与功能》，载《社会学年》第二卷，1899年，第29—138页。

② 参见克里斯蒂亚诺·坎波雷西（Cristiano Camporesi）：《马克斯·缪勒：语言病与思想病》（Max Müller: la malattia del linguaggio e la malattia del pensiero），佛罗伦萨：卡萨（Casa）出版社，1989年。

部族以一种认同意识。除了语言学方面，他尤其重视考古学和人类学的新发现。当然这些课程讲义直到 20 世纪中叶才作为遗著出版 ①，但是它们指出了自 20 世纪初开始使用民族学作为解决民族野心的灵丹妙药并将民族学用于建立在社会科学之上的德国研究的现象。

　　作为有利于日耳曼研究发展的语境效应，对 1900 年前后民族学思想史感兴趣的人很快就会看到吕西安·列维-布鲁尔（Lucien Lévy-Bruhl）这个名字。列维-布鲁尔是哲学教授。但他确因社会科学领域里含糊不清的真实性以及出版了一系列关于所谓的原始民族思想体系的著作而闻名。② 西欧社会的行动由获得性的可传达的逻辑意义预定，与之相反可能存在一些生活在前逻辑阶段的原始民族。前逻辑阶段可能有些东西值得研究，西方文化认为其状态是神秘主义的。基于二手资料，列维-布鲁尔研究了外国民族的灵魂。埃文斯-普里查德在其《人类学思想史》中希望吕西安·列维-布鲁尔能重获尊重，他指出在他看来原始民族神秘的艺术品不仅仅属于信仰范围，而且确定了感觉自身。③ 原始人认为自己处于一个包罗万象统一体的时代，国家、图腾和表面上看起来与其环境不相符的物体都属于这个统一体。列维-布鲁尔在德语文学中被接受，尤其是在罗伯特·穆齐尔（Robert Musil）的作品中，这件事不应该被专门提及。其作品的一个方面也与法国的德国学发展有关。

　　在从事民族学研究之前，列维-布鲁尔已经出版了两本关于德国知识分子历史的书籍，1894 年一本关于雅可比（Jacobi）哲学的著作出版，该书将雅可比与康德进行了对比。知识理论一旦固定在理性主义的教条上，便能感受

---

① 亨利·于贝尔：《日耳曼人，1924—1925 年在卢浮学校教授的课程》（*Les Germains. Cours professé à l'Ecole du Louvre en 1924—1925*），巴黎：阿尔班·米歇尔（Albin Michel）出版社，1952 年。

② 吕西安·列维-布鲁尔：《原始灵魂》（*L'âme primitive*），巴黎：阿尔康（Alcan）出版社，1927 年。

③ 埃文斯-普里查德爵士：《人类学思想史》（*A History of Anthropological Thought*），伦敦—波士顿：费伯 & 费伯（Faber and Faber）出版社，1981 年。

到一种补偿的需要。作为反应，雅可比可能发展了一种神秘现实主义，这种神秘现实主义使他可以把外部世界的意识同超感觉结合起来。对他来说，任何情况下现实都不会成为逻辑模式论。他走上了通往黑格尔哲学和调和矛盾的道路。列维-布鲁尔对德国唯心主义核心论辩的分析与对原始精神状态的表现是相似的，这一点并不仅仅是巧合。雅可比在德国哲学的辩论中扮演着与沉湎于神秘主义的原始人相同的角色，神秘主义将狭义的逻辑范畴扩大到情感维度，显然德国哲学史为正在形成中的法国民族学提出了一个重要范例。

　　不过，1890 年列维-布鲁尔已经出版了一本关于德国知识分子史的书，名为《莱布尼茨之后的德国：论 1700—1848 年间德意志民族意识的发展》（ L'Allemagne depuis Leibniz. Essai sur le développement de la conscience nationale en Allemagne 1700—1848 ）。在这部资料非常翔实的著作里，他分别研究了文学形式（戈特舍特 [Gottsched]、克洛普施托克 [Klopstock]）、哲学形式（康德、费希特）和政治学形式。除这个介绍的信息部分以外，还需要强调它的思想体系背景。列维-布鲁尔寻找可能使德国统一合法化的德意志神话确定的要素与过程。作为开明的共和主义者，他在法兰克福议会里看到德意志发展的第一个焦点。德国人的民族认同在他看来就像一个只能在政治现实土壤中极其困难地扎根的一个观念，这一点千真万确。知识分子史上的那些独特人物被视为这种整体观念的传播媒介。例如，歌德对神圣罗马帝国和法兰克福城的眷恋在《诗与真》（ Poésie et vérité ）中便得到很好的体现。[1] 德国的诗人或政治家表现出对神话的坚持，这便使他们处于与原始人相近的位置。德国的知识分子历史提供了民族学的钥匙，相反，德国文学显得像是社会科学的研究对象。

比较文学

　　当约瑟夫·戴克斯特（Joseph Texte）在 1900 年前后被任命为里昂大学

---

① 　吕西安·列维-布鲁尔：《莱布尼茨之后的德国》，巴黎：阿歇特出版社，1890 年，第 242 页。

第一位比较文学教授时，比较文学研究获得了正式地位。约瑟夫·戴克斯特 1895 年答辩的博士论文题为《让-雅克·卢梭与文学世界性的起源，18 世纪法英关系研究》(*J. -J. Rousseau et les origines du cosmopolitisme littéraire. Etudes sur les relations de la France et de l'Angleterre au XVIIIe siècle*)。更确切地说他是研究英国的学者，受到格奥尔格·勃兰兑斯（Georg Brandes）① 和马克斯·科赫（Max Koch）② 的影响。1898 年他出版了《19 世纪法国文学中德国影响的源头》(*Les origines de l'influence allemande dans la littérature française du XIXe siècle*)，该书结尾说道：

69

> 我们应该将产生浪漫主义的土壤成分仅仅归功于德国。[……] 我们在谈论这些问题的时候，总是会提到海因里希·海涅，即使冒着常常被反驳的风险，他还是在某处非常敏锐地注意到法国人并不仅仅从德国借鉴了文学理论或诗歌形式，他们还从德国获得了道德素质和精神状态；他们"抄袭感情"。③

在符合比较文学定义的国际语境下，法兰西民族文学研究在很大程度上是对法国文学中的德国反映的研究，是解释性的适应研究，最终对德国学也

---

① 勃兰兑斯，全名格奥尔格·莫里斯·卡亨·勃兰兑斯（Georg Morris Cahen Brandes，1842—1927），丹麦哲学家与评论家，受泰纳影响。其代表作有《法国当代美学》(*L'esthétique française contemporaine*，1870 年任教资格论文题目) 和《19 世纪文学主流》(*Les grands courants de la littérature du XIXe siècle*，1872—1882)。
② 马克斯·科赫（1855—1931），自 1890 年起在布雷斯劳（Breslau）担任现代文学教授。他的主要成就是研究欧洲文学之间的关系。其学术兴趣在于 18 世纪英国、德国文学之间的关系及英国文学在德国的接受。他创办了德国最早的两份比较文学期刊：《比较文学史杂志》(*Zeitschrift für vergleichende Literaturgeschichte*，1887—1910) 和《比较文学史研究》(*Studien zur vergleichenden Literaturgeschichte*，1901—1909)。他强调主题之间的相似性，但逐渐转向种族主义观点。
③ 约瑟夫·戴克斯特：《19 世纪法国文学中德国影响的源头》，巴黎：阿尔曼·科林出版社，1898 年，第 55 页。

起到了解释作用。

　　如果我们对索邦大学第一位比较文学教授费尔南·巴尔登斯伯格（Fernand Baldensperger）进行考察的话，这个假设便可得到证实。费尔南·巴尔登斯伯格生于1871年，自1900年起接替约瑟夫·戴克斯特，在里昂大学任教。他最早是在南锡大学教授德国文学。他先后在海德堡大学、柏林大学和波恩大学求学，1899年他提交了两篇博士论文，一篇是关于丹麦人厄伦施拉格尔（Oehlenschläger）的，另一篇讨论的是戈特弗里德·凯勒（Gottfried Keller）。巴尔登斯伯格最早的一部著作写的是歌德在19世纪法国的接受史，一方面我们可以将之视为法国文学史的组成部分，另一方面可以将之视为外国作者视角下阐释歌德作品的尝试，实际上也是对德国学的贡献。他在里昂待了一段时间便去了已并入法国的斯特拉斯堡，他是将斯特拉斯堡大学建成人文社会科学重镇的那一代大学教师中的一位。巴尔登斯伯格直到1923年才到巴黎任教。此前，巴黎大学并没有设置严格意义上的比较研究教席。巴尔登斯伯格遇到了一位移居美国的阿尔萨斯人路易·贝茨（Louis Betz）①，此人第一次尝试了建立一个比较研究的文献目录，意欲强调这门新学科与德国文学研究的紧密关系。②

　　虽然1900年前后正式的比较研究法与德国学有非常紧密的关系，但对于在分化过程之前被确定为"外国文学"的德国学和外国语文学的史前史，情况更是如此。克洛德·弗里埃尔（Claude Fauriel）是1830年索邦大学这个学科的第一位代表人物，他是18世纪哲学的支持者，他在同施勒格尔或格里姆的直接交往中理解了德语语文学的方法论意义，并将其用来研究中世纪法国

---

① 费尔南·巴尔登斯伯格：《众生中之一人：当代编年史注解》（*Une vie parmi d'autres. Notes pour servir à la chronique de notre temps*），巴黎：路易·科纳尔（Louis Conard）出版社，1940年。
② 路易·贝茨：《比较文学》（*La littérature comparée*），斯特拉斯堡：K. J. 特吕布纳（K. J. Trubner）出版社，1900年。

南方地区。① 事实上，他是罗曼语族语文学这门语言文化学问的奠基人之一。方法论原则的引入使得这个新学科的创立成为可能，而这些方法论原则是以新生的德国学为基础的。这个事实于是一下子在外国文学与作为方法的明确的德国学之间建立了关系。

　　直到 19 世纪末 20 世纪初，"外国文学"学科的代表们还是要将他们的课程归入好几个学科，他们往往选择一些植根于多个背景的主题②。一些教师如冈城的亚历山大·毕希纳（Alexandre Büchner）或北杜埃大学（Université du Nord Douai）的卡尔·希勒布兰德夸耀外国文学的这个比较趋势。在他们的教学工作中，语言的亲属关系被 1848 年革命意义上的民族精神之间要确立的相似性表现所替代。外国语文学的诞生一方面与语文学传统的延续有关——语文学传统探求最微小的细节，另一方面与民族文学要表达民族认同的想法有关。外国文学主题的直接比较以某种方式授权自己建立一门学科。可能这个分化过程解释了为什么外国语文学在世纪之交都致力于隶属文化史范畴的研究。

德意志文学与精神

　　法国的德国学在其初创阶段的最后一个也是最没有特点的组成部分便是文学分析。除了查理·安德勒这位尼采哲学的信徒，亨利·利希滕贝格尔（Henri Lichtenberger）更确切地说是德语文学专家。其 1891 年的博士论文

① 米歇尔·埃斯帕涅：《克洛德·弗里埃尔关注德国寻找一种方法或意识形态》（*Claude Fauriel en quête d'une méthode ou l'idéologie à l'écoute de l'Allemagne*），载《浪漫主义》（*Romantisme*）1991 年第 73 期，第 7—18 页。

② 直到 20 世纪前几十年，一些大学（比较文学）讲席还一直被指定为外国文学讲席。因此克莱蒙大学研究斯堪的纳维亚古老诗歌的马夏尔–莱昂·皮诺（Martial-Leon Pineau）和自 1916 年起接替他、研究诗人雷瑙（Lenau）的专家路易·雷诺（Louis Reynaud）直到 20 世纪 30 年代初依然被称为外国文学教授。第戎大学的外国文学教授头衔也一直保留到 20 世纪 30 年代。

研究的是《尼伯龙根之歌》，并非是因为他低估了这个学科的历史或政治维度。相反，他是一位在研讨班和大会上口若悬河的学者，他被视为德法之间的媒介，直到纳粹上台为止。1898 年他出版了一本关于尼采的书①，该书到 1923 年再版超过 50 次，转年他又出版了一本关于理查德·瓦格纳（Richard Wagner）的著作。② 这两部作品阐明了德意志精神的表现，重要的是保护这种精神并反对它滑向战争。正是在这个意义上，他于 20 世纪 30 年代末写出了两卷本关于歌德的著作。③ 亨利·利希滕贝格尔的学生们遵循他们老师定下的观点，尊崇这个德意志精神。在受亨利·利希滕贝格尔影响的德语语言学家当中，尤其值得一提的是让-爱德华·斯庞雷（Jean-Edouard Spenlé），他于 1903 年提交了一篇关于诺瓦利斯（Novalis）的博士论文。1910 年他写的关于拉赫尔·法恩哈根（Rahel Varnhagen）的著作在其思想转变过程中只是一个短暂的阶段。这一思想转变导致他受种族主义启发，于 1943 年出版了一本关于尼采的著作。亨利·利希滕贝格尔体现的德国知识分子史的不同版本引起了查理·安德勒的强烈厌恶。事实上，它使得斯庞雷产生了令人惊讶的立场。我们经常通过参与《杂集》（*Mélanges*）创作的其同事的身份确认利希滕贝格尔的朋友圈。④ 强调文学作为德意志精神表达的第一代德语语言学家的同事大部分是亨利·利希滕贝格尔的学生或亲密合作者。

除了亨利·利希滕贝格尔，吕西安·鲁日（Lucien Rouge）则是德意志思想史方向德国学的代表人物。1892 年他通过了中学教师资格会考，随后到尼姆高中教书，彼时他的学生中就有日后成为德语语言学家的埃德蒙·维尔

71

---

① 亨利·利希滕贝格尔：《尼采的哲学》（*La philosophie de Nietzsche*），巴黎：菲力克斯·阿尔康（Félix Alcan）出版社，1898 年。

② 亨利·利希滕贝格尔：《理查德·瓦格纳，思想家与诗人》（*Richard Wagner, penseur et poète*），巴黎：菲力克斯·阿尔康出版社，1899 年。

③ 亨利·利希滕贝格尔：《歌德，名人、学者、艺术家。历史、形而上学与宗教》（*Goethe. La personnalité, le savant, l'artiste. Histoire, métaphysique et religion*），巴黎：1937 年、1939 年，两卷本。

④ 《亨利·利希滕贝格尔杂集》，巴黎：1934 年。

麦耶（Edmond Vermeil）。1900 年前后，他成为波尔多大学讲师，随后晋升为教授。1909 年他离开波尔多大学前往索邦大学任教。他的第一篇博士论文评论的是施勒格尔的《路清德》（*Lucinde*），第二篇博士论文的题目是《弗里德里希·施勒格尔与德国浪漫主义的诞生》（*Friedrich Schlegel et la genèse du romantisme allemand*）。① 自 1906 年起鲁日就想去索邦大学任教，但是安德勒不同意他的申请，他更青睐维克托·巴施，巴施受到的德语语言文学的学科训练更好。② 在索邦大学，鲁日与安德勒、利希滕贝格尔、巴施一起成为第一批德国文学教授，随后他成为一名纯粹的文学史家，主要教授文学主题的课程。通过文学教学活动——他就像他的同事利希滕贝格尔一样不懂文本阐释学和结构分析——他探索的是德意志精神的踪迹。这种文本美学思考传统的特征以其与德国的德国学模式之间的紧密联系而表现出来：它很少展现自主批判角度。一方面，20 世纪 30 年代和战后初期它转移了人们对文化史背景的注意力，因为在那两个时期它被用作美学的避难所。另一方面它也让人接受它是这个学科的共同目标。

　　这个趋势在《日耳曼杂志》（*Revue germanique*）出版之初便很明显，这本杂志自 1905 年起开始出版，一开始既发表德语语言学家的文章也发表英语语言学家的文章，但德语文章居多。第一篇文章是写《浮士德》的，作者是第一位德语文学讲席教授老厄内斯特·利希滕贝格尔 ③。阿尔伯特·施韦策尔（Albert Schweitzer）写了关于巴赫（Bach）的符号体系的文章、阿道夫·门泽尔（Adolph Menzel）写的文章涉及德国女性主义，以及米什莱（Michelet）

72

① 吕西安·鲁日：《弗里德里希·施勒格尔与德国浪漫主义的诞生（1791—1797）》（*Friedrich Schlegel et la genèse du romantisme allemand, 1791—1797*），波尔多：弗雷特（Feret）出版社，1904 年，第 10 页。

② 《查理·安德勒与吕西安·厄尔的通信集（1891—1926）》，巴黎：巴黎高等师范学院出版社，1992 年，第 68 页。

③ 厄内斯特·利希滕贝格尔：《歌德的〈浮士德〉，客观的批判方法提纲》（Le *Faust* de Goethe. Esquisse d'une méthode de critique impersonnelle），载《日耳曼杂志》1905 年第 1 期，第 1—36 页。

与德国的关系，这些文章表明文化领域的德国学范围很广。为了纪念 1906 年席勒（Schiller）逝世 100 周年（席勒逝世 100 周年应为 1905 年，此处按原文翻译——译者注），在这本杂志的第一卷上发表了关于席勒的系列文章，作者都是著名的代表人物，如安德勒、斯庞雷、德雷施（Dresch）、埃赫哈德，此外还有安德烈·蒂巴尔（André Tibal），他后来任索邦大学教授，很明显他当时已被视为新生代的代表。诗人席勒在 19 世纪法国的德语教师中已享有盛誉，颂扬席勒的《日耳曼杂志》对此也作出了贡献。此外，这本杂志将德国学定义为一种文学阐释，尽管我们能觉察到这本杂志对文化史内容也感兴趣。从一开始，这门学科的文学核心与它对法国科学领域的特殊功用之间的紧张关系就已形成，这个紧张关系业已被指明。

1900 年前后，未来的德国学家们通过答辩的博士论文目录显现出相同的结构性中断。康茨·德·贝藏松（Kantz de Besançon）1899 年答辩的博士论文研究的是席勒的早期戏剧，1897 年儒勒·勒格拉（Jules Legras）答辩的博士论文的研究对象是海涅，巴尔登斯伯格（Baldensperger）研究凯勒，约瑟夫·德雷施（Joseph Dresch）研究古茨科（Gutzkow）和"青年德意志"文学。斯庞雷的博士论文研究诺瓦利斯，乔治·贝卢因（Georges Belouin）研究戈特舍特与莱辛之间的戏剧，路易·雷诺研究雷瑙。至于查理·安德勒，我们知道他的博士论文研究的是德国国家社会主义的起源。亨利·肖恩（Henri Schoen）于 1902 年完成的博士论文研究的是赫尔曼·洛策（Hermann Lotze）的形而上学，随后他定期去艾克斯工作。安德勒的学生阿尔贝·莱维（Albert Lévy）的博士论文以费尔巴哈哲学及其对德国文学的影响为研究对象，阿尔贝·莱维后来在南锡和艾克斯工作。约阿希姆·平洛施（Joachim Pinloche）于 1890 年以一篇关于德国教育改革的论文获得博士学位，他是 20 世纪初里昂德国学的代表人物。1897 年维克托·巴施答辩的博士论文研究康德和席勒的美学。这样一份粗略的罗列还是不够的，应该还要补充一份以德国为研究主题的学术成果清单，这些成果的作者并没有在大学里从事德国学研究工作。

　　法国的德国研究遇到了一些德国的德国学不曾碰到的困难。因此，用一　　
个相同的词来表示这两个学科是完全错误的。1900 年前后法国的德国学核心
与德国的德国学有联系，是一门文学学科。但是由于这个错误的对应，法国
语境里的德国学的特有内容其实被置于次要地位。德国学与新兴的社会科学
之间的接触点就如同位于这个学科边缘的所有接触点一样。同时，确切地说
真正的革新发生在这个学科的边缘部分，以奠基者安德勒、巴施等人为代表，
并且在这个学科之外也有一些支持者。学科的边界范围在德国和法国是不同
的，这个问题提出了学科史中的方法问题。学科核心在很大程度上取决于源
语言区域提供的模式，将大部分精力放在学科核心上意味着承认后继者活动
的历史。为了书写成功的历史，还是应该专注学科的边缘部分和很多跨学科
的内容，这些构成了 1900 年前后法国的德国学的特征。

　　德国研究的历史和更大范围的法国人文社会科学研究的历史对应民族记
忆中的一个时刻，就这个时刻而言，国外参照是非常重要的。它要求从更加
广泛的角度去讨论跨文化记忆问题。

第四章

跨文化记忆

    记忆问题在文化历史学家的讨论中占据了一个重要位置。① 通过材料，它指出了自我定义的需求，而这种需求愈发急切。它考虑到了时间的多样性：有些是历史，有些是记忆。但是，通过假装结束当代历史编纂学的分裂趋势，当代历史编纂学比以往任何时候都更能重现一个包罗万象的国家实体，这就是"法国记忆"。在这个语境下，法国的德国记忆概念是何含义？记忆能从一个文化语境迁变到另一个语境吗？讨论文化史全部内容的可能性取决于对这个问题的回答，而文化史的全部内容又建立在对外来事物的吸收和重新阐释之上，这些活动是在一个不同的语境中构建的，并随着移民活动或知识联系迁变到一个新语境。

    应当承认，谈论文化迁变就是不仅涉及不确定的普遍现象（法国、德国），而且涉及大量确定的对象、德国文献或保存在法国且与德国有关的文献、记录知识的痕迹。这些不一致的、分散的东西并不一定在时代炫目的知识宝库中占有突出位置，并在那个时代从其原来的地方迁变走。因此，只有在它们能构成有机整体和推理系统时人们才对其表现出兴趣。然而记忆的概

---

① 例如雅克·勒高夫的著作《历史与记忆》(*Histoire et mémoire*)，巴黎：伽利玛出版社，1988年。特别值得一提的是皮埃尔·诺拉（Pierre Nora）编写的丛书《记忆之场》(*Les lieux de mémoire*)。

念是一个非常有效的将众人联合起来的原则。存在从跨文化视角对其产生兴
趣的一个额外理由。但工作手段本身，即历史编纂学中的记忆概念，难道不
是文化之间迁变的结果吗？

法德空间里的记忆

弗朗西丝·A.叶芝（Frances A. Yates）很早之前写的那本关于记忆艺术
的书籍①叙述了自古代至 16 世纪哲学和文学概念的发展，这本书让记忆艺术
与修辞学之间的紧密联系得以呈现，这些联系几乎还没有被深入研究过。人
工记忆这一在书写不曾普及和无论如何都不可重现场景的情况下帮助了解
一切的手段的发明，要归功于一位希腊人凯俄斯的西莫尼德（Simonide de
Keos），据说他辨认出了被坠落的天花板砸死的一场宴饮的参与者，事件现场
的构成建立了人工记忆。另一个原型神话与一个名叫美特罗多勒·德·斯凯
普西斯（Métrodore de Skepsis）的人有关：他将理念或单词放到 360 个地方，
这些地方按照黄道十二宫来划分。除神话之外，关于古代人工记忆的真实来
源是西塞罗和甘地连（Quintilien）这些演说家，尤其值得一提的是一篇佚名
作品《献给赫壬尼乌斯的修辞学》（*Ad Herennium*），直到 16 世纪人们还在引
用它。

所有这些参考文本都是以便于记忆的训练为目的，它们在想象的空间里
确定思想与词汇的位置，安排从一个位置到另一个位置的路线。古代文献当
中关于确定场所方式的规则有很多。当必须记住的不是具有自身形象的物体
而是想法时，必须于在长廊或室内建筑中定位它们之前，构建出表达情感的
场景。古代所有这些记忆之场的功能非常单一，它们被用于发表长篇大论并
成为整个修辞学的论据，修辞学是一门用言语的吸引进行能力训练的科学，

---

① 弗朗西丝·A.叶芝：《记忆的艺术》（*L'art de la mémoire*），巴黎：伽利玛出版社，1975
　年，英文第一版于 1966 年出版。

以至于从一开始就引发了一些保留意见。但同时它们又是社会知识建构的原则，而社会知识则在话语之中表达出来。当它们碰巧求助于黄道十二宫的记忆作用时，它们甚至将自己的建构原则置于宇宙范围之中。

这个微小变化在经院传统里得到增强。经院哲学家怀疑人工记忆的想象维度，但他们承认地狱与天堂、罪恶与道德能被视为帮助记忆的符号。中世纪大的神学建构体系需要记忆系统。

印刷术的发明在某种程度上使人工记忆变得无用，一些人文主义者明确地反对它。但是它借助文艺复兴的新柏拉图主义经历了最后的辉煌。它获得了整体知识体系的地位，这个系统以抽象的图像表达，可以成为过程的目标。此后记忆不再是简单的对往事的保存，不再是经验的储藏室，它使知识的获得成为可能，通过安排有意义的图像便于感知能力归于统一。文艺复兴时期新柏拉图主义一项引人注目的表现是朱利奥·噶米洛（Giulio Camillo）的记忆剧场。噶米洛是 16 世纪一位意大利学者，往来于法国和威尼斯之间。他构想了一个古罗马圆形剧场样式的建筑，该建筑被划分为 7 个区，7 根柱子和 7 条过道将该建筑分成同样多的台阶。每一级台阶都代表一个深奥知识传授的级数，与同一个区的台阶相联系。到处都设置了帮助记忆的图像以标明路线。在每一个图像下，我们可以看到一些抽屉，"抽屉里装着一堆纸张，上面有一些基于西塞罗的作品的论述，而西塞罗的这些作品与那些图像令人联想到的主题有关"。①

剧场保留了记忆系统的古代功能，它允许发表论说。此外剧场将这些论说放进一个知识的综合系统，它使得从一个图像到另一个图像成为可能。记忆之场失去了其随意的特点，每一个帮助记忆的图像首先由它在整体中的位置来确定。当然，这样一个剧场从不曾彻底完工，只有通过互相参照作证，才能对它们进行简要描述。然而，简要描述使人看到在这种类型的结构中可

---

① 弗朗西丝·A.叶芝：《记忆的艺术》，第 159 页。

被发现的所有的重现。许多作家在写作之前建立文档，但不是在文本中找出路，这是出于同样的愿望，即确保一套知识并将自己定位在这套知识中。① 同样我们可以说系统化一般来说具有帮助记忆的作用，剧场的模型使人想起系统化是论说的补充。

78

现在，如果我们想象，随着时间或空间的变换，这剧场中的一个或多个抽屉也将属于拥有自己独立组织原则的另一座剧场，那么我们就已大致定义了法国文化系统中德国文化记忆之存在的问题。

双口抽屉中的精英群体在阿比·瓦尔堡（Aby Warburg）② 及其研究院的美学理论中有非常确切的定位。这个艺术史家团体直到 1933 年都在汉堡，以一家专门图书馆为活动中心，1933 年后迁往伦敦，众所周知，他们的出发点是在文艺复兴艺术中寻找古代艺术的影响。这个观点要求根据共同记忆的元素在两个知识体系之间进行迁变。这就是瓦尔堡的博士论文《桑德罗·波提切利的〈维纳斯诞生〉》的意义，或者是瓦尔堡亲近弟子埃德加·温德（Edgar Wind）的《文艺复兴时期的异教神秘》(*Mystères païens à la Renaissance*) 的意义。③ 这种感知记忆模式的一个特点是对独特细节的兴趣。两个定义不同的美学体系的交叉点，只有细节能让我们看到它们的差别。瓦尔堡研究院成员的特点是都热衷于从画作角落里一个奇怪人物或一件衣服的皱褶中重建知识之路。一些画像拥有数量惊人的信息，艺术史家把这些信息当作社会记忆处理，这是一个镌刻在个体和微不足道的细节上的生成记忆。微不足道的细节能够说明问题，它就是"双口抽屉"，时空上相距遥远的两个文化体系能够据此相通。对瓦尔堡来说，强调这些相通点，说明了艺术史家

---

① 文本生成理论从未特别强调记忆的占有和修辞格的构成，而作家搜集文献涉及修辞格的构成。

② 参见阿比·M. 瓦尔堡：《选集》，由迪特尔·伍德克（Dieter Wuttke）编注，巴登-巴登：瓦伦丁·克尔纳（Valentin Koerner）出版社，1980 年。

③ 埃德加·温德：《文艺复兴时期的异教神秘》，伦敦：费伯 & 费伯（Faber and Faber）出版社，1958 年。

工作的特点，这不也是文化迁变研究的特性吗？阿比·瓦尔堡以《记忆女神》（*Mnemosyne*）之名编纂的在艺术史上被反复提及的图集令人深思。

事实上，艺术品分析中的细节爱好只是语文学研究向美学的转移，正如阿比·瓦尔堡的老师、语文学家赫尔曼·乌西诺（Hermann Usener，1834—1905）所做的那样。① 双口抽屉并不仅仅是文化之间的通道。它还肯定记忆的修辞概念和语文学概念。在其著作《诸神之名：论宗教概念的构成理论》（*Les noms des dieux. Essai d'une théorie de la constitution des concepts religieux*，1896）中，乌西诺通过词源类型研究试图理解神话思想的一种进步，试图建构一种历史语义学。一般来说，19 世纪德国语文学旨在从词语最不可分割的词根得出历史沉积的秘密，尤其从语言学维度来看更是如此。瓦尔堡研究院因此继承了记忆研究极好的传统。A. 叶芝的关于人工记忆的书是瓦尔堡研究院的研究成果，这一点也不令人惊讶。同时，他阐明了记忆的两个方向，一个方向建立在修辞学基础上，另一个方向建立在语文学基础上。

这种分类能使记忆自身作为一种迁变现象得到理解。首先让我们注意瓦尔堡研究院关于人工记忆的书籍由皮埃尔·诺拉在法国出版。记忆之场这个词语本身似乎在回应记忆的修辞根源，更何况不同的记忆之场在辩护方式上阐明了抽象的全体，如共和国、民族或法国。同时，自皮埃尔·诺拉试图给他的记忆之场下定义之初，他就强调了多重维度、交叉场所的地位。"实际上，从'场所'一词的三种意义上来说，记忆之场是实在的、象征性的和功能性的场所，不过这三层含义同时存在，只是程度不同而已。"② 无论是逝者纪念碑，还是拉

---

① 参见罗兰·卡尼（Roland Kany）：《以记忆女神之名：对乌西诺、瓦尔堡和本雅明作品中无足轻重事物的回忆和追思》，图宾根：尼迈尔出版社，1987 年，"乌西诺的这本书（《诸神之名：论宗教概念的构成理论》）通过一种拼版技术包含了大量文献，这些文献常常只是被罗列在一起而无评论，这种方法符合乌西诺的口号：将最主要的精力集中在细节上。这本书从很多方面预告了瓦尔堡的《记忆女神》和本雅明的《拱廊街计划》"（第 85 页）。

② 皮埃尔·诺拉：《记忆之场》，巴黎：伽利玛出版社，1984 年，第 1 卷，第 34 页（引用部分）。

鲁斯词典，它们都有一个完整的历史背景，分析它们需要语文学方法。

一个可以说是反向的迁变存在于瓦尔特·本雅明的作品中，1928 年他差一点就错过了与瓦尔堡研究院的约会，他与瓦尔堡研究院交往频繁。瓦尔特·本雅明书写了 19 世纪的巴黎，就记忆而言，他必然正式地站到普鲁斯特和伯格森这些权威的后面。但实质上，他瞧不上这些人。他通过"拯救"巴黎 19 世纪的东西，试图去表明他们所属的知识分子精英群体与德国法西斯威胁到的精英群体恰巧存在高度吻合。这种巧合使人们能够获得一种历史真相，将作为其基础的单个对象转变为几乎无限的历史信息宝库。双口抽屉在本雅明的著作里成了真正的单子。

如果说法国有和本雅明持相似观点的人，那可能是莫里斯·哈布瓦赫。集体记忆概念被认为是对伯格森主观主义的批判，它导致共同延伸的记忆小岛范围的确定。哈布瓦赫以城市为例。墙、街道是社会关系的具体化形式，这些社会关系是分层的，并确保了一种超越历史事件（革命、巷战、入侵等）的永久性。城市的石头与社会记忆元素类似，当然我们可以移动它们，开辟新道路，但是我们将遇到先前法令的抵制，通过规避它们、恢复它们，我们将整合一部分旧记忆，而旧记忆只是群体传统的表达而已。① 因此，作坊之于鞋匠，市场之于商人，抑或街道之于闲逛的人都是沉淀的记忆之场。而历史，正如哈布瓦赫所构想的那样，并非过去遗存的集合，而是试图强调保存至今的社会群体及其实践的客观化形式。莫里斯·哈布瓦赫并未完成《集体记忆》（*Mémoire collective*）② 的写作，且直到其去世之后这部遗作才被发现，不过

---

① 参见热拉尔·努瓦利耶（Gérard Noiriel）：《法兰西熔炉，19—20 世纪移民史》（*Le creuset français. Histoire de l'immigration XIXᵉ—XXᵉ siècles*），巴黎：瑟伊出版社，1988 年："最重要的理论创新在于他努力解释了从个人记忆到集体记忆的转变是如何具体发生的。哈布瓦赫用非常简单的句子将胡塞尔和马克斯·韦伯在德国发展的现象学思想引入了一个直到那时为止还非常法国化的问题之中。因此，个体的亲身经历和主观经验在分析社会生活的象征过程中的主要作用得以凸显。"（第 66 页）

② 莫里斯·哈布瓦赫：《集体记忆》，巴黎：法国大学出版社，1950 年。

《集体记忆》是哈布瓦赫 1925 年写的《记忆的社会框架》(*Les cadres sociaux de la mémoire*)的延续，瓦尔特·本雅明非常了解哈布瓦赫的研究。

从时间上来说，人工记忆的终结与收藏的出现大致同时，收藏是人工记忆的代替物。正如克里斯托夫·波米安（Krzysztof Pomian）① 写的那样，收藏使物品丧失了简单的使用价值，而赋予了它们意义。因此，意义与一种无动机相关。同时意义要求尝试进行一连串安排，并作为科学活动的基础。一个特定时期存在的收藏品的总和与同一时期的文化及其呈现的科学对象是同延的。② 因此存在于法国的对德国物品的收藏是什么？它们的意义和起源是什么？它们可以被设置和调整吗？两个文化体系之间的记忆问题，如果要避免非常普通的原则和零星的分析，就会引发重要物品的收集及其组织问题。法国的档案如何能让位给外国的收藏品？这种档案最早创建于 1794 年，其目的是建立关于认同和民族连续性的论说。我们怎样组织它们？

定义问题

档案的概念不仅在文学研究领域而且在文化史领域都名声不好。它令人想起资料的经验积累和资料的不明晰。它指的是对来源的研究，指的是逃避现象的内在结构、寻求外部影响的武断解释。然而档案也是可能重新形成的记忆的唯一基础。如果说记忆之场是任何一个关于文化空间论述的附属品，甚至是纯粹修辞性质的，那么档案就是一个在一种文化或两种文化空间交错的研究中的最小基础。从 1810 年起，拿破仑就计划在巴黎建一个包罗万象的

---

① 克里斯托夫·波米安：《收藏家、爱好者和好奇者——巴黎、威尼斯：16 到 18 世纪》(*Collectionneurs, amateurs et curieux. Paris, Venise: XVIe—XVIIIe siècle*)，巴黎：伽利玛出版社，1987 年。

② 收藏品与清单是一样的，杰克·古迪（Jack Goody）在其著作（《图形理性》[*La raison graphique*]，巴黎：午夜出版社，1979 年）中揭示了适合驯服野性心灵的认识论起源。清单和收藏品一样，表达了从口头参照向书面参照的过渡。

档案中心，这个中心将收藏欧洲国家的重要文献、证书和契据。这个不切实际的计划甚至还开了一个头，组建了一些欧洲某个文化领域的专业档案学家委员会，这些委员会挑选了拿破仑征服的欧洲地区的最重要文献，并将之运到巴黎。1815 年之后，其大多数物归原主①，其中最珍贵的文献来自梵蒂冈。这段插曲极具戏剧色彩。它表明文化记忆相互渗透的可能性，使作为有力证据的档案文献凸显出来。

　　1979 年 1 月 3 日的一项法律明确指出，"档案是文献的总和，无论文献的日期、形式，以及物质载体是由自然人或法人抑或由任何公共或私人部门或机构在其活动中创作或得到的"。这个很宽泛的定义考虑到了新记忆载体，这个定义可以说将档案的概念扩展到了具有符号价值的所有文件。② 一般来说，档案的诞生与文字的出现同时发生，书面表达最早的痕迹与王宫管理部门使用清单的形成以及对和平条约的记忆有关。③ 对条约文本或清单的拥有提供了对占有物的综合看法，确保了一种权力形式，因为档案和权力的关系记录在了词源当中。自古以来，法国的国王们都保存着能够确定王国财产的契据，甚至从菲利浦·奥古斯都时开始设立了一个保存这些文件的场所——契据文献馆（Trésor des Chartes），该馆长期设于圣德尼修道院内。一个由博学的修士组成的团体，即圣-莫尔（Saint-Maur）的本笃会修士负责这些奠基性

---

① 亨利·博尔迪埃（Henri Bordier）：《法国的档案》（*Les archives de la France*），巴黎：杜穆兰出版社，1855 年。
② 克里斯托夫·波米安：《档案》，载皮埃尔·诺拉编：《记忆之场》第三卷第三节。
③ 关于档案史提出的问题，参见利奥波勒多·桑第尼（Leopoldo Santini）：《档案史》，载《档案，国际档案杂志》（*Archivum, Revue internationale des archives*）1968 年第 18 期，第 101—113 页；以及罗伯特·亨利·鲍蒂埃（Robert Henri Bautier）：《档案史的关键时期：档案存放处的建立和档案馆学的诞生（16 世纪到 19 世纪初）》（*La phase cruciale de l'histoire des archives: la constitution des dépôts d'archives et la naissance de l'archivistique, XVIe-début du XIXe siècle*），同前，第 139—149 页。——如要对德国档案进行整体思考，请参阅弗雷德里希·贝克（Fredrich Beck）、埃卡特·亨宁（Eckart Henning）的《档案资源：使用入门》（*Die archivalischen Quellen. Eine Einführung in ihre Benutzung*），魏玛：赫尔曼·博劳继承人出版社，1994 年。

文本的理解、辨读、注释及传承。虽然自 18 世纪起，我们看到有人试图从历史角度利用契据文献，但同通过记忆维持权力和承认权力的合法性相比，这只是次要的。

　　法国大革命很快就面临档案问题，这一点并不奇怪。一方面需要保存议会辩论的记忆，通过这个记忆来定义新的民族认同。出于这个目的，阿尔芒·加斯东·加缪（Armand Gaston Camus）成为制宪议会的档案保管员。证明国家所有物的文献对新政体也很重要，同时这些文献也使得一个民族历史的建构成为可能。对档案的思考趋向于区分那些说明封建社会的文件和应当销毁的文件，以及那些由于其直接用途或历史价值而值得保存的文件。档案工作者自然倾向于避免毁坏，并给予历史概念最广泛的范围。阿尔芒·加斯东·加缪的继任者皮埃尔-克洛德-弗朗索瓦·多努（Pierre-Claude-François Daunou）试图将这些文献进行分类。这位历史学家直到 1840 年都负责法国档案的管理，法国档案对于历史问题重构的重要性一直被低估，这一方面牵涉全面维护民族记忆的问题，例如确保司法档案不被遗漏，另一方面关系到新法国身份和旧法国记忆之间的调和，最后还关系到制定一个合理的分类制度。多努将档案分成六大类（立法类、行政类、历史类、地形类、产业类、司法类），这六大类又进一步细分为 26 小类，用字母 A 到 Z 来标记。这些类别直到今天依然是与大革命时代相关问题的国家记忆结构建立的基础，其主要特点是按照合理方式对档案记忆进行分类。法国记忆的结构直接承继了启蒙运动时期的分类法，继承了与日耳曼的来源原则相反的恰当原则。虽然将记忆交到民族集体手中的想法使档案制度得以建立，但是档案的使用从时间上来说是与现实脱节的。直到 19 世纪 40 年代建立阅览室之后，历史学家才将档案的使用系统化，在整个 19 世纪下半叶档案的使用得到极大推广。1821 年之后，尤其是自 19 世纪 30 年代初起，文献学院取得了之前由本笃会修士掌握的垄断地位，文献学院独家培养档案记忆的阅读、阐释和利用方面的专门人才。正是通过巴黎文献学院这些毕业生的努力，具有法国特点的以古代文献编订为趋向的语文学在法国诞生。

波米安总结了大革命期间的法国档案史，他写道：

> 法国大革命一开始就建立了两类档案：一类是正在发生的，另一类是旧制度时期的。它们在同一个机构里的汇聚绝非注定。一旦这种汇聚实现了，以前作为记忆对象的王朝和国家的往事就成了历史潜在的对象。至于大革命本身，它孕育了新的国家记忆，进而上升为民族记忆。这就是为什么在大革命结束之后法国的往昔处于双重争论之中。一方面是历史的连续性、王朝和国家记忆的延伸与声称拒绝和前革命时代政治有任何认同的历史断裂之间的争论，另一方面是国家记忆与人民记忆之间的争论。此二者都声称代表民族记忆。①

法国的档案馆是依照确定民族认同的政治规划建立的，这具有明显的迷惑性。首先应该将法国的档案馆与一些外国的传统进行比较以发觉巨大的差异。西班牙的西曼卡斯档案馆（Simancas）始建于 1542 年，是近代第一个国家行政部门保管所，该档案馆与迥异的形势相符。1821 年，德国建立了一家培养档案工作者的学院，就德国而言，应当区分每一个传统国家，它们的记忆组织体系与当地传统直接相关。但是，一般来说，来源原则在德语国家占主导地位，与多努的体系不同，这个原则优先考虑档案制作机构确定的一致性。来源并非没有某种有机论维度，即使它最终在法国超过了合理的分类学。但是它要求德语国家档案的生产机构——文件保管室具有一项非常特殊的功能，即社会组织较低层级记忆的预分类。实际上，我们可以清楚地在法德两国记忆分类体系的差异之中看出关于记忆与权力之间关系管理的两种不同的选择。法国的倾向是将档案管理员与图书管理员的培养结合起来，甚至将档

85

----

① 克里斯托夫·波米安：《档案》，第 223 页。

案类型的文献归到图书馆，而德国则重视差异，显示它们在编目上的差异程度。结构差异本身就代表了要解释的文化数据，除了结构差异，档案很容易让人发现国家机构的相异性孤岛。法国也保存着一些外国档案。值得一提的是，自路易十四时代以来，人们对东方手稿就产生了兴趣，在黎凡特工作的法国外交官们被认为替国王搜集这些手稿。法国国家图书馆从以色列银行家舒肯（Schocken）手上购买海涅的手稿是最后的插曲。督政府时期和帝国时期的此类活动很兴盛。

法国国家档案馆第一位历史学家亨利·博尔迪埃（Henri Bordier）[1] 注意到德语部成员的身份，他们在欧洲未来的档案馆里负责鉴定、研究、保管德语文献。[2] 在19世纪第一个十年初期的工作中，日耳曼记忆的收藏家们拥有同一个名字和同一张面孔，而日耳曼记忆将融入自称包罗万象的法兰西记忆。与支配民族记忆制造的原则相反，外国记忆的孤岛并未与接纳它们的体系隔绝。它们能够进入民族记忆的跨文化层面。

这里还应提起在两个体系间转换的记忆时刻的双重嵌入。它们在法国体系中的位置与在德国记忆中的位置形成对比。当18世纪一位但泽的学者将一篇科学论文寄给波尔多科学院并获奖[3]，我们说的这件事应该同时记载到两国的科学史上。

记忆可以是死的，也可以是活的。事实上档案中出现一个东西并不能让我们先验地知道它是否被使用过了。虽然库辛使用了大量德语资料，但依然

86

---

① 亨利·博尔迪埃：《法国的档案》，巴黎：杜穆兰出版社，1855年。

② 这些人包括大卫-路易·布尔盖（David-Louis Bourguet），曾任德军财务管理秘书、翻译；路易-约瑟夫-安托万·大卫（Louis-Joseph-Antoine David），曾任战争专员；温塞斯拉斯·依格纳斯·多米尼克·波尔泽（Wenceslas Ignace Dominique Polzer），曾任条顿骑士团档案馆长；弗雷德里克-爱弥儿·高迪耶·德·柏威（Frédéric-Emile Cordier de Perwey），曾在特里尔选侯军中担任过中尉。

③ 数学家海因里希·库恩（Heinrich Kühn, 1690—1769）1741年以一篇名为《对泉水之源的思考》的文章获奖。1744年哈勒·戈特利布·克拉森施泰因（Halle Gottlieb Kratzenstein, 1723—1795）的学生以《蒸汽与气体上升的理论》一文获奖。

还有一些手稿似乎从来都没有人查阅，一些书籍也从未有人读过。不过如果我们阅读被遗忘的书籍或查阅被忽略的手稿，死记忆与活记忆之间的界线应当会不时地移动。那么并非所有保存下来的文献都真正具有记忆的身份。因此，档案架上几十米长的与德国占领法国时期相关的文件并非真正的德国记忆。这些文件难得一见，因为它们没有被很好地归档，而且有时候还牵涉活着的人，所以它们还是当代文件。这些文件的功能价值并未丧失，当有诉讼的时候，人们会重新找寻这些文件。我们在这些文件上能看到正在形成的记忆，当中出现了一些定义尚不明确的东西，无论是韦科尔（Vercors）的游击队还是托特组织（organisation Todt）与法国工业的关系。

法国的德国档案

法国存有一些德国的档案或关于德国的档案，既有历史文献又有文学档案，这些文献只不过引起了非常不完善的研究。

这项研究要么出于完成德国历史编纂学基础的考虑，要么是为了解决一个局限的问题。事实上，法国记忆语境下德国档案的错综复杂体现了一个特有的问题，这个问题既属于经验研究范畴，也属于理论研究范畴。凭经验寻找并不是最简便的方法。省级档案的目录存在严重缺陷，存放在省图书馆的手稿，其目录可能比现实晚一个世纪。即使涉及巴黎档案馆和图书馆的研究工具更多更可靠，但依然能在最意想不到的地方 ① 找到德语文献，或者可在一些能够预见的地方找到，不过在这些地方德国只是众多元素（关于外国嫌疑犯、取得国籍等的文献）之一。有时候研究可能由地理范围的推测来引导。在一个外国侨民聚居地于波尔多建立的情况下，在当地档案馆找到相当多与

---

① 例如，在一位贵族于法国大革命期间被查封的文件里找到了一名德国共济会会员的自传文献（米歇尔·埃斯帕涅：《哪些是启蒙运动的组成部分？来自一位韦茨拉尔共济会会员留在巴黎的遗物》[*Welches sind die Bestandteile der Aufklärung? Aus dem Pariser Nachlaß eines Wetzlarer Freimaurers*]，载《德国席勒学会年鉴》第 32 卷，1988 年，第 28—50 页）。

德国相关的文献不足为奇，即使与波尔多德国人聚居区相关的文献也能够在别处找到，例如巴黎或者德国。同样，也存在一个有说服力的推测，香槟地区的葡萄酒产业是在 19 世纪由从德语国家来的移民发展起来的，香槟地区的一些馆藏表明该地区与德国有着紧密联系。然而地理也有可能骗人。例如没有人会怀疑琅城（Laon）[①]有一批 18 世纪的德语手稿。

但是由这个目的提出的问题也是理论上的：一方面这个问题要求找到不同类型的德国记忆之间的联系，要求每次都在接受文化的分层中明确它们的确切位置。相反，一些很容易就能觉察到的停留在文化传统表面的现象（如瓦格纳体系、康德主义）能够使人注意到潜在的档案记忆，档案记忆被比较研究所忽略，比较研究只注重衡量接受过程阴影中的失真，这个问题也是范围问题。如果我们都同意承认与德语教学有关的文献属于德国记忆，即使教师是法国人，那么法兰西第三共和国在多大程度上将法国的康德主义历史的主要内容视为哲学？在多大程度上它属于德国记忆？通过难以察觉的转变，德国记忆消失在共同记忆之中，档案丧失了它的外国特征。这是一个需要仔细描述的消失过程。

虽然记忆分类对能够书写的历史类型产生了直接影响，但如果我们成功地建立了与原先分类相符的类别——这些类别使原来的分类与另一个归类重合并强调分类类别的可变性，我们也只能在法国文化中构建一个德国影响史。这个新分类最终与法国档案室里德国或与德国相关档案的搜集和编目相符。首先想到的是 M 系列，在各种省级档案中，这个系列汇集了监督外国人的文件和入籍手续的文件。但是很多其他系列有可能构成德国记忆的子类别。J 系列通常与经济问题和工业问题有关。在法国的德国企业因此成为一个新类别。[②]

---

① 这批手稿由历史学家让-弗朗索瓦-洛朗·德维斯莫（Jean-François-Laurent Devisme，1749—1830）赠给琅城图书馆。

② 例如在卢瓦尔河省的档案中编号为 45J 的档案是 19 世纪来到法国并定居在圣艾田（Saint-Etienne）的一位商人兼工业家的相关文件。其中包含大量家信，表明他与故乡保持着联系，此外也有一些纯粹经济类的文件。

从可以看出它们的过渡痕迹的有些编号的档案中，我们会碰到与德国关系更加紧密的职业类别：它们可以作为这样的类别得到研究。19世纪德语教师通常是德国人①，18世纪的高级细木工、19世纪的乐器演奏家形成了团体，在这些团体中德国的影响非常明显。社会学类别可以由地理学方法补足。阿尔萨斯在很长的历史时期里都是日耳曼文化圈的组成部分，以至于1939年编的《阿尔萨斯档案馆、图书馆、博物馆目录》主要与日耳曼记忆的保存有关。为了不谈阿尔萨斯，我们将以波尔多和当地18、19世纪德国裔大商人为例。我们也将会谈到旧制度时期住在奥尔良大学生家里的日耳曼民族的里昂大商人。

除了这种直接影响，科学生活在很大程度上取决于整个欧洲的交流。因此，学者们的档案里与德国有联系的痕迹非常多：一部分法国国家图书馆（巴黎藏库）或索邦大学图书馆（库辛的档案、格扎维埃·莱昂的档案）收藏的大学教师的档案中有经常联系的痕迹。我们在研究大学生们在德国旅居期间所作的课堂笔记这方面做得还远远不够。

我们从科学生活逐渐转向关于外国主题的演讲场所的记忆：这种记忆可能在不同大学或学校的档案中被发现，这些大学或学校在一段历史时期中与德国保持联系。过去人们一直是在军校里学习德语。

图书馆也有档案馆的功能，主要值得注意的是年代最久远的那些藏书，这些文献很稀有。樊尚的陆军图书馆、巴黎高等师范学院图书馆、索邦大学维克多·库辛图书馆的藏书，以及沃苏勒（Vesoul）图书馆的地理著作都勾勒出了德国记忆的范畴。最后，否认德语藏书形成过程中的一部分偶然性是徒劳的，这种偶然性与偶然发现的个人藏书的出现有关系。在毕希纳的《棱茨》（ Lenz ）中被提及的奥贝兰（Oberlin）牧师的兄弟是阿尔萨斯博学的历史学家，他留下的18世纪德文信函、手稿是法国规模最大的收藏之一，该收藏保存在国家图书馆。国家档案馆雕刻师维勒（Wille）的藏品属于这个类型，昂热图书馆

89

---

① 国家档案馆（AN）编号为F17的档案。

里四处漂泊的雕塑家大卫·德·昂热（David d'Angers）的手稿也属于这个类型。我们还可以将这些文献归入一类艺术主题，在这个类别里也还可以加入能够表现油画家阿里·谢弗（Ary Scheffer）① 工作或者巴黎火车北站建筑师希托夫（Hittorf）② 工作的一些文献。这个不重要的方面可以在各种手稿收藏中找到，而这些收藏在某个时候会促使一位文人去搜集一些重要人物的文稿。

说实话，给法国的德国记忆编目有一段同国家社会主义和占领时期有联系的过往。在当时，这项工作一方面表明德国的无处不在，另一方面意味着准备将被判断为对国家历史重要的文献运回本国。当时完成了两个大工程。由于外交原因，它们直到 20 世纪 80 年代还是手稿，随后才得以出版。第一本目录由卡尔·埃普廷（Karl Epting）编纂，他自 1940 年起担任文化参赞和巴黎德语学院院长。这本目录涉及从一开始直到 1940 年所有从德语译成法语的作品，并明确地写出了翻译者和版本数量。③ 虽然这些统计过的稀有翻译版本完全具有档案价值，但确切地说这不是档案统计，而是对德国记忆一个方面的全面了解。

第二本目录收录的是法国，特别是巴黎的讲述德国历史的文献。该目录名为《巴黎档案馆和图书馆中关于德国历史的资料目录》（*Inventar von*

---

① 阿里·谢弗（1785—1858），生于荷兰一个德国裔家庭，其声誉以 1819 年创作的画作《加莱城市民的忠诚》（*Dévouement des bourgeois de Calais*）而得到世人公认。他创作了一些浪漫主义的历史题材画，并借鉴了一些德国诗歌的主题，如《小姑娘》（*Mignon*）、《玛格丽特》（*Marguerite*）和《图勒国王》（*Le Roi de Thulé*）。

② 雅克-伊尼亚斯·希托夫（Jacques-Ignace Hittorf，1792—1867），生于科隆，家里后来送他去美术学校学习。他后来去了西西里岛研究古希腊遗迹，参加了彩色装饰讨论（《希腊人的彩色建筑》[*Architecture polychrome chez les Grecs*]，1831）。1832 年，他受特立尼达-德-蒙（Trinité-des-Monts）教堂启发建造了圣-樊尚-德-保罗教堂（Saint-Vincent-de-Paul）。巴黎火车北站由其建造。

③ 丽泽洛特·比尔（Liselotte Bihl）、卡尔·埃普廷：《从德语翻译成法语的图书目录 1487—1944》（*Bibliographie französischer Übersetzungen aus dem, 1487—1944*），两卷，图宾根：尼迈尔出版社，1987 年，XVIII-1311 p，参见弗雷德里克·巴比耶（Frédéric Barbier）：《文化迁变与印刷的书籍：关于一本最近出版的书》（*Les transferts culturels et le livre imprimé：à propos d'un ouvrage récent*），载《综合杂志》（*Revue de synthèse*）第 4 类第 3 期，1990 年 7—9 月，第 293—298 页。

Quellen zur deutschen Geschichte in Pariser Archiven und Bibliotheken)（科布伦茨，1986 年）①，这本目录是德国档案学家们一拿到资料就完成的，算得上非常细致的研究成果。1940 年 8 月 6 日德国档案总干事派出了以格奥尔格·施耐特（Georg Schnath）为首的 12 名档案学家组成的代表团。他们列了一个要拿走的文献清单，该清单上的词目超过 2.1 万条。然而实际上并没有任何档案被拿走，除了几箱给党卫队人种及移民总部用来阐明胡格诺派民族起源的资料。最后 50 万张照片被寄往德国，并于 1943 年 8 月举办了《（法国）国家档案馆里的千年德国史》展览。我们感到很遗憾，一方面从纳粹时代的这些研究中得出的目录主要与德国古代史相关，另一方面整体计划深受意识形态预设的影响。事实上这个目录一点也没有强调交流、相互影响、互补性，而是致力于搜寻国家失去的踪迹。很明显这与法德交融的调查背道而驰。

这两项工程至少在显示政治筹码在掌控记忆方面是有价值的。相反档案部门在处理新近历史（如 1940—1945 年战争）时表现出怀疑，这段历史涉及国家及建国神话的认同②，那么这种怀疑只能表现得更加明显。

使得法国档案馆里保存着德国文献的德法联系体现在一些知识领域。施勒格尔在巴黎结识了德·谢兹（de Chézy）③ 和汉密尔顿（Hamilton）④，并跟随他们学习梵文，他由此发现的东方学是 19 世纪法国和德国学者之间经常交

91

---

① 这项工作于 20 世纪 80 年代由沃尔夫冈·汉斯·施泰因（Wolfgang Hans Stein）完成，他在引言中对整个工作作了非常有趣的历史分析。

② 索尼娅·贡布（Sonia Combe）：《被禁的档案，法国人在面对现当代史时的恐惧》（*Archives interdites. Les peurs françaises face à l'histoire contemporaine* ），巴黎：阿尔班·米歇尔（Albin Michel）出版社，1994 年。

③ 安托万·雷奥纳多·德·谢兹（Antoine Léonard de Chézy，1773—1832）研究阿拉伯语和波斯语，1807 年成为教授。此外他也研究梵文，1814 年法兰西公学院为其设立了一个讲席。威廉敏娜·克里斯蒂娜·德·谢兹（Wilhelmine Christine de Chézy，1783—1855），作家，女诗人卡尔申（Karschin）的孙女，威廉敏娜于 1803 年在施勒格尔的家中结识德·谢兹。

④ 亚历山大·汉密尔顿（Alexander Hamilton，1765—1824）曾旅居印度很长时间，因此学会了梵文。在《亚眠条约》撕毁以后，他被囚禁在法国，给德·谢兹、弗里埃尔（Fauriel）、施勒格尔等人教授梵文。他在回到英国后担任梵文教授。

流的原因。一些德国的东方学家最终并未像儒勒·奥佩尔（Jules Oppert）[①]
或儒勒·莫勒（Jules Mohl）[②] 那样在法兰西公学院任教。儒勒·奥佩尔与儒
勒·莫勒的通信保存在法兰西研究院的图书馆（Bibliothèque de l'Institut）[③]
里。我们在这个图书馆里可以找到一些与穿越欧洲的德国学者群体相关的评
论和对这个群体进行描述的材料。1831 年 10 月 13 日莫勒给研究院的同事克
洛德·弗里埃尔（Claude Fauriel）写了一封信：

> 施勒格尔在这里，他将在这里和伦敦过冬，他来的正是时候，他只
> 是还有私心，他只谈很小圈子的事情，他关心这些事情，且这些事情与
> 其本人有关。我们觉得他的大脑就像船闸被沙子淤塞了一样，不好使。
> 他说话很慢，我们能提前知道他接下来要说什么。他的虚荣心以一种拐
> 弯抹角的方式向他呈现事物，以至于真相常常不复存在，这通常是愚蠢
> 的做法。此外他看起来早衰，自我第一天看到他起，就很不喜欢他，我
> 不喜欢他的长相。[④]

甚至在莫勒的文稿中也保留着弗朗茨·沃佩克（Franz Woepcke）[⑤] 的文

---

① 儒勒·奥佩尔（1825—1905）于 19 世纪 40 年代中叶来到法国，因其在楔形文字和美索
　　不达米亚文明方面的研究工作而于 1874 年获得法兰西公学院的讲席。
② 儒勒·莫勒是在去英国旅行时成为一名东方学家的，他于 1823 年定居巴黎，他在巴黎跟
　　随德·萨锡（de Sacy）学习阿拉伯语和波斯语。他从 1838 年到 1855 年翻译了波斯语史
　　诗《列王纪》（四卷）。1870 年战争爆发的时候，他去了伦敦，后来又返回法国，继续担任
　　其自 1847 年起就在法兰西公学院担任的讲席教授一职。
③ 我们在这家图书馆可以找到 19 世纪 30 年代斯图加特的阔塔（Cotta）出版社寄来的 60
　　多封信件，一些路过的德国人写的信件，这些人请求得到莫勒或一些东方学家（其中
　　包括 1816 年之后在巴黎担任亚洲语言教授的汉学家海因里希·尤利乌斯·克拉普罗特
　　[Heinrich Julius Klaproth, 1743—1835]、波恩的印度学家克里斯蒂安·拉桑 [Christian
　　Lassen, 1800—1876]、基尔的尤斯图斯·奥尔绍森 [Justus Olshausen, 1800—1882]）
　　的保荐，这些东方学家与他们谈论专业问题。
④ 法兰西研究院，第 2981 号手稿，第 303 页。
⑤ 弗朗茨·沃佩克（1826—1864）先是在柏林学习数学和物理，随后对阿拉伯数学史产生
　　兴趣，于是来到巴黎研究帝国图书馆里的东方手稿。

稿。弗朗茨·沃佩克是泰纳的朋友，甚至在某种程度上是他的榜样，他写了大量的信。其他的一些信函，如和西尔维斯特·德·萨锡（Sylvestre de Sacy）的通信，值得细细研究。由《亚细亚学报》（*Journal asiatique*）出版者、汉学家阿贝尔·雷慕沙（Abel Rémusat）于1822年创立的亚细亚学会成为在法国的德国学者聚会交流的场所，诸如路德维希·马库斯（Ludwig Marcus）、约瑟夫·德恩堡（Joseph Dernburg）等学者在《亚细亚学报》上发表文章。七月王朝时期德国语文学家靠教授语言课程艰难度日，其中就有很多人是东方学学者。和19世纪东方学相关的档案于是构成了德国记忆之库。

德国的法国档案

德国也藏有一些法国档案，这些档案不是作为外国文献偶然来到德国的，它们完全是国家记忆的组成部分。我们首先想到拿破仑帝国时期从德国领土上分割出去的那些短暂存在过的省份的档案。1798年至1813年通奈尔山省（Mont-Tonnerre，首府在美因茨）、萨尔省（首府在特里尔）、莱茵-摩泽尔省（首府在科布伦茨［Coblence］）、罗尔省（Roer，首府在亚琛）都曾被法国统治。汉萨同盟三省（以奥斯纳布吕克［Osnabrück］为中心的上埃姆斯河省［Ems］、以不来梅［Brême］为中心的威悉河河口省［Bouches-du-Weser］、以汉堡为中心的易北河河口省［Bouches-de-l'Elbe］）只存在了三年时间。也许还可以加上利珀（Lippe）亲王国的省份、明斯特（Münster）、以奥里希（Aurich）为中心的东埃姆斯河的省份，以及拿破仑帝国附属国的15个法式体系的省份。法国统治下产生的文献（在这些省份常常使用德文书写）不仅仅构成了德国的法国记忆。同时它们也说明了记忆分类的两个原则的差异与重叠①。

---

① 沃尔夫冈·汉斯·施泰因：《交替的档案学？法国大革命与拿破仑帝国时期德意志境内法属省份的文献处理》（Une archivistique alternative? Le traitement des archives des départements français d'Allemagne de l'époque révolutionnaire et impériale），载《档案杂志》第162期，1993年第3季度，第189—203页。

这种结构性差异使得有可能在确定的时间段内设想一种属于法国历史编纂学习惯的德国历史编纂学。因此公证人的档案以及他们死后的目录清单是法国社会史的主要来源，而在德国却并非如此，但在旧省份通奈尔山省的特有记忆中确确实实存在这种情况 ①。

　　欧洲档案学的历史是类似的，却又存在差异。档案记忆与国家建构有联系，当这种记忆变得足够复杂，就需要档案学者，档案学的论文标志着他们的出现。1307 年皮埃尔·德·埃唐普（Pierre d'Etampes）成为法国王室档案室的管理员，17 世纪档案学与文本批评同时出现，档案学的奠基人之一毫无疑问是马比荣神父（Dom Mabillon），他于 1682 年出版了《古文书学》（De re diplomatica，亦有学者译为《古文献学》——译者注）。共和二年获月 7 日的革命法律设立国家档案馆，并宣布公民有权查阅档案，是为了反对体现封建权力的文献的掩饰传统，而非满足历史编纂学的兴趣。不过，直到 1808 年拿破仑统治时期才制定规则定期地将文件转入省级档案馆。第一批档案管理员学校于 1811 年在那不勒斯诞生，随后 1821 年德国慕尼黑的档案学院（Archivalisches Unterrichtsinstitut）和法国巴黎的文献学院同年建立。自 1840 年起，巴黎市专门准备了一间大厅以方便人们查阅文献。由于档案数量的增长，1850 年前后政府新建了大楼来收藏档案，并设立了现代档案馆 ②。

　　档案学学校培养了一些历史学家，给学生们教授资料批评方法。此时档案馆与其说是一个保存历史文献的场所，倒不如说是一个实用的行政记

① 沃尔夫冈·汉斯·施泰因：《通奈尔山省档案，一个利用法国社会史方法研究德国地区史的途径》（Die Archive des Départements Donnersberg. Eine Möglichkeit, die Methoden der französischen Sozialgeschichte für die deutsche Landesgeschichte nutzbar zu machen），载《从旧帝国到新国家》（Vom alten Reich zu neuer Staatlichkeit），阿尔蔡学术讨论会（Alzeyer Kolloquium），1979 年，威斯巴登：弗朗茨·斯坦纳出版社，1982 年，第 152—177 页。莱茵地区省份的问题只是其中一例，柏林科学院是另一个对 18 世纪科学史、哲学史有特别意义的例子。

② 参见米歇尔·杜歇（Michel Duchein）：《档案学研究，1957—1992》（Etudes d'archivistique, 1957—1992），法国档案学家协会，1992 年。

忆场所。但是当德国和意大利的档案馆和图书馆依然分开时——根据符合档案制作者目的的档案自主性原则和符合普遍科学目的的图书馆不能自主原则①——法国巴黎文献学院学生既要关心图书馆又要关心档案馆的文献。自大革命以来，诸如作家文稿或能满足历史好奇心的手稿等文献通常更倾向于被保存在图书馆里，而不是在档案馆里。图书馆与历史档案馆之间的混淆并非表明分类归档原则无关紧要，因为图书馆比档案馆更加彻底地遵循不能自主的分类和抽象的结构。这反映了它们出现之时知识的状态。

94

之前的论述不仅概述了跨文化档案问题，还凸显了一定数量的调查研究的合理性。

——法国的德国记忆不仅值得被编目，而且更应该按照史料的类别重新划分。这项研究不仅使得法德文化互相渗透的一些未知部分得以显现，而且使得与它的系统化相关的问题也得以呈现。研究跨文化记忆与列出要返还的文献恰恰相反，因为我们一直可以以严格的记忆一致性之名重建这些名单。

——相反的做法更加有成效，或者说这两种做法是互补的，因为问题不是强调在莱茵河彼岸失去的法国文学史或政治史的要素，也不是建立一个档案，以虚拟方式恢复最初语境，而是收集两个空间之间的嵌套现象。从这个角度看，来源原则应该重新让恰当原则得到再确认。

作为整理记忆的科学，档案学和目录学具有与其发展的文化背景相关的历史。由克里斯托夫·波米安等人创立的收藏构成研究一时成为文化科学。语文学或文学史的发展与它的产生有着非常紧密的联系。收藏构成、文学或历史文献的民族原则与确定它们价值的民族原则之间的对立非常可靠地揭示了每个文化圈的特征。

为了能够形成外国记忆之"岛"，需要旅行。旅行，当然还有旅行的记忆是保存外国印象最有效的方式之一。而更长时间的旅行以及移民潮亦复如是。

---

① 乔治·森塞蒂（Giorgio Cencetti）：《档案文献》（Scritti archivistici），柏林：研究中心出版社，1970 年。

第五章

移民问题

　　移民问题首先是人口方面的问题，该问题延伸至社会史、文化史领域。[①]
在"外国人"这个定义直到 19 世纪末才获得它现在尖锐性的程度上，这个问
题部分地与回溯既往的询问相符。[②] 事实上，我们只有考虑"民族"概念后
来的发展才能确定一个 18 世纪中叶的德意志人会是怎样的人。当时宗教信仰
归属比民族归属重要得多。移民首先是媒介，由此一些概念、一些行为以及
一些普通物品能够输入或输出。对人口迁移的研究始于人们注意到例如一些
德国人定居到法国之时。自那时起，衡量由一个新社会成分的引入导致的些

[①]　参见热拉尔·努瓦利耶：《法兰西熔炉，19—20 世纪移民史》，巴黎：瑟伊出版社，1988
年；《19—20 世纪法国的人口迁移与民族身份》(*Population immigration et identité
nationale en France, XIXe—XXe siècle*)，巴黎：阿歇特出版社，1992 年。

[②]　1848 年前夕塞纳省超过 13% 的人口是外国人，其中有 6.2 万名德意志邦联侨民，占外国
人总数的 35%，远远多于比利时人（占比 18%）或英格兰—爱尔兰人（占比 13%）。德
国侨民有自己的报纸《前进》(*Vorwärts*)、鲁格 (Ruge) 和马克思创办的《法德年鉴》
(*Annales franco-allemandes*)、维内迪 (Venedey) 创办的《流放者》(*Banni*)、鲍尔尼
(Borne) 创办的《天平报》(*Balance*)、斯帕齐埃 (Spatzier) 创办的《北方杂志》(*Revue
du Nord*)。雅克·格朗荣写道，如果说 1851 年有 5.7 万名德国人，那么到 1866 年由于
汉诺威的大批流亡者的到来，德国侨民人数达到 10.6 万名。1872 年德国侨民人数跌至
4.4 万名，但 1911 年又增至 12 万名。1921 年德国侨民人数减少了一半，但在希特勒攫
取权力前夕德国侨民人数重新增长至 7.2 万名。参见雅克·格朗荣：《人口基础理论研究》
(*Demographische Grundlagenforschung*)，载《迁变，法德空间的跨文化关系（18—19 世
纪）》，M. 埃斯帕涅、M. 沃纳编，文明研究出版社，1988 年，第 83—96 页。

微变化是适宜的。在这个问题的人口学、档案及人类学维度的紧张关系之中，存在着对移民问题的特别关注。

人口学与文化迁变

社会史与研究在一个空间内部的迁移的人口学方法一开始就重视人口迁移的数量。问题在于知道有多少手工业者离开一座城市移民到另外一个地方，或者在何种程度上农村人口来到城里定居。数量人口学的观点在文化迁变分析当中失去了它的有效性。知道有多少胡格诺教徒和移民去了德国当然很重要。即使他们人数并没有那么众多，作为外国技术的唯一输入国，德国也能够深刻改变它所面临的环境。如果我们以18世纪细木工匠为例，如欧本（J. Oeben）之流来到法国，发展出了一种新家具风格①，那么我们接触的是一小群手工业者，他们对接受环境产生了重大影响。仅一位德国建筑师希托夫就能改变巴黎的形象。当人口学研究分析人群流动时，迁移研究这种文化生活社会史研究关心的是总人口中微不足道的百分比，其在文化体系发展中所占的部分与人群的数量定义无关。

总是很难理解入境移民群体，很难准确估计他们对接受语境的影响。事实上一些不同的观点可以用于类型学的建立。德法语境中的移民潮常常因政

① 法国国王路易十五的书房可能是18世纪60年代法式家具陈设最精美的书房，开始时由欧本负责，后由其继任者让-亨利·里瑟纳（Jean-Henri Riesener）完成。参见斯文·埃里克森（Svend Eriksen）：《法国早期新古典主义》（*Early Neo-Classicism in France*，由彼得·桑顿［Peter Thornton］译成英文），伦敦：费伯 & 费伯出版社，1974年，第73页。关于欧本，还可以阅读乌尔里希-克里斯蒂安·巴拉赫（Ulrich-Christian Pallach）：《18世纪法国的德国手工业者》（Deutsche Handwerker im Frankreich des 18. Jahrhunderts），载《1715—1789年间法国的德国人和德国的法国人》（*Deutsche in Frankreich，Franzosen in Deutschland，1715—1789*）（让·蒙多［Jean Mondot］、让-玛丽·瓦伦丁［Jean-Marie Valentin］、荣格·沃斯［Jurgen Voss］编），锡格马林根（Sigmaringen）：托尔贝克出版社（Thorbecke），1992年，第89—102页。

97

治和宗教危机而起。这就是为什么我们决定将移民归入宗教信仰团体。因此，我们将把胡格诺教徒当作一个特殊群体来对待，在以后的一个时期，返回法国的胡格诺教徒群体与这个特殊的整体是一致的。德国犹太人亦是如此①，对他们来说，宗教信仰的一致起着明显作用。同时，我们将不难发现在梅特涅的时代，尤其是 1830 年前后，大批难民被赶向法国。1848 年革命开启了一波新移民潮：在各个德意志邦国里发生的小危机也对人口迁徙的速度产生了影响。一些社会部门、宗教团体、政治团体、职业团体很容易相互交织。19世纪 40 年代定居巴黎的政治避难者，除了所从事的职业不同，大部分是犹太裔。一些职业标准也可以被使用。德国的细木工匠、矿工、雕刻工②、教师、酒商、出版商③、钢琴制作者④以及黑森的马路清洁工⑤这些社会群体很多完全可以分别研究，并且已经得到了部分研究。

　　自法国大革命以来，人们都注意到外国少数族裔通过入籍的行为融入接受环境。根据多少有些严格的法律，这些行为的内容会有变化，入籍的过程提供了随着时间流逝变得越来越丰富的信息资料。很多生活在法国的外国人不想加入法国国籍，直到 1870 年普法战争时情况才改变。这个政治上的重大变化突然给予身份证件当时未曾有过的价值，同时以前所未有的精确性确定

98

---

① 儒勒·莫勒、萨洛蒙·蒙克·约瑟夫·德朗堡（Salomon Munk Joseph Derenbourg）、儒勒·奥佩尔、亨利·威尔这些人足以让我们评估犹太移民在 19 世纪法国的语文学和东方学历史当中所具有的重要性。

② 约翰·格奥尔格·维勒（Johann Georg Wille）：《书信集》（*Briefwechsel*），E. 德居勒多、M. 埃斯帕涅、M. 沃纳编，图宾根：尼迈尔出版社，1988 年。

③ 参见埃尔加·让布朗：《巴黎图书出版交易业里的德国人（1811—1870）》，巴黎：国家科学研究中心出版社，1994 年；弗雷德里克·巴比耶：《印刷的书籍与当代德国的建构（1815—1914）》（*Le livre imprimé et la construction de l'Allemagne contemporaine [1815—1914]*），巴黎：雄鹿出版社，1995 年。

④ 例如普莱埃尔（Pleyel）、巴普（Pape）、卡尔克布伦纳（Kalkbrenner）。

⑤ 参见威尔弗里德·帕布斯特：《临时的亚无产阶级：19 世纪巴黎的德国"客籍工人"》，载《在外国的德国人与在德国的外国人，历史上与当前的迁移》，慕尼黑：贝克出版社，1992 年，第 263—268 页。

了国家边界。移民迁徙在受到警察严格控制的时候，具有了新的政治重要性。自 1851 年以来，每五年进行一次的人口普查准确地记录了外国人的大规模迁徙。19 世纪的法国出现了对他们的不信任和对证件的关注，这些都是基于马尔萨斯主义的要在多个层面上保护劳动力市场的考虑。同时，在工资水平最低下的生产部门工作的外国移民是最听话的，对一些工业地区的发展而言是有利的，这一点已得到公认。①

历史编纂学力求尽可能详细地介绍历史进程，不过出于技术性原因，历史编纂学应该以整体概念为依据——整体概念将特例的普遍意义呈现出来。因此，历史编纂学要始终忽视个人特定的、离经叛道的愿望，不承认它们有任何的恰当性，将不知名的独特性描写推向遥不可及的远方。正是在当代，可供利用的大量文献会增加个体在统计上减少的危险。而对于更早的时代（18、19 世纪），从数量上看文献资料没有当代多。然而这个不足只要利用示范性的概念也能够变成优势。有关社会史和德国人移民法国的档案必定是不完整的，面对这种情况，我们必须进行重构，而重构的随意性则是无法完全掩盖的。专注于研究个体命运的历史描述，用几条迹象表明这也是其他个体的命运，有助于克服忠于细节和追求规则之间的经典对立。19 世纪初波尔多的一些德国商人将使我们能够认识到这个示范性。我们一开始就说这个或那个个体的代表性问题不能通过定义的方式得到最终答案。但是当来自一个踪迹模糊，甚至有时踪迹消失的群体的个体的命运被情境化了，通过与情境的互动进行分析，轶事的弊害似乎至少被消除了。对于遥远的时期，移民的最佳呈现方式是借助社会群体将被视为具有代表性的命运放在一起比较，就像拼图一样。恰好就在文化迁变的研究之中，当我们缺失统计数据库时，利用个体的转移就显得很重要。这样，我们将能够试图为主体感知正名，或者至少为历史进程的主体间感知正名。如果从自传体证词趋同角度去描述，则从

99

---

① 　参见热拉尔·努瓦利耶：《法兰西熔炉，19—20 世纪移民史》，巴黎：瑟伊出版社，1988 年。

一种文化的一个元素到另一种文化的迁变不会以不太相关的方式得到研究。

19 世纪初波尔多的德国人—— 以加登、克里普施、迈尔三个家族为例

波尔多美术馆收藏了新古典主义画家皮埃尔·拉古尔（Pierre Lacour）的画作《画家庭肖像画的艺术家》（*L'artiste peignant un portrait de famille*）。在这幅未竟之作的远景当中我们看到这个富裕的大商人家庭由三人组成：一位坐着的女士、一位站着的表情严肃的男士，还有一位小姑娘正掀起蒙着罩布的人像。达尼埃尔·克里斯托夫·迈尔（Daniel Christophe Meyer）、玛丽·安德里厄·德·圣-安德烈（Marie Andrieu de Saint-André）、玛蒂尔德·迈尔（Mathilde Meyer）注视着死去的孩子或兄弟的脸。此外皮埃尔·拉古尔画出玛蒂尔德拿着椭圆形画像的姿势。玛蒂尔德穿着希腊式样的衣服，处在古代风格的背景之中，揭开小约翰·瓦伦丁·迈尔（petit Johann Valentin Meyer）的半身像。[1] 玛蒂尔德·迈尔生于 1793 年，她和达尼埃尔·克里斯托夫·迈尔是仅有的两位我们可以肯定在波尔多见过诗人弗雷德里希·荷尔德林（Frieddrich Hölderlin）的人，因为她是荷尔德林的学生。终其一生，她都是新古典主义风格的丰格拉维（Fongravey）庄园的主人，这座庄园在荷尔德林旅居波尔多时是其父亲的产业。达尼埃尔·克里斯托夫·迈尔（1751—1818）是汉堡葡萄酒商人约翰·洛伦茨·迈尔（Johann Lorenz Mayer）的儿子，他在 18 世纪 70 年代初便来到波尔多定居。1797 年他成为其出生城市的总领事。他的父亲直到 1811 年才在汉堡去世。达尼埃尔是前参议员，当时他生活在凯瑟琳大街的一栋房子里，其资产据拿破仑政府估算达到 30 万银行马克。[2]

---

[1] J. 杜·帕基埃（J. Du Pasquier）：《达戈蒂（1775—1871）与 19 世纪的波尔多细密画》（*P. E. Dagoty 1775—1871 et la miniature bordelaise au XIXᵉ siècle*），夏尔特尔：艺术与工艺书店，1974 年。

[2] 同年，海因里希·海涅的侄子、银行家所罗门·海涅（Salomon Heine）的财富约为 80 万银行马克。

达尼埃尔·克里斯托夫·迈尔是波尔多希勒（Schyler）酒庄的合伙人，该酒庄一直存在，迈尔与这个酒庄一同度过了大革命风暴。他的兄弟关于1801年波尔多之行的记忆、另一个兄弟的新古典主义画作和雕刻作品的收藏，抑或由建筑师路易·孔贝（Louis Combes）在波尔多市中心建造的公馆都是这个在汉堡和波尔多之间生活的家族的痕迹，在那些地方知识分子文化是商业精神的显著补充。

19世纪末，玛蒂尔德·迈尔的一位曾孙女嫁给了夏特隆（Chartrons）一个德国家庭的后代亨利·赫尔曼·加登（Henri Hermann Gaden，1865—1935），后者的一位先祖卡尔·克里普施（Karl Klipsch）是夏特隆另一个德国商人家族的开创者。于是对塑造波尔多这座城市的面貌作出过特殊贡献的三个家族在他们定居阿基坦地区的时代会聚到一起。这种家世谱系上的交织并非完全偶然，相反它符合波尔多德国名流的长期定居策略，这些名流让跨国婚姻与德国人社群内部通婚相互交替，前者是为了与当地新教大商人社群联姻，后者是为了社群认同得以延续。

18、19世纪之交生活在波尔多的德国人都是些什么人？[1] 首先他们人数不多，但是他们的经济文化地位与人口比重成反比。[2]1802年前后德国移民

---

① 参见 M. 埃斯帕涅：《波尔多—波罗的海，18—19世纪德国文化在波尔多的影响》，国家科学研究中心出版社，1991年。——阿兰·鲁伊斯（Alain Ruiz）提供了一份非常完整的1804年德国移民名单，见《约翰娜与亚瑟·绍彭豪尔，1804年波尔多之旅回忆录》（*Johanna et Arthur Schopenhauer. Souvenirs d'un voyage à Bordeaux en 1804*），波尔多：半岛出版社，1992年。也可参阅阿兰·鲁伊斯：《从蒙田时代到二战前夕波尔多的德国影响》（*Présence de l'Allemagne à Bordeaux du siècle de Montaigne à la veille de la Seconde Guerre mondiale*），波尔多：波尔多大学出版社，1997年。关于18世纪初波尔多商业最清楚的概述依然是保罗·布戴尔（Paul Butel）的成果《18世纪波尔多批发商、欧洲和岛屿》（*Les négociants bordelais, l'Europe et les îles au XVIIIe siècle*），巴黎：奥比埃-蒙田（Aubier-Montaigne）出版社，1974年。关于很多细节方面的问题，还应该参阅阿尔弗雷德·勒鲁（Alfred Leroux）：《波尔多的德国移民地》（*La colonie germanique de Bordeaux*），第一卷，波尔多：费雷出版社，1918年。

② 关于波尔多人口的问题，请参阅让-皮埃尔·布苏（Jean-Pierre Poussou）：《18世纪的波尔多与西南地区，经济增长与城市吸引力》（*Bordeaux et le Sud-Ouest au XVIIIe siècle. Croissance économique et attraction urbaine*），巴黎：社会科学高等研究学院出版社，1983年。

不足 500 人，而当时波尔多市总人口超过 9 万人。第一批德国移民，如吕特肯斯（Luetkens）家 ① 自 17 世纪末便已来到波尔多。1711 年德国移民有 20 多人，但是 18 世纪后半叶德国移民大量定居波尔多。德国人紧随荷兰人来到波尔多。自 1739 年起，荷兰人就不再享受从 1697 年起享有的免税特权。如果说 18 世纪初以来绝大部分从波尔多港运输的货物由外国人运输，那么夏特隆码头处加隆河里拥挤的船只大部分来自德国。

随着 18 世纪逐渐向 19 世纪过渡，越来越多的德国人来到波尔多。波尔多的德国移民在这座城市繁荣发展方面起到的作用比英国人更大。最终这些德国移民携家带口在波尔多定居。正如我们所知道的，他们集中居住在夏特隆码头一带，他们更愿意租用而不是购买大酒库，这个"国际"街区与波尔多市之间横亘着一座破旧的名叫特龙佩特堡（Château-Trompette）的要塞，这个要塞的原址就在今天的梅花形广场。从塔恩（Tarn）来的新教徒批发商与其德国教友在此地杂居，从某种程度上看，这是一个流放地，一个外国人聚居地。但是这个偏远的街区逐渐融入城市，18 世纪末、19 世纪初波尔多所有的城市规划革新都旨在加强夏特隆街区与波尔多市区的联系，为了夏特隆码头以及它向大西洋和波罗的海延伸而重新规划城市空间。毫无疑问波尔多德国批发商的文化活动融入了 18 世纪末大革命前夕特有的社交。我们在德国移民经常出入的圈子中可以发现后来的吉伦特派成员。但是除家庭教师卡尔·弗雷德里希·莱茵哈德（Karl Friedrich Reinhard）② 以外，德国移民中再无人为我们提供革命背景。虽然由于战时生意难做而不是遭到真正的迫害，大批人退却了，但依然有很多德国人留在了波尔多。负责侦查联邦主义分子

---

① 彼得·沃斯（Peter Voss）、亨德利希·吕特肯斯（Hendrich Luetkens）:《波尔多的德国商人（1661—1722）》(*Marchand allemand à Bordeaux* [*1661—1722*])，载阿兰·鲁伊斯主编:《从蒙田时代到二战前夕波尔多的德国影响》，第 31—44 页。

② 让·德利尼埃（Jean Delinière）:《卡尔·弗雷德里希·莱茵哈德（1761—1837），为法国工作的一位德国启蒙者》(*Karl Friedrich Reinhard* [*1761—1837*]. *Ein deutscher Aufklärer im Dienste Frankreichs*)，斯图加特:科尔海默（Kohlhammer）出版社，1989 年。

和吉伦特派破坏活动的军事委员会十分怀疑德国移民有"批发商主义",但是在他们赠送给无套裤汉们一些礼物之后,事情便顺利解决了。

如同波尔多所有的商业一样,波尔多的德国移民聚居区也衰落了,直到1804 年前后加登、克里普施和迈尔三个家族真正兴盛起来时,德国移民聚居区才重又恢复往日生机。

克里斯蒂安·加登的旅行

荷尔德林居住在波尔多的日子以旅行为特征:西印度之旅、翻越中央高原之旅、在给伯伦多夫(Bohlendorff)的信中描述的想象中的希腊之旅,以及徒步返回德国的旅行。波尔多的德国人也常常旅行,长途旅行迫使他们踏遍法德两国之间的空间,从身体上或精神上将他们引向波罗的海的边缘地带。克里斯蒂安·加登便是一例。他于 1777 年出生于梅克伦堡的潘波(Pampow),他是新教牧师卡尔·格奥尔格·加登(Karl Georg Gaden)第一次婚姻所生的第七个孩子。这位老加登是维斯玛(Wismar)一个金匠和一个商人之女所生,他曾在 1806—1807 年间遭到过拿破仑军队的敲诈勒索。这个家庭长期以来是瑞典籍,生活俭朴,幼子远走他乡实为生计所迫。1802 年克里斯蒂安·加登已经为一个名叫格奥尔格·威廉·迈尔(Georg Wilhelm Meyer)的人工作两年多,迈尔生于下萨克森的施托尔策瑙(Stolzenau),他于 1782—1787 年间来到波尔多,1804 年逝于该城,享年 45 岁。当时他出发去长途旅行,以加强波尔多与北海和波罗的海沿海诸港口远方商业客户的联系。在一本厚厚的簿子上,克里斯蒂安·加登草拟寄给雇主的信稿①。正如对于大部分的外国人群体一样,能说明与母国关系的自传体文件(信件、日记)

---

① 在此我要感谢普热·德·彭-达旺(Puget de Pont-Aven)夫人和弗朗索瓦·加登·德·汪乌(François Gaden de Vanves)先生,他们是迈尔、加登和克里普施家族的后代,他们为我提供了这份文件和很多家族档案。

可以让我们更好地理解同化或定居机制。

第一封信写于 1802 年 8 月 25 日，提到抵达巴黎："一路行来，酷暑难当，风尘仆仆，周日下午我终于到达巴黎，我必须承认巴黎是一座美丽而伟大的城市，这大大出乎我的意料。"这是克里斯蒂安·加登对美景仅有的评论，其余皆是结账催单和需要棉花价目表的话，他的商业活动并不限于葡萄酒贸易，他也关心海岛产品，一路上他反反复复谈到价格信息。9 月 2 日和 6 日他在阿姆斯特丹写信，提到第一批订单。9 月 11 日、15 日和 20 日，他在不来梅写信。那里的商业客户非常多，以至于克里斯蒂安·加登列出了名单，并在每位客户的名字前提到了预估的订单。而事实上订单数量常常很少，或者客户拖延回复："约翰·埃格尔斯（Johann Eggers）先生更愿意等新葡萄酒上市，在我返回时向我订购他自己饮用的葡萄酒。"9 月 24 日他在汉堡写信，他会在那里做几天生意，但是一桶葡萄酒（200—230 升）的市价在他看来实在太低了，批发商们都在打探下一季葡萄的品质，以决定怎样下订单。克里斯蒂安·加登又制作了一份汉堡客商的名单。

10 月 7 日他在吕贝克（Lübeck）写信，照例又把上一封信的内容概括了一下，因为很明显所有他写的信都没有寄到收信人那里。加登在吕贝克表现得很乐观。他又结识了一些新朋友，按照约定俗成的说法，这意味着他获得了新客户，"因为在一个地方待的时间越久，买卖做起来就越容易，并且越容易获得信任"。加登看中的批发商布朗德（Brand）和罗克（Rock），他们难道没有空仓库吗？他希望以最快的速度获悉新葡萄酒的价格。10 月 20 日他在吕贝克写信。在这个汉萨同盟的港口，订单数量确实增长了，加登记录的有意愿的客户的名单长达数页。有一个批发商向他订购了 100 桶新白葡萄酒、90 桶红葡萄酒、10 桶醋，外加 2000 斤普通咖啡、2000 斤中等咖啡和 10000 斤马提尼克的绿咖啡，难道不是这样吗？下一站是斯特廷（Sttetin）。加登于 11 月 4 日到达该地。在同斯特廷的所有友好商行打过交道之后，加登于 11 月 24 日抵达但泽。他将手中的推荐信拿给批发商们，他们向他许诺，其全兑现了承诺，例如约翰·歌特罗普·迪特里希（Johann Gottlob Dietrich），他订购了20桶新白葡萄酒。加登在埃尔宾（Elbing）停留了两日，尽管当地的批发商对上一次发来的货物并不满意，他还是收到一份400瓶梅多克葡萄酒（médoc）的订单，随后加登到达柯尼斯堡（Königsberg）。在那里他几乎没做停留，经由埃尔宾于1月3日返回但泽。他试图经但泽建立与默麦尔（Memel）和利鲍（Liebau）批发商的联系。1803年1月21日他在寄给G.W.迈尔的信中写道他病得很重，将推迟返程日期。1803年3月8日他的健康状况有所好转："虽然我感到好一点了，但是鉴于天气持续寒冷，医生们希望我不要继续旅行，因为他们说如果我不听劝告，可能在别处病倒，卧床治疗更久。这绝不是我所希望的。所以这就是我还要在此地待上两周的原因。"加登于3月26日又回到斯特廷，并且答应加速返回。4月14日他来到吕贝克，与罗斯托克（Rostock）的商人谈了几笔生意，在4月24日重返汉堡之前加登接到了一些咖啡大订单。他只是从汉堡经过，没有签任何商业合同，5月1日他重返不来梅，写信抱怨最近的葡萄酒质量不佳。这也是他此次波罗的海边缘地带之旅结束，5月中旬左右返回之前寄往波尔多的最后一封信。似乎这次旅行因交易咖啡和葡萄酒时的讨价还价而令他筋疲力尽。这就是荷尔德林所说的了不起的"生意"（Geschäft）。这也是一次维系海外联系、维持与批发商朋友关系的旅行。"朋友"（Freunde）这个词是18世纪商业信函中的一个惯用语。但是这次旅行的意义也可能不止如此。

　　克里斯蒂安·加登的旅行是一次开创之旅。加登做了三年职员，现在他感觉自己成了一个大商人，他打算自立门户，不再为迈尔打工。于是自加登返回波尔多起，他与迈尔之间就产生了严重冲突。迈尔问他要此次整个行程确切的开支数目，总金额达6700—6800法郎。加登问老板讨要其出差期间未支付的薪水，说这笔薪水不能同商务旅行的资金混为一谈。更不要说承诺的分红了，几乎没有兑现。甚至在冲突解决之前，加登就给不久前拜访过的那些汉堡商行写信，告诉他们自己已经与老板以友好的方式散伙了，现在他自

104

己单干，接受客户们的订单。然而迈尔与加登之间说话语气远远没有达到友好的程度。加登真的在出差期间将所有交给他的资金都转移了吗？他对自己受到的怀疑进行辩解。1803 年 8 月 22 日他写道：

> 虽然我声称与他人交谈时使用了我昨天在写给您的信中使用的语气，但在您昨天的信中您还是祝我好运不断，您没有考虑到我可能是被迫的。直到现在我都是以恰当的方式，不失尊敬地对待所有人。因此我获得的朋友比敌人要多，这是情理之中的事情。[……]一个年轻人必须要注意他的荣誉，如果他没有被以最佳方式或最友好的方式对待，他应当进行抵抗，因为我宁愿死去也不愿意失去荣誉而活着。无论谁损害了我的荣誉，我都会以一种或另一种方式反击。我的想法非常明确。这个想法让我平静，并且使我留心任何人。

职员与老板之间的决裂牵涉到荣誉的道德问题。在同一本簿子后面的纸张上，加登从 1803 年夏天起继续草拟信稿，这一次他是要寄给波罗的海地区的商业客户。还是做同样的生意，买卖葡萄酒、靛蓝、咖啡或李子，但是前景自此发生了改变。我们谈论的不再是那个用平淡语气如实汇报订货和市场情况的职员，而是一个独立的商人，他夸耀自己的葡萄酒以说服远方的客户，或者对政局进行投机。他对破产、收获葡萄、货物装船感兴趣，他的信件信息量很丰富，这一点确定无疑。1803 年夏天对一个刚刚从事批发贸易的商人来说是一段艰苦的日子。1803 年 9 月 8 日加登写道：

> 这里的岁月太平静了，事实上我们无事可做。以下便是证据：现在我们在波尔多只有一条船。唯一令我们感到安慰的是，在采取了一些措施之后，当前的战事绝不会持续很长时间，在度过这段时期之后，我们将重新庆祝恢复的和平，这个和平将更加长久。我到乡下去了一周以了

解可买的葡萄酒，同时也是为了去看看葡萄园在下个收获季能给我们带来哪些希望。我们到处都能找到陈年佳酿，尤其是去年的葡萄酒，数量比我出发时预计的要多，由于好几位葡萄园主需要钱来采摘葡萄，我想我们还可以做一些合理有利的生意。

克里斯蒂安·加登在他的书信中就和平这个极具象征性的主题详尽地谈论了拿破仑的政策导致海运受到的限制，这些限制使得人们对葡萄园财富的兴趣愈发下降。

政治上的不确定性越大，批发商就越应该关心不同销售市场的食物价格。为每一笔交易准备信息是通信的主要理由之一，从这些信息得出的近乎抽象的推论是构建柯尼斯堡与波尔多之间的空间。1803 年 9 月 16 日，克里斯蒂安·加登给一位斯特廷的批发商写信说："我很高兴您约略向我指出贵地的物价与要支付的费用，我随后会向您说明我们那儿的市场价格。"波尔多德国批发商的所有投机活动通常都基于尽可能全面的信息，他应该让其合作伙伴和远方的朋友从这些信息中获益。因此，他不仅要了解难懂的北方城市，而且也要了解波尔多葡萄园的情况、当地的习俗、业主的精神状态。克里斯蒂安·加登刚开始为自己而经商，1803 年 9 月 18 日他在汉堡写的信并没有装出严守秘密的态度：

> 在这里买酒最好是等到 12 月和 1 月，因为此时卖家不仅需要钱，而且买家有可能挑到最好的葡萄藤，我们有能力体面地为我们的外国朋友服务，这对一家商行来说［……］是最好的建议。

但是这次有利可图的交易只有当批发商有足够资金时才能达成，而当时他的资金却很匮乏。消息传到汉堡，于是申请借贷。几乎同时，加登在一封寄给阿姆斯特丹一家商行的信中重述了他的计策，他可能想要把这家商行发展成自己新朋友圈的一员。加登在斯特廷一位叔叔的商行工作了九年，随后又在波尔多夏特隆工作了几年，现在他认为自己已经具备了足够经验，值得阿姆斯特丹批发商信任。

1803年9月底，和往年一样，又到了葡萄收获季节。加登得向远方的商业客户汇报情况。9月18日他给吕贝克的客户写信："一周后梅多克产区将采摘新葡萄。到现在为止，对葡萄来说雨量还算可以，我们极有希望获得高品质的浓郁葡萄酒，甚至从产量来讲，我们相信今年也不亚于去年。"在一封他于1803年2月24日主动寄给一家斯特廷商行的信中，他说得明确得多："请允许我敬致此函，冒昧地向您报告新葡萄收获季的情况，我确信今年的新葡萄将不会令您失望。——几天前，本地与周边地区的天气非常湿热，这种天气对葡萄生长极为有利。"加登说得很详细，提到了雨水对葡萄和葡萄的味道会产生良好作用。但是他还是要获得结果。在1803年11月15日一封寄往但泽的信中，他直言批发商只有在去过乡下的葡萄园之后才可以对新葡萄酒作出最终评价。

> 我们预计这周将完成新一季葡萄的采摘，届时我将给你们详细准确地汇报情况。明天我将再次下乡，随行的还有一位我们酒库第一流的总管，此行的目的是在我作出评价之前再一次检查新酿造的葡萄酒。

在11月21日写给斯特廷一位批发商的信中，加登的语气最终变得令人安心了。

> 新酿白葡萄酒总体上看起来很好，度数较高，口感好。有些葡萄酒的品质稍微差一点，口感有些刺激，原因是葡萄在过高的温度作用下变干了［……］因此，需要进行选择。总体来看，今年的新葡萄酒不能完全同1789年产的葡萄酒相比，但是很明显其品质要好于1800年产的葡萄酒。

此后便可以销售葡萄酒了。一封 12 月 7 日寄往斯特廷的信确认发了 16 桶葡萄酒，其中 4 桶"两海间"葡萄酒（entre-deux-mers）、3 桶朗瓜朗葡萄酒（langoiran）、2 桶"塞龙与布雷尼亚克"葡萄酒（cerons et preignac）、2 桶上布雷尼亚克葡萄酒（haut-preignac）、2 桶陈年上布雷尼亚克葡萄酒、3 桶梅多克酒。

在 1803 年的通信中——因为书信一直写到 1804 年年初——常常能找到一些简单的提纲和加登在纸上写的笔记。他似乎总是惦记着扩大客户群，从 1803 年 12 月 7 日的一封信来看他试图与诺尔雪平（Norrkoping）的斯堪的纳维亚商行建立联系，他总能从自己最近一次的旅行中获益："去年，在我的北方商务之旅当中，我很高兴结识了威尔莫斯（Willmoth）先生，他为您的商行旅行、推销商品，这位朋友向我保证您对于不时收到来自波尔多的报告不会感到厌烦，并且这还可能会促使您到我们这里来做一些交易。"在 16 个月的时间里，克里斯蒂安·加登寄出了大约 280 封信，其中有 100 多封信有非常详细的草稿。辨读这些信件有些困难，但这些信件是他很认真地撰写的，阅读这些信件让我们感觉到量化经济现象之外波尔多德国影响的文化维度。虽然战争使欧洲四分五裂，但是斯特廷、但泽或柯尼斯堡的朋友应该能够经常得知头几场秋雨对"两海间"地区（Entre-Deux-Mers）葡萄园中成熟葡萄的影响。这就有点像葡萄酒、咖啡和远方的朋友不再是投机的借口，而成了喜爱写信的缘由。

加登与克里普施公司

事实上，克里斯蒂安·加登无法独自长期维持他的商行，很快他将自己的朋友卡尔·克里普施（Karl Klipsch）请到了波尔多。卡尔 1773 年生于马格德堡（Magdebourg）。卡尔·克里普施日记中的两段摘录叙述了他到达波尔多的场景。这两段摘要被译成了法语在家族内部流传。摘要提到卡尔费劲地从波尔多城里出发沿着特龙佩特堡来到偏远的夏特隆街区。还提到简易的临时住所，伙伴为庆祝他的到来准备了一瓶 1798 年的 "龙船" 葡萄酒（beychevelle），他们决心利用德国的两个关系网努力拼搏：

> 几天之后我们按照通常惯例确立合作关系，为了利用我们在德国相当广的人脉，我们决定不把生意仅仅局限在葡萄酒这一个领域，而要扩大到木材、铁器、钾肥、毛皮、皮革、油脂，简言之即大宗普通商品。[……]我们双方都已经思考了这次合作的所有细节，但在讨论的时候，很多东西又做了修改。加登的经验以及对这个地区的了解对我们来讲是最有用的。[……]两天里我们没有考虑过一笔买卖，我们花了不少时间来布置简陋的办公室，接着发出通知。在来到这个我可能要永远定居的异乡时，首先考虑的问题之一便是去与三个领域相对应的不同共济会支部签署会员证。会友非常亲切地接待了我，并尽己所能地帮助我。在所有国家都能看到这个兄弟般的协会真的太好了……

109

他们的合作合同自 1804 年 7 月 1 日起生效。他们在半年期限内每人出资 2 万法郎，利率为 5%，利润和损失各担一半，不允许单方面谈判。每年 10 月 21 日计算盈亏。甚至两位合同签订人中若有一人死亡也不会立刻导致公司停业，因为该合同签订人的继承人只有在签订人死亡一年之后才能要求收回投入的资本。合同一共包含 13 条，其中第 12 条清楚地表明对波尔多的德国人来说生意也是一种生存选择。

> 我们中的每个人在结婚或为成家而购置生活必需品之前必须在这个社会上攒够 6 万法郎。为此，我们决定以好友的方式住在一起，共同生活，并且尽可能节俭。本条款的例外情况只有在得到另一方同意时才生效。

似乎没有花很多时间，资本便已增长两倍，因为到 1806 年 10 月潘波的老牧师同意他的儿子迎娶吕贝克一位德国批发商的女儿威廉明妮·贝恩克（Wilhelmine Behncke），1809 年他们生下了一个儿子。赫尔曼·加登本人于 1833 年迎娶了卡尔·克里普施的女儿。因此他巩固了一个自七月王朝起便是波尔多大葡萄酒商行的家族的基础。两位合伙人在生活中对自己要求严格，很快他们的雇员也在这方面遭到强制要求，这一点千真万确。1818 年加登和一个雇员签署的清单规定了雇员的第一条职责："最晚 6 点到商行，未经允许不得离开商行。经允许外出，不得在外逗留超过晚上 10 点，除非有特殊情况提出要求。"

后来成为出生地梅克伦堡副领事的克里斯蒂安·加登在 1803 年与卡尔·克里普施开始建立一家名叫"加登和克里普施"的公司，卡尔·克里普施后来成为萨克森—魏玛的领事。公司位于夏特隆临街的一面。他的妻子威廉明妮·贝恩克于 1809 年在波尔多为其生下儿子赫尔曼·加登。赫尔曼将管理这家商行。他娶了他父亲合伙人克里普施的女儿，他的妻子于 1837 年为他生下一个男孩查理·加登（Charles Gaden）。查理·加登于 1878 年至 1896 年担任市政参议员，1879 年至 1884 年担任副市长，同时他还是商会成员、法国外贸顾问、葡萄酒批发商工会联合会主席。查理·加登藏书颇丰①，他将藏书主要献给了波尔多市和吉耶内（Guyenne）地区，他还拥有大量的铜版画藏品。自然而然地他成了波尔多图书馆委员会的成员。荣誉职位的承担在细节方面还有变化，对一个想要突出成功实现社会地位提升之成就的德裔新教徒来说，先后担任好几个这样的职务是合乎礼仪的。查理·加登的一个弟弟赫尔曼 1864 年在不来梅的彼得大教堂迎娶了不来梅一个大船东瓦詹

110

---

① 1920 年 6 月 7 日至 12 日在波尔多的雅典娜大厅（Athénée，城市公共活动场所——译者注）由拍卖师杜瓦尔（Duval）主持拍卖了这批藏书，我们将毫不惊讶地在这批藏书的目录中发现一些德文图书，如海涅、沙米索（Chamisso）、霍夫曼（Hoffmann）的著作，以及维兰德（Wieland）的《阿伽通》（Agathon）、一本柏林艺术杂志，等等。我要感谢波尔多的克里斯蒂安·加登为我提供了一份该目录的原件。

（Wätjen）的女儿，这表明加登家族与德国继续保持联系。

卡尔·克里普施在细密画家达戈蒂（Dagoty）为其绘制的肖像画上头戴一顶窄边小软帽，这种装束在德国北部很常见，波尔多装饰艺术博物馆收藏了这副肖像画。1807 年他 30 岁，娶了一位圣多明哥（Saint-Domingue）来的难民亚美娜依德·舒塔尔（Amenaïde Chotard，1784—1835），达戈蒂也为她绘制了一幅肖像画。卡尔·克里普施的父亲是一位医生，他的家境比其合伙人加登明显更加殷实。他的姐姐嫁给了柏林参议院议长，卡尔在波尔多接待过他的外甥女路易斯·布斯（Louise Büsse，1810—1844），达戈蒂自然不会忘记也给她画上一幅肖像。婚后，卡尔的妻子为其生育了一女二男。约翰·弗雷德里希·克里普施（Johann Friedrich Klipsch）1808 年生于波尔多，1844 年成为不伦瑞克（Brunswick）领事。赫尔曼·克里普施是波尔多上诉法院的推事，他发表声明加入法籍，于 1870 年去世。约翰·弗雷德里希·克里普施的三个儿子分别生于 1833 年、1835 年和 1837 年，兄弟三人成年之后均声明自己是法国人。卡尔·克里普施于 1849 年去世，克里斯蒂安·加登逝于 1854 年。

我们掌握的 19 世纪中叶克里普施和加登两个家族生活方式的证据让我们能够描测到他们生活得非常安逸。吕贝克的批发商亨利希·莱奥·贝恩克（Heinrich Leo Behncke）详细描述了 1842 年炙热的 8、9、10 月三个月他去波尔多的加登姑妈家拜访的情形①，他介绍了姑妈家的生活环境。在这段小住期间，他研究了葡萄酒的品质。亨利希·莱奥·贝恩克惊异于可以花一上午很便捷地从一个酒库到另一个酒库，以品尝葡萄美酒并学习如何分辨它们。当然他也冒着脑袋发烫、心跳加快的风险。他的葡萄酒工艺学启蒙者是老卡尔·克里普施，老卡尔就像一位家长一样带他去上布里翁（Haut-Brion）葡

① 亨利希·莱奥·贝恩克：《一个吕贝克商人家庭》（*Eine Lübecker Kaufinannsfamilie*），吕贝克：H. G. 拉特根斯（H. G. Rahtgens）印刷厂，第 1 卷，1900 年，第 2 卷，1901 年。可在石勒苏益格-荷尔斯泰因州立图书馆找到此书，索书号 ［Bb142/166-1910］。

萄产区，这个产区的葡萄酒在 18 世纪的德国很有名，被称为邦达克葡萄酒（pontac）。老卡尔花了很长时间同他谈知名葡萄酒的历史。

他的父亲在 19 世纪初就曾去波尔多他岳父家住了一段时间：

> 19 世纪初，即当拿破仑在德国作战并着手进行大陆封锁之时，商业受到了很大冲击，波尔多的贸易也变少了。几乎挣不到什么钱，每个人都在缩减开支。战争以及拿破仑在德国做出的不公正行为在我父亲家中激起了反对拿破仑和法国人的不满情绪，这种情感在他一生当中不断强化。因此，当他得知家乡吕贝克遭到不相称对待的消息时，不满达到了顶点。他在波尔多待了三年之后，便去了英国一家商行当雇员。[1]

后来，克里斯蒂安·加登的儿子小赫尔曼·加登仍然去不来梅学习商科。19 世纪 40 年代德国侨民聚居区的情况如贝恩克感觉到的，已经明显得到改善。

对构成夏特隆德国人社群的家庭错综复杂关系进行再现有什么用呢？这当然不是一个地方历史问题。我们只有追踪个人命运、寻求个体命运的印证，才能理解波尔多社区里德国人的融入方式。这些命运紧密交织在一起，以至于形成了一个圈子，就像迈尔、克里普施、加登三个家族自身或相互之间形成的圈子。移民史应该是一部由严密网络构成的生存方式的历史。因此 1802 年前后波尔多存在一个跨文化社区，这个社区同时具有法国和国际背景，它的建立基于一种惊人的宗教、家庭和经济关系的互补性。荷尔德林在这个环境中生活了数月，海的另一边、遥远的地平线的梦想与敏锐的思辨意识在那里完美地结合起来。也许他回忆了在阿基坦度过的那几个月的氛围。这是他唯一一次真正的国外经历、相异性经历，不过这是一次熟悉的相异性经

112

---

[1]　亨利希·莱奥·贝恩克：《一个吕贝克商人家庭》，第 23 页。

历。他的诗作中一些有特点的词语，如"葡萄酒""水手""商业""印度""朋友""和平""节日"，植根于贸易和商业信函的语境之中，这个语境赋予它们特殊的意义。和平与战争的关系，这个荷尔德林作品中无处不在的主题在波尔多德国商人那里也是一个经常出现的二元对立。这个德国人的移民地是提供知识和文化之地，德国抒情诗史上唯一的一次事件就发生在那里，它依然保留着自己的兴趣。这块移民地勾勒出自古代以来波罗的海沿岸地区的一条经济、文化轴线，通过家族档案和北方港口档案来研究这条轴线可能还需要很多调查，当然这条轴线也是法德之间最深入、最紧密的。波尔多与波罗的海地区有联系，如果我们要从德国这边找一个与之情况类似的地方，萨克森可能是合适的选择，其地区认同似乎与外国的影响紧密相连。

德国的种族融合之地：为了一部各地区跨文化史

长期以来，地区历史被认为与民族历史相比重要性较小。地区历史致力于研究当地感兴趣的现象，它是业余历史学家钟爱的研究领域，博学者也会因情感联系而不仅仅是因为对周围环境的认知而对地区历史予以关注。[①] 随着超越民族历史范围而朝跨文化史的方向发展的倾向这个等级制度有可能倾覆。为了避开民族历史编纂学吸纳的纯粹思想精英，要求有一个超越对立的整体空间还是不够的，去研究长期隐藏的真实的错综复杂关系显得更加有成果。在更小的领土单位下，民族空间之间的迁变和交叉将会更容易被注意到。

如何构想一部基于地区整体的跨文化史呢？这是一个值得提出的问题，尤其对萨克森地区来说更有价值，我们可以对几个问题进行概述，它们不是固有的、亦非单单法德两国之间的，而萨克森的跨文化史可能就面临这些问题。

为什么是萨克森的跨文化史？

首先要弄清楚一个问题："什么是地区？"似乎我们不会搞错，除非我们

---

① 但我们注意到了文化史的产生与卡尔·兰普雷希特对地区历史的兴趣（特别是一开始对莱茵兰地区历史的兴趣）之间存在直接关系。不合常理的是，在日耳曼空间里，地区历史与跨文化史之间没有矛盾，反而存在一种互补性。

回溯历史，将分析过去视为转向眼下事实的必要过程，把这个概念和一个民族实体之中受到内部超验力量的影响而倾向于融入这个实体的一个子体相混淆。与奥地利或波希米亚相反，虽然萨克森融入了德意志民族，但无论是在七年战争时，还是在民族会战（即莱比锡战役——译者注）时，都没有任何事情必然牵连到它。区分地区与民族，就是要让有时候被遗忘的以前的交流网络再现，这需要借助外在的欧洲种族环境，这种环境随后演变为民族空间。虽然一个民族的建构基于记忆①，但记忆绝不是包罗万象的，它毫不犹豫地去掉了很多真假未定的东西，直到某种历史机缘碰巧证实了这些东西，它才改变态度。1697 年至 1763 年萨克森与波兰的联合②使我们想到，很多地区超越了现在的国家边界，或者只是无视边界。因此，从经济、地理和文化的角度来看，地区将是一个恰当的领土单位。在很多情况下，这对萨克森来讲都是合理正当的，地区在过去某个时段有着政治认同的意味，但是这种认同并不必然具有种族或民族的含义。

　　再提历史编纂学与确定的空间有关且历史编纂学赋予这个空间一个突出的象征意义，就显得毫无新意，在这个程度上说，历史编纂学无论是在法国还是在德国都有为民族国家服务的倾向。对一种文化的深度分层解释通常依赖于气候和环境的决定性，这些决定性确切地说是地理方面的，就好像历史编纂学常常是地缘政治尝试主义的产物。我们很难想象一个欧洲范围的跨国历史编纂学，这种历史编纂学不提出空间问题，从国家的角度看，这个新空间可能不再需要被合法化。然而地区是国家象征体系大大缩减的空间。当然，如果萨克森不是通过与欧洲国家众多关系的网络，而是作为一块德意志土地

---

① 参见阿莱达·阿斯曼（Aleida Assmann）：《民族记忆建构，德国教育思想简史》（ *Construction de la mémoire nationale. Une brève histoire de l'idée allemande de Bildung* ），巴黎：人文科学之家出版社，1994 年。

② 参见《王冠之下：萨克森—波兰联盟的艺术与文化》（ *Unter einer Krone. Kunst und Kultur der sächsisch-polnischen Union* ），德累斯顿展览目录（ 1997 年 11 月—1998 年 3 月 ），莱比锡：莱比锡出版社，1997 年。

被感知，就不会产生替代性的爱国主义，如果它看起来是民族身份认同的一部分，这种爱国主义必然会表现出来。当 1965 年《地区历史年鉴》(*Annales d'histoire régionale*) 创刊时，这份新杂志主要研究萨克森，这份杂志似乎是在方案上得到了指引，目的是恢复对历史现象的一种非常直接的民族学方法。其第二期回顾了 1906 年在莱比锡创立的地区历史研讨班，指出它一方面符合卡尔·兰普雷希特的意愿，即反对宫廷和王朝的历史编纂学，但另一方面这个地区历史研讨班只有通过研讨地理才能顺利完成。[1] 对过于侧重政治的历史编纂学进行纠正的尝试要重新考虑地理划分。

　　地区融入欧洲整体并不意味着我们想要记录萨克森和某块意大利或法国领地的相似性和差异性。相反，是要观察萨克森空间和其他空间的相互渗透。两个世纪里，在地区发展方面何时是法兰西的重要时刻呢？德累斯顿的宫廷文化、19 世纪革命让我们认识到对法国的参照已经在历史上的萨克森的深层结构中扎根。同样，在法国对德国的认知，尤其是对 18 世纪德国的认知中，也存在一个萨克森时刻。不仅德语文学首先是通过莱比锡图书交易会的推介而被人了解，而且强人奥古斯特的私生子萨克森元帅，这位丰特诺瓦（Fontenoy）战役的胜利者，虽然身处香波堡欢宴的喧嚣之中，但在他生活时代的法国，他是旧制度下持自由思想的代表人物。

　　如果不是民族空间的一部分，地区，尤其是萨克森，则是一个至关重要的交流空间，在这个空间里，一些结构相互交叉、相互重叠。这些结构是莱比锡与德累斯顿之间的互补性与对立、易北河的中心线、普鲁士的北方与越过奥地利直到意大利的南方的贡献之间的媒介。另一个结构与斯拉夫人和日耳曼人之间的种族分隔线有关。这条分隔线与萨克森关系更密切，因为

116

---

[1]　卡尔·乔克（Karl Czok）：《方法论论争与 1906 年莱比锡大学地区历史和移民史研讨班的成立》(Der Methodenstreit und die Gründung des Seminars für Landesgeschichte und Siedlungskunde 1906 an der Universität Leipzig)，载《地区历史年鉴》(*Jahrbuch für Regionalgeschichte*) 第 2 卷，1967 年，第 11—26 页。

萨克森有时能超越分隔线。直到 14 世纪，人们还在莱比锡说索布语（莱比锡之名源于斯拉夫语 lipa，意为"椴木"），梅森（Meissen）附近的米斯尼（Misnie）是日耳曼征服的前线。① 当然这些结构并不强制我们严格按照萨克森选侯国的边界划出领土。不过，萨克森的边界在不断地变化，尤其是神圣罗马帝国覆灭后，萨克森因拿破仑的恩赐由选侯国升为王国，但神圣罗马帝国的覆灭对萨克森而言意味着被普鲁士夺去大片领土。耶拿、魏玛、哈雷在很多方面看来都属于同一个体系。但是即使我们考虑到这些外延，萨克森选侯国也能够产生一部地区史，这可能是一部日耳曼土地上的跨文化交往史。

促使我们选择萨克森而不是德国其他地区的原因是一连串表示地区认同的悖论和矛盾。德意志图书帝国这个本为民族身份的文化认同支柱正好在萨克森建立起来，而意大利的渗透或者与斯拉夫地区的接合是结构性特征，在整个德意志民族建构时期萨克森被怀疑过于关心可能从法国来的东西，甚至被怀疑准备背叛民族利益。莱比锡这座商业与科学之城和德累斯顿这座艺术与行政之城的结构性对立同宫廷文化与市民文化的对立相对应，这对 18、19 世纪的德国来说是历史发展的基本特征。萨克森与德国其他地区比起来相对繁荣一些，它的财富主要来自与狭义上的日耳曼世界的外贸联系。萨克森虽然信奉正统新教，但其统治者却是一位天主教王公。最后我们还要补充一点，虽然历史编纂学反对不言自明的前提，但是在法国这些前提会让信仰新教且为普鲁士所占据的北方和信仰天主教且讲奥地利—巴伐利亚语的南方之间的日耳曼空间显露出来。萨克森反对这些模式论，它从遗忘中恢复为一个地区，它能够表明对德国整体的差异更大的认知的出发点。除研究零星问题的专论以外，德国历史编纂学似乎对被纳入德国整体的萨克森感兴趣，尤其是对将其紧密地融入整个德意志民族感兴趣。鲁道夫·科茨奇克（Rudolf

---

① 关于中世纪斯拉夫人与德国人之间的跨种族交往，参见查理·伊古内（Charles Higounet）：《中世纪中东欧的德意志人》(*Les Allemands en Europe centrale et orientale au Moyen Age*)，巴黎：奥比埃（Aubier）出版社，1989 年。

Kötzschke）与赫尔穆特·克雷奇马尔（Hellmut Kretzschmar）写的萨克森历史的副标题是"德国历史框架下一个德国部落及其土地的发展与改变"（*Devenir et transformation d'une tribu allemande et de son terroir dans le cadre de l'histoire allemande*），这部历史以目的论的方式得出题为"国家观念与帝国观念对立的终结"（*Fin de l'opposition entre l'idée du pays et l'idée impériale*）的小节。这个目的论的结构重新组织了一部非常丰富的作品，可以证明跨文化史计划的合理性。[①]卡尔·乔克编写的萨克森历史则从完全不同的视角出发，他继续将地区历史与严格意义上的国家环境而不是国际环境联系起来。此后就应该从 1989 年德国现实的角度去思考萨克森。[②]

当然跨文化史有其局限性，它只记录某些类型的现象。从跨文化角度和历史人口学角度[③]来看萨克森，我们没有什么重要的事情可说，萨克森不是移民地。虽然 17 世纪来自不来梅的民众在靠近萨克森一侧的边境地区建立移民地如约翰乔治城（Johanngeorgenstadt），但是他们的定居属于例外情况。生活在莱比锡的成百上千的胡格诺教徒、德累斯顿的意大利人或波兰人并不构成人数众多的少数民族，18、19 世纪，索布人（Sorabes）的生活范围仅限于包岑（Bautzen）或科特布斯（Cottbus）一侧的东部地区。我们知道虽然外国移民（批发商、新教徒、流亡贵族）在数量上有限，但是他们对接受国的经济和文化会产生难以估量的影响，与其人口数量不成正比。不管怎样都要接受一部不连贯的历史。但这也可能是历史编纂学的一个普遍问题。我们能撰写一部不间断的历史吗？国家历史难道没有除去现实的基本要素吗？它难道不是不连贯的历史吗？一个地区的跨文化史可能就是与历史连续性神话斗争的方式。

① 鲁道夫·科茨奇克、赫尔穆特·克雷奇马尔：《萨克森历史》（*Sächsische Geschichte*），法兰克福：沃尔夫冈·威德力西（Wolfgang Weidlich）出版社，1965 年，第 401—402 页。
② 卡尔·乔克编：《萨克森历史》（*Geschichte Sachsens*），魏玛：赫尔曼·博劳继承人出版社，1989 年，参见第 12 页。
③ 卡尔海因茨·布拉什克（Karlheinz Blaschke）：《萨克森人口史》（*Bevölkerungsgeschichte Sachsens*），魏玛：赫尔曼·博劳继承人出版社，1967 年。

商业生活

　　18 世纪萨克森的经济表现出一种特殊性，这种特殊性不可能不会对 19 世纪萨克森的经济产生后果。萨克森生产了更多它无法在国内市场销售的商品，手工工场的蓬勃发展意味着要将商品卖到萨克森选侯国之外。然而北边的普鲁士、南边哈布斯堡家族统治下的奥地利等邻国实行贸易保护政策，限制萨克森商品的输入，因此萨克森人只好去更远的地方，如意大利、巴尔干半岛和东欧地区寻找市场，这些市场位于稍微落后一些的国家，反过来这些国家可以为萨克森提供原材料。在萨克森与波兰合并时期，萨克森的经济空间突然得到巨大增长。向俄国、巴尔干半岛、意大利、西班牙、北美洲、南美洲和西印度群岛开放经济空间而构建起的网络在手工工场时代结束之后将依然存在，并且这个网络对 19 世纪工业发展本身来说是一个有利的因素。在整个萨克森经济形成时期，这个国家由专业素养深受百科全书派法国模式影响的行政官员管理。①

　　也许一些技术人员和手工工场主来到萨克森使得该地同外界的联系变得容易起来。自 16 世纪初起梅森地区便吸引来一批荷兰呢绒工场主，但是与普鲁士相反，萨克森不懂得早早招徕因法国废除《南特敕令》②而遭逐的 25 万胡格诺教徒③。不过后来萨克森试图吸引更多外国手工工场主，向他们保证免

---

① 参见克里斯蒂娜·勒波（Christine Lebeau）：《法国与萨克森之间文化迁变的例子：重建时期萨克森的新执政艺术（1762—1768）》（Beispiel eines Kulturtransfers zwischen Frankreich und Sachsen：die neue Regierungskunst in Sachsen zur Zeit des Retablissements〔1762—1768〕），载 M. 埃斯帕涅、M. 米德尔编：《从易北河到塞纳河：18—19 世纪法国—萨克森文化迁变》，莱比锡大学出版社，1993 年，第 124—139 页。

② 关于胡格诺教徒，推荐阅读 M. 马格德莱恩（M. Magdelaine）、R. 冯·塔登（R. von Thadden）：《胡格诺教徒的避难》（Le refuge huguenot），巴黎：阿尔曼·科林（A. Colin）出版社，1883 年，第 124—139 页。

③ 参见鲁道夫·福贝格尔（Rudolf Forberger）：《16 世纪末至 19 世纪初萨克森的手工工场》（Die Manufaktur in Sachsen. Vom Ende des 16. bis zum Anfang des 19. Jahrhunderts），柏林：科学院出版社，1958 年。

除一定赋税。外国人的要求有时候也很高。1743 年一个名叫怡莱尔·德·卢瓦尔（Hilaire de Loire）的纺织工场主要求获得 300 多帝国元的年度补助金，并预支 2000 塔勒（thaler，德国旧银币名——译者注）。1764 年一个名为"萨克森选侯金库"的机构成立，旨在安置这些工场主，但前提条件是对他们的技术能力进行深入审查。与此相反，普鲁士人，甚至波兰人、俄国人、丹麦人①都竭力说服萨克森的手工工场主离开萨克森，这要归功于被当局追捕的招募人员。他们有时候能取得成功，因为 1788 年人们注意到华沙有两三条新街住满了萨克森人。但是也有移居者返回萨克森的情况。一项关于萨克森与外国之间技术人员和手工工场主流动的详细研究肯定会更严格地衡量经济解释机制，特别是在工业化时期，这些机制导致意大利和英国机器的进口。19 世纪开姆尼茨（Chemnitz）地区工业化异常迅猛，该地区的人并不厌恶招徕能够调校性能更佳机器的英国技术人员。

　　一些商品专供出口，特别是梅森的瓷器，其代理商仓库位于阿姆斯特丹、亚琛、君士坦丁堡、圣彼得堡和马德里。然而梅森瓷器的装饰图案确实来自法国。但是向波兰、俄国（以棉织品为主）以及西班牙、葡萄牙（以亚麻织物为主）出口的纺织品才是最大宗的出口商品。

　　印刷的原始资料清单②可以让我们对 18 世纪下半叶萨克森与意大利之间的经济联系形成一个概念，彼时来自齐陶（Zittau）、格尔利茨（Gorlitz）或下卢萨斯（Basse-Lusace）的货物运往的里雅斯特港（Trieste），该港口将成为萨克森在同威尼斯竞争时的出海口。的里雅斯特港已经属于巴尔干半岛空间，18 世纪中叶奥地利与土耳其的关系稳定下来，从那时起萨克森与巴尔干半岛维持着频繁交往。在意大利本土，萨克森的纺织品从的里雅斯特与威尼

---

① 萨克森与丹麦之间存在一种特殊关系，因为强人奥古斯特的母亲是丹麦公主，可能正是在游历丹麦期间，这位未来的波兰国王第一次感受到了君主制度。

② 甘特·梅纳特（Günther Meinert）：《萨克森与意大利之间的贸易关系，1740—1814》（*Handelsbeziehungen zwischen Sachsen und Italien, 1740—1814*），魏玛：赫尔曼·博劳继承人出版社，1974 年。

斯的竞争中获利，从法国强加的对英国商品的封锁中获利。1805 年，意大利大约购买了萨克森五分之一的出口商品。然而联系并不总是直接的，因为萨克森商人更愿意通过南德地区的代理人来使账目结算更加容易。此外，他们反对商业协会的建立，因为它们在一个特定的领域垄断交易。有时联系也是间接的，因为萨克森是一个中转站。虽然从意大利进口的生丝通常储存在当地市场，但是加工后的丝绸转卖到波兰、俄国和巴尔干半岛。然而贸易也可以通过国家与国家的联系进行结算。1756 年同威尼斯签署的一项通商条约由为德累斯顿·阿格多洛公司（Dresde Agdollo）服务的原籍亚美尼亚的商人制定，该条约于 1769 年续订。1749 年一些为萨克森服务的法国人[1]负责与热那亚建立商业联系，这种联系无论在什么地方都先于工艺转让。在托尔高（Torgau）附近按照博洛尼亚模式建造了一家棉纺厂，经纪人阿格多洛（Agdollo）于 1766 年从威尼斯寄来在纺某些棉花方面性能尤其卓越的一种机器的样品。[2]萨克森派往国外人员的回忆录，特别是关于商品交易会的年度报告提供了有关经济联系结构的证据。

　　商品交易会是萨克森与外国人建立关系的绝佳之地。[3]歌德的《诗与真》中有大量关于商品交易会期间往来莱比锡的混杂人群的描写。自 1700 年开始希腊人便在莱比锡有了一个聚会场所——"希腊之家"（Griechenhaus），甚至 1763 年英国对德国四分之三的出口货物要经过莱比锡。全欧洲似乎都汇聚于此。整个 18 世纪外国人数量不断增长。1756 年复活节时有 2991 名外国人，50 年之后增至 6687 人。莱比锡的商行给予东方买主的信贷也说明了他们数量比较多。在非日耳曼民族的外国人当中，波兰犹太人无疑是人数最多的群体。1780 年有 8952 名外国人来参加莱比锡商品交易会。在非日耳曼民族的外国人中有 368 名波兰人、41 名俄国人、116 名希腊人、63 名法国人、50 名荷

---

①　萨克森驻那不勒斯代表奥隆（Olonne）将军与大使馆秘书路易·塔龙（Louis Talon）。

②　甘特·梅纳特：《萨克森与意大利之间的贸易关系，1740—1814》，第 81 页。

③　厄内斯特·克罗克（Ernst Kroker）：《莱比锡市的商业历史》（*Handelsgeschichte der Stadt Leipzig*），莱比锡：沃尔特·比勒费尔德出版社（Walter Bielefeld Verlag），1925 年。

兰人、33 名意大利人、23 名匈牙利人、12 名英国人以及 7 名土耳其人。① 但是 1772 年至 1792 年间，莱比锡商品交易会的主要客商几乎都是波兰人、俄国人和希腊人。因此，18 世纪下半叶最大一笔交易是由内森·柴姆·德·斯克洛（Nathan Chaim de Szklow）达成的。②1776 年波兰人的交易额达到 2400 万塔勒，占总贸易额的 60%。1782 年之后俄国客商的重要性便已显而易见。叶卡捷琳娜二世预感到了这种变化，于是自 1780 年起在莱比锡建立了一个俄国领事馆。③

莱比锡除有以弗雷格家族（maison Frege）为代表的稳固的银行体系以外，该城的繁荣也与丝绸工业的发展有关，18 世纪在一些法国移民，如弗朗茨·杜波斯科（Franz Dubosc）的努力下该工业得以振兴，1771 年弗朗茨·杜波斯科同波兰商人建立了非常紧密的联系。很久之后，一个来自这个莱比锡法国移民群体的人在苏伊士运河有限公司工作，该公司的 5 名德国人中有 3 人是萨克森人，这表明了萨克森地区的活力。此外，阿尔贝·杜富尔-费隆斯（Albert Dufour-Féronce）是莱比锡—德累斯顿铁路的发起人之一，该铁路是德国最早的铁路线之一。莱比锡富裕的批发商和企业主继续保持收藏传统，戈特弗里德·温克勒（Gottfried Winckler）和托马斯·里希特（Thomas Richter）是其中的典型代表。④ 其中有丰富的欧洲绘画藏品，这些藏品的一部分后来成了市立博物馆收藏品的基础。

---

① 厄内斯特·克罗克：《莱比锡市的商业历史》，莱比锡：沃尔特·比勒费尔德出版社，1925 年。

② 参见约瑟夫·雷恩霍尔德（Josef Reinhold）：《18 世纪莱比锡—梅森的波兰—立陶宛人》（*Polen/Litauen auf den Leipziger Messen des 18. Jahrhunderts*），魏玛：赫尔曼·博劳继承人出版社，1971 年。

③ 克劳斯·梅彻（Klaus Metscher）、沃尔特·费尔曼（Walter Fellmann）：《莱比锡与墨丘利》（*Lipsia und Merkur*），莱比锡：布罗克豪斯（Brockhaus）出版社，1990 年。

④ 参见苏珊娜·海蓝德（Susanne Heiland）：《关于里希特艺术收藏的评论》（Anmerkungen zur Richterschen Kunstsammlung），载阿明·施奈德海因策（Armin Schneiderheinze）编：《圣多玛教堂广场上的博斯之家：莱比锡文化史》（*Das Bodehaus am Thomaskirchhof. Eine leipziger Kulturgeschichte*），莱比锡：彼得斯出版社，1989 年，第 139—174 页。

122

19 世纪莱比锡将逐渐发展那些促进城市繁荣的部门。其中，皮货业在 1878 年前后订单额为 2500 万马克，皮货业的销售额到 1914 年"一战"爆发前增长了六倍。然而皮毛贸易与外国有联系，1914 年前后一半的皮毛从美洲进口，五分之一从俄国进口，主要向法国和英国再出口。自 18 世纪 70 年代起，可以在商品交易会上遇到从但泽和奥德河畔的法兰克福或者从布雷斯劳和格尔利茨（Görlitz）到莱比锡的俄国皮毛商人。[①] 交易要求出席现场，尤其是在布吕尔（Brühl）区。这个区各色人等都有，富有异国情调，犹太人似乎尤其多，1800 年犹太人达到该区访客总人数的四分之一。很多人是从普鲁士或波希米亚来的，但他们是俄国布罗迪城（Brody）的犹太人，他们在莱比锡购买了第一块犹太人墓地。布吕尔与俄国，尤其是与布罗迪城和尼芝尼-诺夫哥罗德（Nijni-Novgorod）的联系特别紧密。19 世纪当地的商品交易会上有 30 名莱比锡商人。莫德凯·阿里奥维奇（Mordechai Ariowitsch）是布吕尔的主要客户之一，他在白俄罗斯有一家分公司，另一个批发商派一个亲戚或合伙人常驻俄国。莱比锡的犹太人社群多亏布罗迪城犹太人的帮助才在 1814 年获得了第一块墓地，这就使得在这个问题上莱比锡犹太人社群脱离了德绍（Dessau）犹太人社群。[②]

部分贸易由涌向萨克森外国移民地的外国人组织，萨克森的高级官员具有广博的文化。贸易是一个国家繁荣的条件，既不能单单依靠国内市场，也不能依靠邻国市场，贸易是横穿国家的跨文化网络的主要基础之一，这一点是无疑的。对图书交易而言，经济与文化生活的相互影响显而易见，但图书交易主要是面向德国读者，所以它自身也成了主要面向法国的交流网络的媒介。

---

① 沃尔特·费尔曼（Walter Fellmann）：《布吕尔的莱比锡人》（*Der Leipziger Brühl*），莱比锡图书出版公司（Fachbuchverlag Leipzig），1989 年。

② 《莱比锡的犹太人文物》（*Judaica Lipsiensa*），由伊弗雷姆·卡莱巴赫基金会（Ephraim Carlebach Stiftung）出版，莱比锡：莱比锡出版社，1994 年。需要提醒的是虽然参观商品交易会的犹太人数量很多（1799 年占外国人总数的 26%），但是长期以来犹太常住人口非常少。1784—1785 年间定居莱比锡的犹太家庭不超过 6 个，1835 年不超过 22 个。

从图书到美学

　　一个更加感性的文化解释同萨克森与外国之间错综复杂的跨文化联系相符，我们在经济生活层面看到聚集于莱比锡商品交易会的商业贸易。需要从多个层面观察它——书籍的层面，经济与精神生活之间的过渡，大学层面，最后是艺术表达形式层面。

　　莱比锡的书籍史，几乎可以说就是德国的书籍史，包括与国外的图书贸易关系在内的相关研究已经很深入了。我们知道法国书商波桑日（Bossange）的作用，我们也知道定居巴黎的德国印刷厂厂主和书商中有很多人都来自莱比锡，或者很多人都是在法国接受的部分培训。虽然应该进一步研究这些途径，但其他方面也并非不重要。18 世纪的莱比锡已如 19 世纪时一样，其翻译产业已经非常繁荣。书籍不仅译成德文，也译成其他语言，尤其是译成法文。最早的德译法职业翻译中的一员巴伐利亚人迈克尔·胡伯（Michael Huber）曾在巴黎生活多年，与百科全书派有密切接触，他于 1766 年定居莱比锡，教授法语课程，并留心图书展览会上的最新出版物，寻找图书来翻译。除了第一本德国抒情诗选集 ①，他还翻译了盖斯纳（Gessner）、哈格多恩（Hagedorn）② 和温克尔曼（Winckelmann）③ 的作品。莱比锡因此成为 18 世纪 60 年代在巴黎观察德国风尚的中心。

　　萨克森的启蒙运动历史与其他地方的一样，都是由个人著作和对它们的接受的历史，以及被查禁著作的历史所勾勒的。在这些书籍清单上，我们不

① 　迈克尔·胡伯：《德国诗歌选集》（*Choix de poésies allemandes*），巴黎：安布罗（Humblot）出版社，1766 年，4 卷。

② 　克里斯蒂安·路德维希·冯·哈格多恩（Christian Ludwig von Hagedorn）：《绘画思考录》（*Réflexions sur la peinture*），莱比锡：G. 弗里奇（G. Fritsch）出版社，1775 年，2 卷。

③ 　约翰·约阿希姆·温克尔曼（Johann Joachim Winckelmann）：《古代艺术史》（*Histoire de l'art de l'Antiquité*），莱比锡：J. G. I. 布赖特科普夫（J. G. I. Breitkopf）出版社，1781 年，3 卷。

会忽略与外国的关系，尤其是与法国的关系。雷奥纳多·克里斯托夫·斯图尔姆（Leonard Christophe Sturm）曾长期生活在法国，他于1714年试图出版《领圣体的数学证明》（*Preuve mathématique de la Sainte Communication*），1716年约翰·戈特利布·克劳斯（Johann Gottlieb Krause）用法语参加关于渎圣论文《论三个冒名顶替者》（*De tribus impostoribus*）的论战。禁令不仅涉及神学。1734年一本匿名著作《风流的萨克森》（*La Saxe galante*）也在莱比锡遭禁，该书描写了强人奥古斯特的生活。

124　　　18世纪的文学生活尤其充满了异国参照。[1]1586—1587年间在莱比锡就已出现了一个英国人团体，直到1699年才有一个法国人团体出现。但是法国自然而然地成了莱比锡法语教师埃雷阿扎尔·德·莫维永（Eléazar de Mauvillon）发起的反对戈特舍特论战的中心议题。诺伊贝尔（Neuber）家族开了一家剧院，每周演出两次，法国喜剧是主要上演剧目，这些喜剧由戈茨切丁（Gottschedin）翻译。作家克里斯蒂安·菲力克斯·维斯（Christian Felix Weisse）曾陪同并照顾一位年轻的贵族去巴黎旅行，他的作品主题借自法国剧本。这种渗透可以在我们重构的单个作者的知识参照中找到。没有人会惊异于戈特舍特的藏书目录上有大量法语图书，莱比锡其他饱学之士的藏书因此可能会被系统地利用。书信也是同样的情况。例如盖勒特（Gellert）的情况就表明他与年轻的布吕尔伯爵保持着经常性联系，这位伯爵旅居巴黎，起先是为了完成学业，继而是为了代表萨克森，他通过书信告诉他的老师文学生活的发展。[2]

---

① 格奥尔格·维特科斯基（Georg Witkowski）：《莱比锡的文学生活史》（*Geschichte des literarischen Lebens in Leipzig*），莱比锡：托伊布讷（Teubner）出版社，1909年。

② 埃雷阿扎尔·德·莫维永：《法德书信集，或关于法国人和德国人的军事、文学、批评方面的思考，此书对两国的军官和聪慧之人也有益处》（*Lettres françaises et germaniques, ou Réflexions militaires, littéraires et critiques sur les Français et les Allemands, ouvrage également utile aux officiers et aux beaux-esprits de l'une et de l'autre nation*），伦敦：F. 阿勒曼（F. Allemand）出版社，1740年。

这些经常性的联系似乎差不多都是结构性的。19 世纪三四十年代莱比锡出版了新生德国的文学杂志，如劳贝（Laube）的《高雅世界报》(*Zeitung für die elegante Welt*)，当这座城市成为一个知识中心时，这些出版物的内容在很大程度上依然是与法国时尚潮流的对话，例如尝试接受圣西门关于解放的理论。

实际上，与其说在思考书籍的纯粹德国历史和莱比锡的文学生活史，倒不如说做了严重的删减。因此，关于莱比锡图书的外来证据作为来源资料值得强调。例如 1834 年浪漫主义作家格扎维埃·马米埃（Xavier Marmier）在《两个世界杂志》上发表了一篇关于莱比锡和德国出版业的文章。他描写了图书贸易的运作。莱比锡有 83 家书商（柏林、维也纳、法兰克福才有 45 家书商），人口达到 4 万，莱比锡出版的图书数量是哈布斯堡王朝首都维也纳的四倍，是慕尼黑出版图书数量的七倍。给马米埃留下深刻印象的是代理制度的集中化。

125

> 每一名德国书商在莱比锡都有代理人；这位代理人搜集图书以及商务客户提出的需求信息和意见。当他搜集到足够多的东西时，他会打包寄出。这种联系方式很慢，却是可靠的、固定的。有一天我在柏林想要寄一本书到哥本哈根，这本书首先要到莱比锡的哥本哈根书商代理人那里，之后重返柏林，由柏林继续发往目的地。①

莱比锡看起来像是图书中心，甚至是德国图书业纷乱的策源地，同时它也深受盗版之害，书籍竟然以惊人的速度在那些车间里翻译！马米埃抄录了一份标题清单，这些标题在他看来具有当时德国作品的特点。这份清单能与其他清单相印证，可以让人看到文明的欧洲通过莱比锡感知德国精神生活的

---

① 格扎维埃·马米埃：《莱比锡和德国出版业》(*Leipzig et la librairie allemande*)，载《两个世界杂志》，1834 年 1 月 1 日，第 93—105 页。此处引用在第 97 页。

概况，莱比锡是书籍传播的重要起点。

　　书籍是知识传播的基础，18世纪，哈雷大学、莱比锡大学、耶拿大学和维滕堡（Wittenberg）大学都与萨克森选侯国的空间有着直接或间接的联系。这些都是全德意志人数最多的大学。18世纪主要参考书之一泽德勒（Zedler）的《百科全书》（《科学与艺术综合大词典》）① 是莱比锡的戈特舍特的学生与哈雷的沃尔夫（Wolff）的学生共同努力的成果。而1682年在莱比锡创办的《学术学报》（*Acta eruditorum*）是欧洲最优秀的学术杂志之一。然而所有这些一下子被外国的潮流渗透了，并被赋予了特性。

　　在斯拉夫研究方面，甚至在斯拉夫民族复兴方面，莱比锡大学的作用具有复杂特点。我们知道1709年至1719年莱比锡的大学生中有36%是生活在萨克森的外国人，这些外国人中有三分之一来自斯拉夫民族地区，尤其是波兰。在这方面，哈雷大学要先于莱比锡大学。哈雷大学的东方学院始建于17世纪，该学院教授俄语，虔诚派教徒在斯拉夫民族地区研究方面扮演着奠基者的作用。但18世纪初以来，莱比锡出现了索布人讲道者社团，社团里要被派往索布人地区的年轻神学家们学习语言的使用。很快又为波兰人建立起一个相同机构。1765年当叶卡捷琳娜二世一位宠臣的兄弟弗拉迪米尔·奥尔罗夫（Vladimir Orlov）从莱比锡学成归来，女皇为他的学识感到欣喜，于是任命他为圣彼得堡科学院院长，随后又派12名年轻贵族赴莱比锡学习法学。他们师从盖勒特、法学家卡尔·费尔迪南·奥梅尔（Karl Ferdinand Hommel）、数学家哥特弗雷德·海因修斯（Gottfried Heinsius）、历史学家约翰·哥特尔（Johann Gottl）。这些年轻贵族在莱比锡大学引起纷纷议论，因为他们同监督他们的一位军官起了争执，起因是那位军官刁难他们。亚历山大·尼古拉耶维奇·拉迪什切夫（Alexandre Nicolaïevitch Radichtchev，1749—1802）便是其中一员。他创作了《从莫斯科到圣彼得堡之旅》（*Voyage de Moscou*

_____

① 最后一卷即第64卷于1750年出版。

à Saint-Pétersbourg），他是俄国启蒙运动的杰出代表，1767 年至 1771 年他在莱比锡求学。整个 19 世纪斯拉夫人源源不断地前往莱比锡。1842 年，约翰·彼得·乔丹（Johann Peter Jordan）成为莱比锡大学正式的斯拉夫语言外籍辅助教师。同一时期，《斯拉夫文学、艺术与科学年鉴》(Annales de littérature, d'art et de science slave) 开始在在宾德（Binder）出版社出版。1847 年大学生们成立了一个斯拉夫协会。莱比锡成为德国主要的斯拉夫学中心。说实话，与文学比起来，雷斯琴（Leskien）对斯拉夫语系比较语法学更感兴趣。他培养了一代斯拉夫语学者，这些学者在 20 世纪初便崭露头角，此外他还培养了一些英语、法语语言学家，如巴黎的保罗·布瓦耶（Paul Boyer）。

　　其他外国社团在萨克森大学团体生活中的地位同样需要认真研究。我们知道亲希腊的哲学教授克鲁格（Wilhelm Traugott Krug）在 19、20 世纪培养了一些希腊籍和巴尔干地区来的学生，1826 年甚至设立了一个互助基金。[1] 而莱比锡大学的罗曼语研究历史似乎相对未得到深入研究，我们注意到法国大学生是在两个特殊时期。第一次是大革命期间，他们促进了雅各宾派思想的传播。[2] 第二次是 19 世纪最后三十年，法国由于在色当战败，于是像当年七年战争之后的萨克森选侯国一样考虑如何恢复国力，故定期派遣法国最优秀的大学生去德国大学学习。[3] 这些法国大学生有时只是旁听生，其数量与德

127

------

[1]　温弗里德·洛施堡（Winfried Löschburg）：《威廉·特劳格特·克鲁格与希腊民族解放斗争》(Wilhelm Traugott Krug und der nationale Befreiungskampf des griechischen Volkes)，载《莱比锡卡尔·马克思大学，1409—1959 年：对大学历史的贡献》(Karl-Marx-Universität Leipzig, 1409—1959 Beiträge zur Uni-Geschichte)，莱比锡：莱比锡百科全书出版社，1959 年，2 卷本，第 1 册，第 208—222 页。

[2]　阿兰·鲁伊斯指出，自旧制度末期以来，法国常常推荐未来的外交家去莱比锡大学学习。参见阿兰·鲁伊斯：《当代外交的开端：从临时大使到专家的培养》(Aux origines de la diplomatie contemporaine : de l'ambassadeur improvisé à la formation du spécialsite)，载《外交史杂志》(Revue d'histoire diplomatique)，1973 年 1 月—6 月，n° 1—2。

[3]　米歇尔·埃斯帕涅：《莱比锡大学：德法教育的中心》(Die Universität Leipzig als deutsch-französische Ausbildungsstätte)，载 M. 埃斯帕涅、M. 米德尔编：《从易北河到塞纳河，18—19 世纪法国—萨克森文化迁变》，莱比锡：莱比锡大学出版社，1993 年，第 330—353 页。

国大学生总数相比肯定不是很多，但他们是中介，他们自己将来会建立一些科学学派或学科（我们能够联想到涂尔干），其特殊传播者的角色可以弥补其数量的不足。莱比锡一些教师自那时起在国外获得了比在萨克森更高的声誉。威廉·冯特便是其中一例，其名望似乎大部分来自经常去听他课的外国旁听生，长期生活在德累斯顿①的卡尔·克里斯蒂安·弗雷德里希·克劳斯（Karl Christian Friedrich Krause）的情况也是一样，洛贝格特·弗雷德里希·康斯坦丁·冯·蒂斯琴多夫（Lobegott Friedrich Konstantin von Tischendorf）②亦如此，他还被沙皇封为贵族，以《圣经》文本研究著称。

艺术生活是萨克森与外国文化圈紧密联系的一个不可无视的领域。然而艺术生活很好地表现了一个地区的特性。虽然我们有时候批评格万特豪斯管弦乐团（Gewandhaus）在美学上具有一定的保守性，但它依然是外国音乐进入德国的重要渠道。1841—1842年柏辽兹在德国旅行期间曾受门德尔松之邀去格万特豪斯管弦乐团演奏自己的几部作品，他在给巴黎一位德国音乐家斯特芬·海勒（Stephen Heller）的长信中讲述了他的音乐体验以及演奏他的《安魂曲》和《〈李尔王〉序曲》时观察到的反应。1888年柴可夫斯基也曾旅居莱比锡，指挥其作品的演奏。在这两个例子及后来的例子之间，对与格万特豪斯管弦乐团相关的外国音乐家的记忆的研究或对他们的作品在莱比锡的接受的研究无疑让人们对外国音乐在德国文化空间里产生的反响有一个认识。

　　然而外国影响在德累斯顿书画刻印艺术与造型艺术的发展上才是最具有决定性作用的。③这不仅是由于画廊的收藏品首先是由意大利画作构成，而且

---

① 卡尔·克里斯蒂安·弗雷德里希·克劳斯于1805年至1813年在德累斯顿工程学院从事教学工作，他的学生海因里希·阿伦斯（Heinrich Ahrens）于1860年成为莱比锡大学的教授。克劳斯的哲学在拉丁语系国家有广泛影响。

② 此人是莱比锡的《新约》历史教授，康斯坦丁·冯·蒂斯琴多夫（1815—1874）于1859年发现了《圣经》西奈山抄本。

③ 《德累斯顿——从皇家艺术学院到美术学院（1764—1989）》（*Dresden von der Königlichen Kunstakademie zur Hochschule für Bildende Künste* [*1764—1989*]），德累斯顿：艺术出版社，1990年。

因为萨克森选侯国宫廷很重视吸引闻名海外的艺术家。法国人路易·德·西尔维斯特（Louis de Silvestre）是勒布伦（Le Brun）的学生，他于 1725 年担任美术学校的校长，他曾长期旅居意大利，并且是王家科学院的成员。歌德的美术老师亚当·弗雷德里希·奥塞尔（Adam Friedrich Oeser）很可能是西尔维斯特的学生，西尔维斯特不仅负责绘画，而且由于萨克森美术学校特有的近似性，他也负责应用美术。所以路易·德·西尔维斯特管理挂毯工场。最后他获得了官方职务，1718 年萨克森选侯弗雷德里希·奥古斯特二世举行婚礼时，由西尔维斯特负责装饰宝座厅和卧室。1762 年另一位生活在德累斯顿的法国人查理·于旦（Charles Hutin）在新科学院担任领导职务。这位勒穆瓦纳（Le Moine）的学生曾旅居罗马，他的学生中有人为莫尔茨堡和依稀具有东方式样的豪华宫殿皮尔尼茨宫做过室内装饰。1763 年年底，路德维希·冯·哈格多恩被任命为总干事，这是根本性转折的标志，此后德累斯顿科学院在支持德意志人才的同时继续对外开放。应该说哈格多恩用法语描述了他收藏的大量绘画作品，他在法国寻找模特，并在汉斯·格奥尔格·维勒（Hans Georg Wille）于巴黎创办的学校里招聘教师，例如风景画画家阿德里安·齐格（Adrian Zingg）。18 世纪 60 年代，法国雕塑家米歇尔-维克托·阿斯耶（Michel-Victor Acier，生于 1736 年）被聘为雕塑师，法国人皮埃尔·古德莱（Pierre Coudray）也教授同样的专业。意大利人朱塞佩·卡梅拉塔（Giuseppe Camerata）和洛伦佐·祖基（Lorenzo Zucchi）教授铜板雕刻，后来卡梅拉塔派他的学生克里斯蒂安·哥特弗雷德·舒尔茨（Christian Gottfried Schulze）去巴黎跟随维勒继续学习。德累斯顿宫廷里最著名的意大利艺术家当属卡纳莱托（Canaletto），甚至还有一些意大利人如乔瓦尼·巴蒂斯塔·卡萨诺瓦（Giovanni Battista Casanova）在从事艺术行业之前是在易北河畔接受的艺术教育。这些外国艺术家坚持不懈地再现这座城市的主要风光，描绘易北河拐弯处的沿岸风光。可以说，最后从外部产生了德累斯顿的美学认同。

　　带有这种强烈外国风格的难道就是宫廷艺术？情况并非如此简单，因为如果我们把宫廷艺术想象成茨温格宫的巴洛克风格，这种惹人注目的华丽风格在美学和道德复兴的背景下被温克尔曼式的严谨逐渐取代，不得不指出法国影响并不能解答这种巨大差异。建筑师让·德·博特（Jean de Bodt，1670—1745）自1728年起担任德累斯顿民用和军事建筑总监，他和他的朋友总建筑师扎沙里阿·隆格鲁纳（Zacharias Longuelune）的建筑美学的特点是严谨，尤其是后者，这宣告了古典主义的到来。隆格鲁纳主持修建了18世纪的科学院，他和学生为德累斯顿的城市建筑作出了巨大贡献。让·德·博特和隆格鲁纳的学生弗雷德里希·奥古斯特·克鲁巴萨西乌斯（Friedrich August Krubsacius）于1755—1756年旅居巴黎，他本人是德累斯顿的一位建筑师，其建筑风格朴素庄重，同时他也是一位建筑学教师。毫无疑问，在18世纪的德累斯顿，跨文化的美学作品和美学知识传播基于行动的跨文化性，虽然有恢复真正德意志民族艺术的想法，但是人们不能真正地反对这种跨文化性。

　　除了人口问题（总体而言德累斯顿和莱比锡地区是人口流出地而非流入地），萨克森选侯国历史研究的传统时刻、经济、政治、精神生活能够从跨文化视角恢复。不过如果没有重点的转移，这也是不可能的。国家历史进程并不是匀速的，会有加速期也有潜伏期，与之相同，跨文化历史进程也会出现中断。一个领事馆的建立或一个大学讲席的设立、同各国的交往确定了一种新的时间安排。七年战争的终结或民族会战是与外国文化圈关系的问题变得更加重要的时刻。很明显，农业受到的关注比制造业要少，而制造业又不如商业。跨文化史比时间更强烈地要求修改档案分类以便历史学家对其加以利用。档案馆不再是获取陈旧、预定义信息的地方，档案应当被视作历史传统的产物，需要批判性地重新审视其自身以产生新形态。总之，萨克森的跨文化史不仅仅是法德之间的，而且也应该考虑不同网络组成的方式。18、19世纪的萨克森，作为法国、斯拉夫国家和意大利在德意志大地上的经济与政治交汇点，确实为我们提供了一个特别的例子。

在多角度的萨克森范式案例之外，在国家观念将德国与其他文化圈之间的错综复杂关系降至次要地位之前，文化迁变理论尤其应该允许在地区层面上进行研究。我们想到汉诺威这个例子，尤其是哥廷根大学，在这所大学里存在英、法、德三方交错关系①。另外，我们也能想到汉堡，它肯定是一个对英贸易的港口，但该地也深受法国影响，汉堡从与文化交往相关的经济贸易中获得财富。即使地区环境依旧很重要，但法国的德国参照研究无法绕过巴黎这个集中地。巴黎是大部分翻译作品的出版地，是大部分外国剧目的演出地，还是大多数移民的定居地，至少在 20 世纪之前，德国的文化迁变似乎在地区层面更容易着手。比如戏剧中外国保留剧目的存在和翻译问题应该根据地理分布进行分析，除确切研究的现象以外，地理分布还涉及一系列与外国空间的其他地方关系，包括经济关系、政治关系、人口关系，并勾勒出一个地方或地区文化体系。为了德国文化的国际性维度能够真正得以突显，地区层面似乎提供了最恰当的范围，因为地区基本上不受民族思想的影响。地区比其他的范围更适合我们着手研究属于微观历史和文化史的现象，能够最接近现象的独特性，而不忽略民族学描写的环境。

131

---

① 哥廷根图书馆是 18 世纪德国第一座科学图书馆，其英文藏书甚丰，以致该图书馆成为英国思想进入德意志的重要渠道。举例来说，1769 年语文学家罗伯特·伍德（Robert Wood）给哥廷根的同事约翰·大卫·米歇利斯（John David Michaelis）寄了一本他写的《论荷马》(*Essay on Homer*)，这本书将对荷马文本的思考产生深远影响，这本书一到就被图书馆收藏了。学术期刊《哥廷根学者通讯》(*Gottingische gelehrte Anzeigen*) 附有获得图书的办法。参见伯恩哈德·法比恩（Bernhard Fabian）：《哥廷根：18 世纪学术图书馆：为一种新图书馆历史辩护》(Göttingen als Forschungsbibliothek im achtzehnten Jahrhundert. Plädoyer fur eine neue Bibliothekgeschichte)，载《沃尔芬比特尔研究》(*Wolfenbütteler Forschungen*) 第二卷，1977 年，第 209—239 页。

第七章

文化史与民族学

文化迁变提出了在物质的和象征性的结构复杂性之中连接两个社会，它要求考虑民族学家和人类学家对其学科核心问题的思考。

文化与诸文化

"文化"这个词虽然很早就有，但是直到科学的民族学建立，它才成为一个可操作的概念。①1871 年出版的泰勒（Tylor）的著作《原始文化》（*Primitive Culture*）标志着社会史中一个核心概念的出现，但该书绝不是起点。原始文化是独特的，几乎不曾分化。它是一个统一体，其踪迹和遗迹在地球的一些地区凭借经验就能发现。我们可以按照基本上是比较的方法重构原始文化。一个漫长的演变被视为连接起了文化的原始阶段与高级阶段。泰勒于 1883 年在牛津大学获得了英国第一个人类学教授的职位，正是因为获得了这个大学教职，他划定了这个学科最初的研究范围。法国人吕西安·列维-布鲁尔于 1925 年建立了巴黎大学人类学研究所，他的工作引入了文化概念的一种多样性，即使原始心理概念以等级表现损害了多样性。相对主义、众多

---

① 参见德尼·库仕（Denys Cuche）：《社会科学中的文化概念》（*La notion de culture dans les sciences sociales*），巴黎：发现出版社，1996 年。

文化概念的出现以弗朗茨·博厄斯（Frantz Boas）的工作为标志，这项新工作基于确切的地域分析，并确立了区分特征。因此，有一种想法认为可以建一个完善的元素目录，这些元素可以以各种不同组合的形式进入一个文化体系。露丝·本尼迪克特（Ruth Benedict）将这些可能性、这个不变量的集合以一种大范围的形式呈现出来，从中可以重新组成不同的形态。事实上，每一种形态因独特的功能都有一种意向性，这种意向性不同于各部分之和："在伟大的艺术风格中发生的事情，在作为整体的文化中也发生了。所有这些不同的行为［……］无不按照在该文化中发展起来的无意识的选择标准而被纳入适当的模式。"① 尽管存在部分结构相似性，但由于这些不同设想，社会可能是无法类比的。勃洛尼斯拉夫·马林诺夫斯基（Bronislaw Malinowski）强烈反对口头传统文化的扩散主义，甚至其历史性，将其限定为以当下为中心的功能主义。只有参与性调查——那种将民族学家纳入需求与制度体系和语言视野的调查，才能感知文化自身不变量形态的特有趋势。②

　　当文化之间的关系这个非常具体的问题提出时，复数形式的"文化"，其概念便不再是抽象的。迈尔维尔·J.赫斯科维茨（Melville J. Herskovits）在其 1948 年出版的《文化涵化》（*Acculturation*）一书中试图从文化现象的相互作用角度来阐明它们。根据联系是在整个群体之间还是在个体之间发生、联系是否与复杂程度相同的文化有关、联系是由殖民活动所产生还是由移民活动所产生，一种交汇的类型学开始显露出来。此外一个文化选择了根据它的内在倾向引进要素。当从一个外国文化引进物质要素时，比起引进一些思想体系，选择明显要更容易。赫斯科维茨自 20 世纪 30 年代起就注意到从一个文化视野到另一个文化视野要求一种重新解释。然而，无论重新解释的范围

135

① 露丝·本尼迪克特：《文化模式》（*Echantillons de civilisations*），巴黎：伽利玛出版社，1950 年，第 59 页。
② 这种有趋向的自由与意识水平毫无关系，倒是与皮埃尔·布尔迪厄（Pierre Bourdieu）在《实践感》中提出的"惯习"概念非常相似。

有多大，我们都不能忘记它只牵涉个人，不能忘记输入文化作为重要的启发参照不应被物化、不应被转化为自然界的材料。赫斯科维茨对文化适应机制的思考强调为了避免民族学陷入本质主义，历史研究法是必要的。民族学对历史学的影响，这个过程必须是相互的才能完整。无论如何，对文化交流的反思把理解"什么是文化"这个问题置于交流的确切层面，每一个整体都只不过是一个暂时的、脆弱的结构，这个结构在输出一些它的成分的同时也经历了一些转变。这种不稳定性使得文化这个词永远也不能作为种族的替代词出现。

　　文化间交往论、纯民族学视角下的文化适应过程或者涉及历史维度的迁变机制是民族学历史的顶峰。媒体人类学主要是在美国以格雷戈里·贝特森（Gregory Bateson）为中心发展起来的，媒体人类学表明文化作为媒体集群的结果，其本身也会产生差异。因此格雷戈里·贝特森是从"分裂演化"（schismogenèse）概念来分析雅特穆尔人（Iatmul）的社会体系的。①

　　分裂演化的好处是可以将共时系统里可辨认出的区分线与历时性、历史联系起来。同样，构成不同文化形态的不变量可以被视为超越可比现象的要求，通过历史联系证明同源性清单的合理性。这是历史学家和人类学家卡洛·金茨堡（Carlo Ginzburg）在他的《巫魔夜会》（*Sabbat des sorcières*）中所提的方法论方向之一。形态学是非常重要的，如普洛普（Propp）为俄国故事建立的形态学。形态学非但没有达到目的，反而要求历史化。原因有好几个。文化的一些共时层面能够包含它们自己的历时性，构成"古代文本"的有效复制。②"通过属于不同社会的现象之间的结构分析确认的同源性随后必

① 格雷戈里·贝特森：《纳文》（*La cérémonie du naven*），巴黎：午夜出版社，1971年，第188—189页。"我倾向于将目前的现状看作一种动态的平衡，其中变化在持续地发生。一方面是趋向于强化精神气质对立的分化过程，另一方面是对这种分化趋向的抵消过程。我将各种分化过程称为'分裂演化'［……］我将把分裂演化定义为：由个体之间的累积互动而导致的个人行为规范的分化过程。"
② 卡洛·金茨堡：《巫魔夜会》，巴黎：伽利玛出版社，1992年，第34页。

须接受历史的筛选，以挑出那些符合直接联系的同源性，而不仅仅是可能的同源性。"①一方面通过揭示不同变量之间的同源性，另一方面通过研究语言史、神话和故事史以及客观关系，卡洛·金茨堡重建了历时联系，将中亚的萨满教与审判巫师联系起来。同源性调查是历史化的准备阶段，此外它要求对那些胜利文化的统一而简单化的，有时还有伤害性的话语进行重新探讨。甚至在重构宗教仪式和表演的史前迁变之前，对巫术的研究应该推翻宗教裁判所的判决。

　　从以欧洲为中心的历史到文化的相对主义的转向，就是要放弃历史之场去寻求一种共时术语之场。超越不变量的术语意味着重新将它们纳入虚拟的全球化历史。文化迁变研究中的人类学与历史学的关系似乎是一种恶性循环的组成部分。这种双重障碍已经在文化史上出现，尽管文化史在德国是由卡尔·兰普雷希特将威廉·冯特的理论应用于历史学引起的。正如冯特认为的如果不借助集体心理的起源就无法理解个人心理一样，如果不借助其经济、语言和美学部分的历史，也无法对其进行分析。冯特所珍视的民族心理因此成为一种普遍文化史，被纳入不断变化的范围——在这个范围里，过去的时刻常常出现在某个欧洲以外其他民族的行为中。在这种"民族心理学"中只感受实体论可能是错误的。事实上，我们绝不能基于单一国家范围去理解集体心理，但我们不仅必须考虑其他欧洲国家，而且必须考虑在整体中具有功能的欧洲以外其他民族，这一观点是朝着文化相对主义迈出的重要一步。这一步在卡尔·兰普雷希特作为历史学家的工作中得到了证实。历史对他来说是普遍的，即将1900年德国最偏远的地区也包括进去，这些土地上的代表人物表现出德国这些地方的特征，与德国历史一起进入全球形态。如果普遍历史是普遍心理学的动态形式，那么它只能通过包含社会史、经济史、美学史——而不仅仅是政治历史，即一部文化史的材料来构成。实体论与相对论

137

---

① 　卡洛·金茨堡：《巫魔夜会》，巴黎：伽利玛出版社，1992年，第35页。

之间的某种相互关联表明文化迁变研究作为民族学未来的继承者应该介于这两种界限之间。

梦、神话与记忆之场

文化史将其范围扩大至与历史领域无关的一些人类群体，正如文化史使一些当时还不属于历史的人类生存维度进入这个领域。如果历史分析被输出，并与民族学分析结合，人们可能反过来寻思对欧洲跨文化关系的民族学类型和跨文化关系史的重读会有什么贡献。民族学与历史学的结合事实上并不是准备给欧洲民族和欧洲以外地区民族相遇的。现代社会之间的相互影响具有一些在有口述传统的社会里更易觉察到的特征。因此，在对澳大利亚数百个部落的分析中，我们知道"梦"这个范畴起到核心作用。这个范畴指一个时空，在这个时空里走遍大地的祖先们留下了可以显示出地方风貌的许多踪迹。"梦"表现为再现图腾时代人类曾经走过的路线："这些线路很少是直线：它们曲折前行，有时它们还会闭合成环路，而当英雄们入地或上天游历时，这些线路常常中断。因此地面的路线形成了一张蜘蛛网，地下或空中路线使之成为一个三维网络。"① 艺术在于在身体、地面、洞穴岩壁上重现风景和它们的更迭，以此勾画出心理图景。它们不仅借助传说中的过去，而且还借助第二现实，即一种可以介入时间性的活跃记忆。在梦的空间里，事物有一种用语，通过图腾崇拜场所的转移能够获得这种用语。

在没有过度隐喻化的情况下，人们可以认为文化参照集聚的地方也属于时空，这个时空允许原始神话伴随人们亲身经历的过程积极介入时间性。从大教堂到图书馆，从音乐厅到学校，从街道到河流，这些记忆之场构成了一

---

① 芭芭拉·戈洛夫切夫斯基（Barbara Glowczewski）：《从土著人的梦到其法律，澳大利亚的神话、礼仪与社会组织》（*Du rêve à la loi chez les Aborigènes. Mythe, rites et organisation sociale en Australie*），巴黎：法国大学出版社，1991 年，第 29 页。

个既现代又平行的现实。在一个义化之中生活，就是具有在这些场所之间确定路线的能力，这些路线要么是严格意义上的个人路线，要么由集体期望来确定。也许甚至连森林、丘陵的曲度、树木的使用权有时候在欧洲语境下也是求助祖先之地和符号之库。

从神圣的场所到神圣的场所，一个群体走过的路线引领他们与其他的群体相遇。一些场所对好几个群体、好几个文化而言是共同的。但是澳大利亚的族群厌恶文化交流，瓦尔皮提人（Warlpiti）注重女性单方面的交流，通过任何相互交换机制纯粹简单地转让土地可能会导致部落之间界限的消失。在考虑维护种族身份与在记忆的旅程中思考相会的必要性这两个问题时，这些群体实现了部分迁变。相邻群体的习俗能被引入，但是这种结合意味着习俗和与之相伴神话的部分消亡。

> 例如，对库瑞吉人（Kurintji）来说，卡吉瑞（Kajirri/Gadjari）指的是神话中的母神，她被认为会在仪式上吞吃新手。然而对瓦尔皮瑞人（Warlpiri）来说，这个解释只是对在采用之后的几十年中编造出来的秘密神话的掩饰。库瑞吉人将这些新事物融入自己的习俗。在这种新形式下，瓦尔皮瑞人自己说他们把卡吉瑞"卖给了"品图皮人（Pintupi）和皮江朱拉人（Pitjantjura）。一个这样的象征性创作是部落内部或部落间联盟变革的工具。①

习俗和神话的再象征化伴随着从一个地方到另一个时空的旅程，这个再象征化是澳大利亚各文化之间迁变的条件，一个将保持身份与通过他者的进入重新表述群体的平衡联系起来的过程。伴随欧洲文化财富交换的再象征化也有同样的性质（例如某部德国歌剧的再次上演，或德意志民族主义视角下

139

---

① 芭芭拉·戈洛夫切夫斯基：《从土著人的梦到其法律，澳大利亚的神话、礼仪与社会组织》，巴黎：法国大学出版社，1991 年，第 272 页。

的占据凡尔赛宫镜廊）。理解澳大利亚各部落之间仪式的交流，似乎就是要成功地协调维护群体的自主性与通过持续输入经过改造的文化元素来改变自身平衡这两者。澳大利亚社会与其他社会相比，在不变的现实中显得更确定，事实上甚至澳大利亚社会也使基于部落之间相互影响的革新机制融入其中。通常，绘画、歌曲、仪式或叙事中新事物的再象征化过程也被用来强调个体革新的空间。语义上的再占有问题立刻就在有口头文化的社会之间的汇合中被感知。这个问题也值得在对有笔头传统的社会之间的汇合的研究中作为一种阐释学的导线来使用。

除了空间上遥远的种族特有的跨文化形式——这些形式可以转换为欧洲的情况，并说明其功能，还存在一种跨文化形式，这种形式源于相异性与现代生活形式惊人的并列，这种形式有助于解释这种并列。这种比较在巴西文学中历史悠久。巴西文学的一部代表作，马里奥·德·安德拉德（Mario de Andrade）写的史诗《马库纳伊玛》（*Macounaïma*）通过一个空间来描写陶里庞（Taulipang）印第安人神话中一位英雄的漂泊，这是一个将圣保罗与亚马逊雨林结合在一起的空间，一个甚至可以延伸到欧洲本土，将异国情调之梦转变为回归欧洲之梦的空间。难道南美洲文学，尤其是巴西文学不在于在大城市的表面事实下寻找一个与故事、传统、土著人隐喻相关的古代世界特征吗？这种古风解释揭露了城市隐藏的性质：

140

多么有趣的动物啊，所有这些发出巨响的妖怪、魔鬼、天才、萨西（sací，巴西民间传说中只有一条腿，戴着红帽子的黑精灵——译者注）、家神都在捷径上、在地下、在小山的网状道路上，从这些小山挖出的巨大洞穴中走出一群白人，他们肤色非常白，当然还有吃木薯的人群！……我们主人公的智慧受到了极大困扰。这三个哈哈大笑的乐天派告诉他这只大猕猴不是一只猕猴，它叫电梯，是一部机器［……］那些美洲狮也不是美洲狮，它们叫福特汽车、霍普莫比尔汽车、雪佛兰汽车、道奇汽车、马尔蒙特汽车，都是车辆。大食蚁兽、鬼火、烟花状的椰子树叫作卡车、有轨电车、无轨电车、灯光招牌、时钟、交通信号灯、收音机、摩托车、电话、小费、天线塔、烟囱……①

现代性与古风之间存在这样一种接近以至于二者中的任何一个似乎都成为另一个的譬喻，如同在吉马朗埃斯·罗萨（Guimaraes Rosa）的小说《广阔的腹地：条条小路》（*Diadorim*）中发生的一样，在这部小说里，腹地和亚马逊的迷宫、充满神话的复杂地名、能立刻让人想起另一个现实的动物群落，最终构成了巴西经验的一种整体框架。实际上，难道一门被视为原始的或古代的艺术——例如黑人艺术或印第安艺术的余晖——被引进到20世纪的欧洲，不是用于赋予接受语境一个新的可理解性吗？原始森林中的迷宫里住着未知的神话种族和人物，这给予了瓦尔特·本杰明的城市迷宫以启示，将民族学家的形象与克拉考尔（Kracauer）作品中的侦探②——迹象与行迹追踪者——的形象贴合起来。③文学为启发式地使用民族学资料以及将它们运用到对欧洲文化及它们交汇的美学、科学和历史学的理解中去开辟了道路。

输家的礼物

141

文化不会被包围它们的企图消解，无论文化多么激进，它们仍然具有强大的捕捉和重塑能力，这种能力质疑单边影响的表现和扩散主义的解释。存

---

① 马里奥·德·安德拉德：《马库纳伊玛》，1928年第一版在巴西出版，1979年法语版，巴黎：弗拉马里翁出版社，第66页。
② 齐格弗里德·克拉考尔（Siegfried Kracauer）著，热纳维埃芙·罗什利茨、莱纳·罗什利茨（Geneviève et Rainer Rochlitz）译：《侦探小说，一篇哲学论文》（*Le roman policier. Un traité philosophique*），巴黎：巴约特（Payot）出版社，1981年。
③ 威利·鲍勒（Willi Bolle）：《现代都市的地貌学》（*Physiognomik der modernen Metropole*），科隆：博劳（Böhlau）出版社，1994年。

在一种战败者的记忆，它远未被根除，而是以一种幽灵般的方式纠缠胜利者的话语。因此正如卡洛·金茨堡所做的那样，只要我们稍微认真一点地去看迫于压力的招认或由宗教裁判所转发的证据，巫术诉讼案就揭示了在文化共时层面下的"古老文本"。夜晚女神狄安娜带领她的信徒参加欣喜若狂的旅行，她以隐匿的方式出现在众多巫术案件中。这些案件有一个共同特点，即都位于前基督教时代凯尔特人生活的地方："在日耳曼人的世界里，没有凯尔特文化的渗入，对夜晚女神的狂热崇拜似乎不存在。这种崇拜因此应该被视为一种基质现象，这种现象在一千多年以后，即19世纪末米兰的案件中，或17世纪末苏格兰的案件中再次出现。"[1] 如同夜晚女神的形象，小精灵和仙女信仰也可能是一种文化的模糊回忆，这种文化藏匿得很深，混合到其他更新的层面之中，作为异端，它也表达了一种危险的相异性。这种文化继续隐藏，继续确定美术作品或想象的世界。

不过海因里希·海涅已经在他1835年出版的《德国的宗教与哲学史》（*Histoire de la religion et de la philosophie en Allemagne*）中怀疑原始异教可能存在于民间传说之中，并在这本历史著作结尾提出了异教的一种新形式，即古典哲学中的泛神论形式。这种我们能够在巫魔夜会叙述中得出的凯尔特层面本身是建立在以前的文化交汇之上的，这个交汇消失在和印欧语系起源时代一样基于假设的一个时代的黑暗之中。因此一些夜晚女神的半人半兽形象使人想起一些萨满崇拜，这些崇拜很可能实际上是由西徐亚人和色雷斯人在多瑙河口传播给凯尔特人的。欧亚大陆的萨满教因此得以延续下来，或者更确切地说萨满教渗透到接续它几乎直到19世纪的诸多文化之中。相同形式的神话和仪式"跛行"可以在古代中国和很多希腊的传说中找到。也许西徐亚人并未传播，而仅仅使潜在的、自无论是比较语言学还是民俗学都无法达到的时代起就开始沉淀的文化因素重新活跃起来。

---

[1] 卡洛·金茨堡：《巫魔夜会》，巴黎：伽利玛出版社，1989年，第115页。

　　金茨堡的调查中，巫魔夜会的民族学—历史学研究方法最终让位给了比较神话学，我们从中记住的与其说是欧亚神话基质的假设，不如说是隐藏在共时民族学层面的跨文化历时维度的存在。实际上，共同神话基质研究，例如乔治·杜梅齐尔（Georges Dumézil）所做的那样，或者关于旧石器时代语言空间的假说（例如在这个语言空间里乌拉尔—阿尔泰语系的语言与高加索语言可能混淆 ①），有助于有关原始同质性、一种共同根源的表述。更基本的观察似乎是一种文化里保留了另一种文化的痕迹和记忆，后一种文化要么是已经灭绝，要么是空间上非常遥远，但是在久远的过去曾与前一种文化相遇。在历时性中理解文化迁变（所有的文化迁变都处于历时维度之中）就是通过语言的、民俗的痕迹或者在可能的情况下通过文字去观察文化记忆。正如与凯尔特人的关系从未在巫魔夜会的幻想中得到解释一样，民族学记忆也必须不断地得到解释。

　　一个系统的神话元素进入另一个系统，一种语言进入另一种语言首先是一种消亡的形式，这是千真万确的。因此，在对征服者的不加区分当中，玻利维亚的印第安人自 15 世纪开始遭受灭亡之危，或更确切地说，是被化约为共同印第安人文化主体之危。② 需要一种"倒退历史"的努力，从奇帕亚印第安人的当代元素，例如他们无数个嵌套在一起的微观世界的二元结构，从村庄规划到灌溉系统的材料中，重新发现乌鲁斯（Urus）印第安人亚群体的特征。总的来说，退化史在方法论上处于人类学和历史编纂学的交汇点，它强调了代表系统之间的相遇产生的结构叠加。

143

　　对人种志资料的分析说明现在奇帕亚人（Chipayas）的制度在一系列其逻辑无疑依然属于安第斯的关系中融入了一定数量的西方元素。可

---

①　参见米歇尔·莫尔万（Michel Morvan）：《巴斯克语的起源》（*Les origines linguistiques du basque*），波尔多：波尔多大学出版社，1996 年。

②　纳唐·瓦施特尔（Nathan Wachtel）：《祖先的回归，15—16 世纪玻利维亚的乌鲁斯印第安人，退化史论》（*Le retour des ancêtres. Les Indiens Urus de Bolivie, XVe—XVIe siècle. Essai d'histoire régressive*），巴黎：伽利玛出版社，1990 年。

以说外部贡献是在预先存在的框架内形成的，横轴支撑土著实体（左边是童贞女和大地之母［Pachamama］，右边是山神［mallkus］），而外来元素（圣人在上，魔鬼在下）则位于纵轴。但这种移植是按照不同方式实现的：如果说上端用西方术语圣人（santos），那么下端保留土著名称"awkalla"，在这种情况下，只要魔鬼的名字不被说出来，连续性就是可以理解的。然而，这个词的连续性不包括一个新概念吗？有人可能会想"awkalla"的恶魔内涵是否因为其在系统中的位置而没有被强加给他们，因为圣人已经占据了纵轴的另一端。①

在这里，种族记忆不是继承一种身份，而是以一种双重态度建构它，即适应新情况并保留传统，而传统有时在表现中比在现实中更重要。使印第安土著人的宗教消失，对墨西哥的西班牙征服者来说就是要在印第安神话中加入天主教神学的元素，将教理书翻译成印第安人的语言，尤其是要将之翻译成印第安人想象中的形式。然而这种注定要消亡的翻译同时也是保存被征服文化的一种方式：

　　一切都导致混乱和误解：纳瓦人（Nahua）的米克特朗（Mictlan）被选来描绘基督教的地狱，但它只是亡者的居住地之一，是一个极寒之地；基督教的天堂用伊勒维卡特尔（*ilhuicatl*）这个词来称呼，然而这个词与土著人的苍穹及其十三重天几乎没有任何共同之处；*In tloque in nahuaque* 是"远近之主"的意思，神职人员用这个词来表示上帝，而这个词一开始是用来称呼奥梅堤奥托（Ometeotl）这个二元神祇的，特斯卡特利波卡（Tezcatlipoca）和魁札尔科亚特尔（Quetzlcoatl）是其众多化身中的两个；托曼特辛（Tomantzin）被选为圣母玛丽亚的名字，以前

144

---

① 纳唐·瓦施特尔：《祖先的回归，15—16世纪玻利维亚的乌鲁斯印第安人，退化史论》，第191页。

曾被用来指一位母神；等等。宗教人士所做的大量艰苦工作遇到了一些无可逾越的障碍。①

即使在前西班牙时代偶像崇拜的现实是用一种"隐语来表达的，这是一种礼拜仪式的语言，与对人和事物的行动密不可分，一种在实践中不断混同、融合的语言"②，但如果它是用一种肩负着实践负担的秘密语言来表达，那么用这种民族语言翻译基督教神学将同时是一种占有和剥夺。翻译成印第安人的仪式语言就意味着支持并接近一种亲身经历的情感方向。被征服者不满足于接受征服者的管理，在保证他们屈服的跨文化交流中，他们也是给予者。

从民族学视角分析个体与种族群体之间的关系，几乎没有什么概念比"礼物"这个"完全的社会现象"更丰富的了。在"冬季赠礼节"（potlatch）这个制度中，赠礼和还礼的螺旋式关系具有一些大洋洲社会的特征，赠与成为一种表明对接受者具有优越性的方式。对"冬季赠礼节"所提问题的研究揭示了礼物的类别，即并非所有的东西都是赠礼。就像马塞尔·莫斯分析的那样，赠与行为中似乎存在某种推动归还的东西，这是一种神秘的宗教秩序残余，列维-斯特劳斯试图通过将交换形式根植于无意识社会结构之中、根植于社会问题的象征性基质之中，追踪这种残余。赠与很好地促进了经济交流，并准备确立一个通用等价物，例如莫里斯·古德利尔（Maurice Godelier）所研究的巴鲁亚人（Baruya）的盐。不过这个等价物还保留了使用价值，而没有变成只有单纯交换价值的东西，也没有为资本化进程开辟道路。但是部落之间的物品、资源、妇女交换受到维持一个稳定领域的必要性的限制，这个领域与交换无关。有一些东西保存在礼物之中，尽管它们已被赠与。

---

① 塞尔日·格鲁琴斯基（Serge Gruzinski）：《想象中的殖民化，16—18 世纪的西属墨西哥的土著社会与西方化》（*La colonisation de l'imaginaire. Sociétés indigènes et occidentalisation dans le Mexique espagnol. XVIᵉ—XVIIIᵉ siècle*），巴黎：伽利玛出版社，1988 年，第 241 页。

② 塞尔日·格鲁琴斯基：《想象中的殖民化，16—18 世纪的西属墨西哥的土著社会与西方化》，第 205 页。

145 　由于那些保留之物常常被"神圣化"，就必须探究是什么东西使得它们具有神圣的特征，从而探究这些圣物的性质。而且，神圣之物与那些为了赠与和出售而制作的贵重之物之间并不存在不可逾越的界线，它们中甚至有一些最终会变成"准货币"。在不同的领域运作，事物并不需要变得不同。所以就值得去考察有时同一物件怎样被出售、被赠与，最后被保存在一个家族或一个氏族的财宝中，不是物件本身创造了这些不同，而是支配社会生活这些领域的那些不同逻辑使得同一物件在从一个领域转到另一个领域时有了不同的意义，改变了功能和用法。①

　圣物——如巴鲁亚人的圣物，它让人想起男人拥有让女人生育男孩的权力——是不流通的。借助原始神话的片段使社会关系的既定秩序神圣化，这样这个秩序便被合法化了。合法化本身与拥有象征性的圣物之间是有联系的。氏族如果没有失去圣物，可能失去圣物的有益效力，并重新分配圣物。新加入的一代从上一代那里获赠精液，但他们不会回赠给上一代。在"冬季赠礼节"社会中，交换妇女是通过钱财进行的，虽然假设钱财与人是等价的，但是圣物超越了交换的物品和交换的婚姻习俗而得以继续保留，圣物掌握在社会等级最高的人手上，并且不进行交换。

　人们几乎没有尝试过从"礼物"和"印第安人交换礼物的宗教节日"的角度分析欧洲社会之间的交流。当然欧洲社会依赖货币和商品的流通。但是资本的流通在任何情况下都不会完全解释所有发生的象征性交易，交易中的赠与意愿、输出象征性形态的意愿，与通过赠与持续的关注交织在一起。在现代欧洲社会中，在赠礼和还礼方面，什么是不交换的？或者在交换时什么是保留的？在交换礼物的过程中会有输家吗？

① 莫里斯·古德利尔：《礼物之谜》（*L'énigme du don*），巴黎：法亚尔（Fayard）出版社，1996年，第151页。

提出与西方社会之间迁变相关的问题，也是在提出这样的要求：尽管这些社会有书写传统，有商业经济，但因为它们有能力将流通的物品重新符号化，我们要用民族学的方法解决这些问题。不管怎样，很明显，自莫斯以来，礼物问题很好地成了全部社会事实，这个问题已进入社会科学问题的中心。事实上，现象学维度为理解作为一个活的整体的社会铺平了道路，产生于索绪尔革命的语言科学性模式被引入社会科学，礼物问题将这二者结合起来。[①]通过赠礼的范式，社会科学从 20 世纪 20 年代开始建立，不是基于比较，而是基于个人、群体之间以及更广泛的文化之间的交流。关于欧洲文化迁变的研究也是从这个长期理论演变中得出结论的方式。

从马克斯·缪勒到弗朗茨·博厄斯

在对文化之间错综复杂关系的民族学思考的历史中，一些名人的知识发展本身是由民族空间迁徙产生的，而民族空间扮演了很重要的角色。这里试举两位名人为例。老实说，我们只能将弗雷德里希·马克斯·缪勒（Friedrich Max Müller，1823—1900）列入对文化进行比较思考的先行者。缪勒在莱比锡大学完成了古典语文学的学业后于 1846 年来到伦敦，随后担任牛津大学现代语言文学教授。不过他的主要兴趣在于《吠陀》和他致力于建立的现代宗教学。但是为了掌握宗教的本质，马克斯·缪勒对语言史产生了浓厚兴趣，甚至在其后期作品中声称弄懂了思想和精神生活的起源。在这种情况下之所以应当提及此人，是因为我们不够强调 19 世纪下半叶宗教学与社会学，尤其是民族学的兴起之间的紧密联系。从对梵文文献的思考到马塞

---

① 为了确切地研究赠礼理论中出现的趋同现象，请参考布鲁诺·卡尔桑蒂（Bruno Karsenti）的著作《完全的人，马塞尔·莫斯思想中的社会学、人类学和哲学》（*L'homme total. Sociologie, anthropologie et philosophie chez Marcel Mauss*），巴黎：法国大学出版社，1997 年。

146

尔·莫斯和西尔万·列维（Sylvain Lévy）的时代对神圣事物与礼物的社会学研究发生的转变在很大程度上始于马克斯·缪勒的作品。

弗朗茨·博厄斯（1858—1942）比缪勒晚一辈。他出生于明登（Minden）一个开明的犹太家庭，他先是在海德堡、波恩、基尔学习物理学、数学和地理学，后来前往巴芬岛（Terre de Baffin）因纽特人生活的地方探险，他在那里获得了文凭资格论文的素材（1885 年）①。之后他定居美国，在美国自然历史博物馆工作。他对博物馆学的兴趣十分符合重微观轻宏观的方法论导向。在第一次世界大战时期，弗朗茨·博厄斯在美国为德国开展慈善活动。1933 年他向德国总统提出反对排犹主义，他在美国积极参与反种族歧视斗争。受莱比锡大学地理学家弗雷德里希·拉采尔（Friedrich Ratzel）②的影响，博厄斯尤其强调了西伯利亚移民与北美移民之间的关系。为此，他对印第安人的语言产生兴趣。学习印第安人的语言于他而言是民族学方法的一个重要组成部分。他发展了多元发生观，即美洲语言的历史融合，并于 1917 年创办了一份美国语言学刊物。他致力于批判种族理论，宣扬文化理论。他捍卫文化多元性观念，认为每一种文化都应当得到特定研究，研究与国家的真实关系。博厄斯的著作主要是关于美洲西北海岸的印第安部落夸扣特尔人（Kwakiutl）。

马克斯·缪勒关于语言学和宗教学的著作很快便在法国为人所知，1862 年他的语言学著作获得了沃尔内奖（prix Volney）。《比较神话学评论》（*Essai sur la mythologie comparée*）的法语译本随后于 1873 年在法国出版，而此前勒南已将部分内容译成法文刊登在《日耳曼杂志》上。马克斯·缪勒，这位在牛津大学任教的德国人，他的作品引起了法国人对宗教史的思考。缪勒正

---

① 《弗朗茨·博厄斯：民族学家—人类学家—语言学家》（*Franz Boas Ethnologe-Anthropologe-Sprachwissenschaftler*），米歇尔·迪尔（Michael Durr）、埃里希·卡斯腾（Erich Kasten）、埃贡·莱纳（Egon Renner）编，柏林：国家图书馆，1992 年。

② 弗雷德里希·拉采尔（1844—1904）一开始是一名记者，自 1880 年起先后在慕尼黑和莱比锡担任地理学教授。他是政治地理学和人类地理学的奠基人。

处于·个对印欧语系比较语法学进行反思的时代，印欧语系比较语法学即将超越严格的语言比较范畴，让社会介入其中。宗教、神话是语言与社会历史之间的一个中间阶段，语言构造在时代的蒙昧中消逝了，社会历史记录在书面记忆之中。马克斯·缪勒首先对印欧语系的语言感兴趣，他认为印欧语系语言不仅在种类上具有统一性，而且在文化上也具有统一性。他在比较词汇时，希望勾画出一个文化区域的轮廓。

通常他使用的雅利安人种或文化的词汇表明通过一个语族进行文化同质性研究是靠不住的。不过有趣的是我们注意到单词成了社会现实的标记。

如果说希腊语和梵语根源的发现意味着一个新世界的发现，那么在马克斯·缪勒看来比较神话学不久就达到同样重要的程度。[1]

但是马克斯·缪勒的比较面临一个更加广泛的比较形式，即将不属于同一个语系的人群的神话碎片联系起来。而对这些人群，我们无法假设他们之间存在古老的历史联系。爱德华·伯内特·泰勒（Edwards Burnet Tylor）的作品《人类早期历史与文化发展之研究》(*Researches into the Early History of Mankind, and the Development of Civilisation*) 的出版为马克斯·缪勒提供了一个就民族学开端进行阐述的机会，缪勒为这本著作写了一篇长长的评论，题为《比较神话学评论中的风俗习惯》(*Mœurs et coutumes dans les essais de mythologie comparée*)。他坚决主张语言学相对于风俗比较的优先性：

> 是语言学最初推动了这些研究。通过简单的语言分类和细致的词汇分析，这门科学给人类历史上最黑暗的时期带来了耀眼的光芒。因此以前一切都是推测的，现在我们建立了完整的语言和种族谱系。[2]

---

[1] 马克斯·缪勒：《比较神话学评论——传统与习俗》(*Essai sur la mythologie comparée. Les traditions et les coutumes*)，由乔治·佩罗（Georges Perrot）从英文翻译成法文，巴黎：迪迪埃出版社，1873 年，第 180 页。

[2] 马克斯·缪勒：《比较神话学评论——传统与习俗》，第 290 页。

一般来说，马克斯·缪勒更愿意留在一个十分明确的语言学范畴里，他认为，相较于一种普遍比较，闪米特人或土兰人的习俗比较研究可能会得出更有说服力的结果。他同意以下观点：我们能够在世界各地和相距遥远的文化中找到相同习俗。因此他接受后来成为泰勒核心论题的观点：普遍原始文化通过分布在世界各地的遗迹得以被辨认。总之，印欧语系语言的模式与这个文化统一观十分吻合。但同时语言模式要求语言群勾画的语言分支之间存在从历史角度可证实的关系。原始中心应当是从印度到爱尔兰分散开来，这样梵文和凯尔特方言之间的亲缘关系才能被察觉到。马克斯·缪勒在没有对比较要素之间的基础进行历史研究的情况下感知到了比较的模糊性：

> 然而在这里，最初的构想是自然且可理解的，这种构想同时在印度和墨西哥都存在的事实并不一定是历史关系的结果。我们知道亚历山大·德·洪堡（Alexandre de Humboldt）对这种关系表示怀疑，而我们认为它是可能的。对于与美洲方面证据相关的内容，我们需要比到目前为止考虑得更仔细，我们应该提醒泰勒先生，他用作参照的有关美洲古老传统的《波波尔·乌》（Popul Vuh）的手稿从未被追溯到17世纪以前，就算它写于16世纪末，它也可能受到欧洲的影响。①

马克斯·缪勒已经看到的问题术语将成为弗朗茨·博厄斯思想的核心部分，其思想主要囊括在文集《种族、语言与文化》（Race, Language & Culture）之中。在1896年的一篇题为《人类学中比较研究法的限度》（Les limites de la méthode comparative en anthropologie）的文章中，博厄斯强调试图重建普世文化比较的前提。似乎应当承认在全世界范围内相同现象都具有相同意义，即

---

① 马克斯·缪勒：《比较神话学评论——传统与习俗》，第320页。

相同现象出相同过程产生，而相同结果常常由迥异的过程产生：

> 我们不再相信中美洲文化与东亚文化之间的些微相似性是它们之间
> 存在历史联系的足够令人满意的证据。此外，没有任何一个公正的观察
> 家否认有充分的理由相信在阿拉斯加和西伯利亚发现的有限文化元素有
> 着共同的源头。与它们在限定区域分布的连续性相关的创造、习俗与信
> 仰中的相似性足以令人满意地证明这个观点的正确性。[1]

150

即使博厄斯作为拉采尔的读者乐意指出社会环境可能在共同的历史之外
引起同源性，但原则上共同的历史应当在任何地方受到怀疑。如果要探究文
化的普遍规律，研究必须特别关注相关现象的历史性及其发展："因此，通过
比较发展史，可以找到一般规律。这个方法比惯常使用的比较法有效得多，
因为我们的推断是基于真实的历史，而不是关于发展模式的假设。"[2]

历史让博厄斯可以驳斥简单的模式论，这种简单的模式论在三个文化空
间之间的连续情况要么要求中间空间由两端空间交混形成，要么要求极其纯
粹的中间空间浸染两端空间。而相反博厄斯始终坚持有必要分别思考每个空
间的发展。历史民族学质疑普遍意义的进化论：

> 首先，在我们看来人类的文明史不应该完全由一种心理上的需要所
> 决定，这种心理上的需要导致全球范围的相同发展。我们则认为任何一
> 个族群都有其独一无二的历史，他们的历史一部分取决于社会群体特有
> 的内在发展，另一部分取决于受到的外来影响。有逐渐分化的过程，也
> 有减少相邻文化之间差异的过程。但完全不可能根据单一的进化模式来

---

[1] 弗朗茨·博厄斯：《种族、语言与文化》，纽约：麦克米伦出版公司（The Macmillan
Company），1940 年，第 277 页。

[2] 弗朗茨·博厄斯：《种族、语言与文化》，第 279 页。

理解一个特定的民族发生了什么。

不从整体的角度而从各自历史的分散角度去分析文化之间关系的想法导致民族学比较研究法和语言学比较研究法基础的相对化。博厄斯的工作给予这个语言的社会学基础一个重要地位，马克斯·缪勒也关注这个，博厄斯思忖为什么语言之间的亲属关系要用一个一干多枝的树状图来表示。相反，人们可以想象，多种来源已经融合成一种共同的语言和文化。与其给予好几种语言或文化一个单一根源，从而将族群归类为不变的种族，为什么不去设想语言有不同根源？这在印度语言当中可以通过经验证明。① 自其诞生之日起，博厄斯的历史民族学就与印欧语系比较研究法有联系，而历史民族学最终为了支持语言与人种多元性的类型而偏离了后者。

从马克斯·缪勒到弗朗茨·博厄斯，一门新学科发展起来，这门学科从比较的概念出发，然后为了一个考察文化之间相互交错过程的更加复杂的方法而超越这个概念，文化的历史真实性不再令人怀疑，而这些文化隶属于一个整体的命题倒成了难题。这些错综复杂关系具有跨文化性，并与历史语文学这个民族学的深厚科学根基有关联。马克斯·缪勒与弗朗茨·博厄斯这两位名人促使他们学科的特定时刻从异国社会空间转移到欧洲空间。

民族学几乎是必然地根据社会结构的环境、相邻文化的影响抑或文化系统某些时刻与其他文化系统的平行关系去研究社会结构的同一性。只要它们的历史没有介入其中，这些平行关系、这些错综复杂关系就都是假象，历史在语言形式、神话传统和书面记忆中被具体化。民族学通向历史学，同时给予比历史社会学更大的表现空间。民族学扩展了历史维度，可以很好地应用于研究欧洲文化区域之间的关系。也许将其应用到书面传统中有助于我们更好地理解向书面形式的转变、从属于物质文化和口承性的社会现象向更具有

———————————

① 弗朗茨·博厄斯:《种族、语言与文化》，第 225 页。

文学性的记忆的转变意味着什么。

文化史概念的复兴介于历史社会学与民族学之间，它将对文化社会性及其功能和演变的调查与对构成一种文化的符号游戏的图解结合起来。以跨文化形式为侧重点的研究本身具有启发性价值，因为它们处于两种文化体系的连接处，从而揭示了它们的不相容和不对称。然而，一个迁变之中常常包含两个以上的文化系统，这使得这个启发式意义同时得以补充和加强。

第八章

三角文化迁变

　　两个文化圈之间错综复杂的关系，尤其是 18 世纪法国与德国之间错综复杂关系的研究涉及尚未完全被定义为国家空间的空间，但这些空间正在通过汇聚和疏远的机制构建其国家身份。19 世纪前夕柏林不仅是一座拥有大量法国人社群的城市，这些大量的法国人社群对普鲁士首都成为国际大都市起到了一定作用。普鲁士向波罗的海延伸，它与斯拉夫人和德意志人混居的地区发生联系。当 1791 年库尔兰公爵家族（Courlande）回忆录作者艾莉莎·冯·德·雷克（Elisa von der Recke）撰文描写柏林时，我们面对的是一个担心库尔兰可能被俄国吞并，操心与叶卡捷琳娜二世的复杂关系以及法国大革命的人。① 虽然东普鲁士的土地由已经不再属于普鲁士的日耳曼领土延伸，它是联系俄罗斯的桥梁，但萨克森在 18 世纪大部分时间里与波兰建立了私人联系，而波兰也向东发展这种联系。当人们对法德之间启蒙运动精神的传播感兴趣时，考虑与其他空间的存在相关的折射很重要。② 双边文化迁变因

---

① 艾莉莎·冯·德·雷克：《日记和自述》(*Tagebücher und Selbstzeugnisse*)，出版者：克里斯蒂娜·特拉格（Christine Träger），莱比锡：科勒 & 阿梅朗出版社（Koehler & Amelang），1984 年，第 167—168 页。

② 关于法德俄三国间文化迁变问题的总体介绍，参见《语文学 IV——法德俄三国间的文化迁变》(*Philologiques IV. Transferts culturels triangulaires France-Allemagne-Russie*)（卡迪娅·迪米特里耶娃 [Katia Dmitrieva]、米歇尔·埃斯帕涅主编），巴黎：MSH 出版社，1996 年。

为多了一个新维度而变得复杂。

另一种三角关系确定了法国的 20 世纪关注德国古典主义哲学，关注 19 世纪初期，好像三角形也能是知识的棱镜，可以通过这个知识棱镜认知一个久远的年代。

从巴黎到圣彼得堡

启蒙运动强调人类理性的普遍特征，不管用什么民族词汇来称呼它，都不能将它限定在一块土地或一个文化区域范围内。这种发现可能一开始并不是那么明显，因为最常见的分析模型是得益于法语这个不变的传播媒介，启蒙运动从巴黎这个中心向四周辐射。但是，甚至在使用这门语言时，启蒙思想也传播了一些与法国文化圈毫不相干的内容。文化圈概念、语言与民族认同概念甚至完全不符合启蒙运动的哲学原则。

自启蒙时代开始，德国、法国和俄国，柏林、巴黎与圣彼得堡划定了一个重要空间，人们不管属于哪个国家，都可以在这个空间里流动。伏尔泰便是这种流动方式的典型代表，他旅居波茨坦，却用生活在俄国的德国人约翰·戈蒂尔夫·沃克罗德（Johann Gotthilf Vockerodt）给他的资料撰写彼得大帝统治时期的历史，该书引起了德国斯拉夫民族历史学家奥古斯特·路德维希·施勒策尔（August Ludwig Schlözer）的强烈不满。另外我们还应该记得，普鲁士国王腓特烈二世创作的法语诗歌经伏尔泰修改，并被译成法文，这些诗歌后来成了杰尔查文（Derjavine）诗歌的范本。

莱布尼茨自启蒙时代之初起游历了法国、德国、俄国三国空间。1672 年 3 月他到达巴黎，在那里一直待到 1676 年，四年当中他会见了冉森派教徒，如安托万·阿尔诺（Antoine Arnauld），还有天文学家卡西尼（Cassini）、斯宾诺莎的德国朋友和通信人埃伦弗里德·沃尔特·冯·契尔恩豪斯（Ehrenfried Walter von Tschirnhaus），以及克里斯蒂安·惠更斯（Christian

Huygens）。正是在这个具有显著国际性的环境中，莱布尼茨显露了他对数学的兴趣。① 莱布尼茨旅居柏林反倒要晚得多。他曾于 1700 年至 1711 年在柏林生活，并且在普鲁士首都担任了三年的科学院院长 ② 之职。当普鲁士王后索菲·夏洛特（Sophie Charlotte）不能接待他时，莱布尼茨通常住在胡格诺教徒樊尚的旅馆里。自 1701 年起，莱布尼茨在柏林的最初计划之一便是向中国派遣代表团，这个代表团的任务是在耶稣会士已经到达北京的情况下为中国语言创立一个普通符号理论，并解释清楚。数学家白晋（Joachim Bouvet）③由路易十四派往中国，他与莱布尼茨通过信，他也是中国科学院（Académie chinoise）计划的发起人。有趣的是，我们注意到世纪之交勃兰登堡选侯与沙皇的关系变得亲密，这被莱布尼茨视为缩小欧洲与远东距离的机会 ④。

莱布尼茨最终被俄国所吸引，尤其是被彼得大帝发起的改革所吸引。1711 年 10 月 28 日、29 日，柏林科学院院长莱布尼茨在萨克森的托尔高（Torgau）遇见彼得大帝。1711 年柏林科学院设立了东方与传教课程 ⑤。从那

① 伊凡·柏拉瓦勒（Yvon Belaval）：《莱布尼茨在巴黎》（Leibniz à Paris），载《莱布尼茨，其人其作（1646—1716）》（Leibniz, aspects de l'homme et de l'œuvre [1646— 1716]），巴黎：奥比埃（Aubier）、蒙田（Montaigne），1968 年，第 37—43 页，——《莱布尼茨在巴黎》，威斯巴登（Wiesbaden）：弗朗茨·斯坦纳（Franz Steiner）出版社，1978 年，卷一、卷二。
② 关于柏林科学院和圣彼得堡科学院建立的历史，参见克劳斯·加伯（Klaus Garber）、海因茨·维斯曼（Heinz Wismann）（出版者）：《欧洲社会运动与民主传统》（Europäische Sozietätsbewegung und demokratische Tradition），图宾根：尼迈尔出版社，1996 年。尤其要阅读莉迪亚·萨佐诺娃（Lidija Sazonova）、亚历山大·米哈伊洛夫（Alexander Michailov）、莱茵哈德·劳尔（Reinhard Lauer）、康拉德·格劳乌（Konrad Grau）的作品。
③ 白晋（1660—1732）给中国皇帝教授数学，对法国在北京传教会的建立起过重要作用。
④ 汉斯–史蒂芬·布拉瑟（Hans-Stephan Brather，出版者）：《莱布尼茨与他的科学院，柏林社会科学史资料节选，1697—1716》（Leibniz und seine Akademie. Ausgewählte Quellen zur Geschichte der Berliner Sozietät der Wissenschaften, 1697—1716），柏林：科学院出版社，1993 年。——克劳迪娅·冯·克拉尼（Claudia von Collani，出版者）：《一个研究中国的科学院》（Eine wissenschaftliche Akademie für China），斯图加特：斯坦纳出版社，1989 年。——汉斯·波泽、艾伯特·海内坎普（Hans Poser und Albert Heinekamp），《莱布尼茨在柏林》（Leibniz in Berlin），弗朗茨·斯坦纳出版社，1990 年。
⑤ 参见爱德华·温特（Eduard Winter）：《早期启蒙运动》（Frühaufklärung），柏林：科学院出版社，1966 年。

时起，莱布尼茨打算进入彼得大帝的顾问圈子 ①，打算与当时俄国的主要政治人物通信。莱布尼茨极其热情地专注于他的俄国计划，他在 1712 年 1 月 16 日写给彼得大帝的一封信中将他的俄国计划描绘成一项始于法国而在柏林科学院进一步发展的普遍事业的完美结局。除了俄国教育机构改革计划，莱布尼茨未提出别的计划，他只是打算将东正教会和基督新教教会联合起来。莱布尼茨对远征西伯利亚以及可能将东西伯利亚并入美洲的问题也绝不可能不感兴趣。此外他对俄语词典的编纂也兴味盎然。我们感觉到从西（巴黎）到东（圣彼得堡），经由柏林的地理与知识迁徙并不仅仅与转移一致，也与一个计划的逐步实现相符。② 莱布尼茨是 1725 年建立的俄国科学院的推动者，在他之后，俄国科学院又从德国大学请来了许多学者，推广尤其受到莱布尼茨弟子克里斯蒂安·沃尔夫（Christian Wolff）启发的教科书。沃尔夫虽然受邀去俄国，但他只派了自己的学生去那儿。

在介绍了莱布尼茨这个较早的例子之后，我们很自然地要举瑞士人莱昂哈德·欧拉（Leonhard Euler）的例子，关于他的研究还是令人满意的。1731 年他成为圣彼得堡的物理学教授，他的朋友格哈德·弗雷德里希·缪勒（Gerhard Friedrich Müller）③ 在那里教授历史。1741 年欧拉离开圣彼得堡科学院进入柏林科学院，他在那里继续同圣彼得堡保持联系，尤其是与缪勒保持通信，当然他也与俄国学者保持联系。尽管如此，三卷本的《致一位德国公主的书信》（*Lettres à une princesse allemande*）是用法语出版的，这本书信集以匿名的方式于 1774 年在米陶（Mietau）和莱比锡出版。

---

① 参见梅希蒂尔德·克勒尔（Mechthild Keller）：《9—17 世纪德国人眼中的俄国人与俄国》（*Russen und Rußland aus deutscher Sicht. 9.—17. Jahrhundert*），慕尼黑：芬克（Fink）出版社，1985 年，第 387—413 页。

② 恩斯特·本茨（Ernst Benz）：《莱布尼茨与彼得大帝》（*Leibniz und Peter der Große*），柏林：瓦尔特·德·格鲁特（Walter de Gruyter）出版社，1947 年。

③ 缪勒自 1755 年起按照戈特舍特杂志的模式出版了一份报纸《风雅学问新报》（*Das Neueste aus der anmutigen Gelehrsamkeit*），这份报纸将让他成为莱比锡的自由艺术协会成员，参见爱德华·温特，《早期启蒙运动》，第 319 页。

启蒙运动在德国的滤镜

虽然 18 世纪是一个欧洲文化中心之间表现出普遍性的时代，且各国科学院在整个欧洲延伸其网络，但这也是一个民族感情开始出现的时代、一个爱国主义显露的时代，这个时代的知识交流应当考虑到这些新的限定。一些术语如 *Lumières*（法语"启蒙运动"——译者注）、*Aufklärung*（德语"启蒙运动"——译者注）、*Prosveščenie*（斯洛文尼亚语"启蒙运动"——译者注）的自身内涵反映了差异巨大的现实。理性的启蒙思想与这个俄语术语同时产生的宗教启示表达之间存在共同的东西吗？在启蒙思想从一个国家传播到另一个国家的过程中，会出现与所走路线的民族特性相关的折射。启蒙思想传播时的民族折射本身就非常值得研究。

因此，自 18 世纪初起，虔诚派在对待俄国时表现得雄心勃勃，奥古斯特·赫尔曼·弗兰克（August Hermann Francke）① 看到的不仅是一块传布福音的国土，也是一个商业扩张的空间。俄国神学家（西蒙·托多尔斯基［Symon Todorskj］）来到哈雷学习。18 世纪两位伟大的西伯利亚探险家 D. G. 梅瑟施密特（D. G. Messerschmidt）② 和 G.F. 穆勒都曾经就读于哈雷的虔诚派学校。西蒙·帕拉斯（Simon Pallas）并非来自哈雷，他曾是圣彼得堡科学院的院士，后来进入柏林科学院直至去世，他延续了虔诚派对斯拉夫世界的好奇模式。这种好奇心促使一个叫施勒策尔 ③ 的人在其创办的报纸《哥廷根博学通告》（*Gottingische Anzeigen von gelehrten sachen*）上刊登一些关

① 奥古斯特·赫尔曼·弗兰克（1663—1727）被认为是哈雷虔诚派的创立者。
② 达尼埃尔·戈特利布·梅瑟施密特（Daniel Gottlieb Messserschmidt，1685—1735）于 1720 年至 1727 年领导了第一次西伯利亚科学探险。
③ 奥古斯特·路德维希·冯·施勒策尔（August Ludwig von Schlözer，1735—1809）在获得哥廷根大学教职之前是圣彼得堡科学院历史学教授，他在哥廷根大学发展了全球史概念，但他主要致力于俄国中世纪史研究。

于俄国事情的文章，这种好奇心表明俄国文化生活对德国的一种影响。康特米尔（Kantemir）的讽刺诗自 1752 年起被译成德文。正如马克·雷夫（Marc Raeff）在一本关于启蒙运动在俄国传播的著作中提到的："如果说消遣文学以及沙龙和宫廷的上流社会生活反映了启蒙时代法国的文化优先性，那么德语国家提供了'精髓'，培养了第一代俄国知识分子。"① 俄国社会的宗教维度解释了虔诚派取得的成功，也能解释从莱布尼茨到沃尔夫的德国启蒙运动取得的成功，德国启蒙运动与宗教问题的关系更加紧密。德国启蒙运动与国家、君主的作用关系更大，与法国启蒙运动相比，它更好地回应了俄国社会的期待，因为法国启蒙运动要么局限在上流社会的圈子里，要么只是通过晚期代表传入俄国，这些代表更确切地说是激进分子，如爱尔维修（Helvétius）和雷纳尔（Raynal），拉迪什切夫（Radichtchev）受到他们的启发。法国启蒙运动在传入俄国时要适应德国启蒙运动确定的框架。它尤其表现出某种对法国哲学家的社会原子论的扬弃。俄国将法国和德国启蒙运动结合起来，并以某种方式表现出二者的相对特性。

　　汇聚在书商尼古莱·伊万诺维奇·诺维科夫（Nicolai Ivannovitch Novikov）② 身边的一群人似乎很好地说明了这种融合。1779 年至 1792 年由他出版的图书占俄国出版图书总数的三分之一，可见其影响力之大。他本人是在莫斯科大学的一个贵族寄宿学校接受的教育，那儿是德国文化的"堡垒"。1775 年他加入了一个共济会支部，自此开始参加共济会的活动。作为

---

① 马克·雷夫：《斯拉夫人、德国人与启蒙运动》（Les Slaves, les Allemands et les Lumières），载马克·雷夫：《18—20 世纪俄国的政治与文化》（*Politique et culture en Russie XVIIIᵉ—XXᵉ siècles*），巴黎：法国社会科学高等研究院出版社，1996 年，第 89—119 页，此段内容在第 113 页。

② 迪特尔·博登（Dieter Boden）：《尼古莱·诺维科夫斯与亚历山大·拉迪施采夫斯工作中的德国方面》（Deutsche Bezüge im Werk Nikolaj Novikovs und Aleksander Radiščevs），载达格玛尔·赫尔曼（Dagmar Herrmann）主编：《18 世纪启蒙运动时期俄国人眼中的德国人与德国》（*Deutsche und Deutschland aus russischer Sicht 18. Jahrhundert: Aufklärung*），慕尼黑：威廉·芬克（Wilhelm Fink）出版社，1992 年，第 449—479 页。

一名共济会会员，他归属玫瑰十字会，该组织总部在柏林，其在俄国的影响主要来自莫斯科大学教授约翰·乔治·施瓦茨（Johann Georg Schwarz）传布信仰的热忱。施瓦茨在柏林加入了玫瑰十字会的小圈子。玫瑰十字会的会长、宗教信仰部部长约翰·克里斯托夫·冯·沃尔纳（Johann Christoph von Wollner）是共济会里严格遵守会规的一位代表。18 世纪 80 年代初，施瓦茨甚至是德国玫瑰十字会的主要领导人物之一。莫斯科的玫瑰十字会会员与柏林玫瑰十字会会员联系紧密，他们为波墨（Böhme）和安格鲁斯·西莱修斯（Angelus Silesius）的德国神秘主义开辟了道路，他们被认为是马丁主义者，他们也从路易-克罗德·德·圣马丁那里引进了神智学。这些法国、德国神秘主义知识并没有阻止他们去阅读盖勒特（Gellert）、克里斯多夫·马丁·维兰德（Christoph Martin Wieland）、萨洛蒙·盖斯纳（Salomon Gessner）。

柏林与俄国之间建立的关系导致诺维科夫书店出版的一部分著作是柏林选择的结果。1787 年一位名叫库图佐夫（Koutouzov）的莫斯科玫瑰十字会会士甚至被派往普鲁士完成玫瑰十字会知识方面的学习，但是他没能回到俄国，1797 年逝于柏林。① 至于诺维科夫本人，他因与共济会、普鲁士高层当权者过从甚密引起叶卡捷琳娜二世的猜疑，她于 1792 年派人将诺维科夫拘禁起来。启蒙运动，如诺维科夫所设想的，混合了神秘主义。这就解释了他为何出版了一些虔诚派著作的译本，如阿恩特（Arndt）的《真正的基督教》（Le vrai christianisme）。1766 年至 1792 年间诺维科夫出版的 520 部翻译作品当中，有 135 部是德国出版物，其中有盖斯纳、盖勒特、莱辛和维兰德的作品。他利用德国来遏制法国对俄国的文化霸权意图，因为反对"大高卢主义"，包括用哲学来伪装的"大高卢主义"，是诺维科夫不懈的努力。②

---

① J. G. 加拉德（J. G. Garrard）编：《俄国的 18 世纪》（*The Eighteenth Century in Russia*），牛津：克拉伦登（Clarendon）出版社，1973 年。

② 安德烈·莫尼埃（André Monnier）：《叶卡捷琳娜二世时期的一位爱批评的政论作家——尼古莱·诺维科夫》（*Un publiciste frondeur sous Catherine II, Nicolas Novikov*），巴黎：斯拉夫研究所，1981 年。

叶卡捷琳娜二世是法国启蒙思想家的保护人，她没有像腓特烈二世（Frédéric Ⅱ）那样极端地轻蔑德国语文学。相反，她一直关注德国启蒙运动时期的文学发展，特别是18世纪八九十年代。她读过冯·蒂默尔^①的作品，如《威廉明妮》（*Wilhelmine*）和法国南方省份的游记。她对维兰德的《阿布德里坦人的历史》（*Histoire des Abderitains*）和对索菲·拉罗什（Sophie La Roche）的《斯特恩海姆小姐的故事》（*Histoire de Mademoiselle de Sternheim*）一样熟悉。她庇护格奥尔格·福斯特（Georg Forster），福斯特在成为维尔纽斯大学（Wilna）教授或美因茨的激进民主主义者之前，曾在青年时代游历过伏尔加河流域的德国移民地，在圣彼得堡高中待了8个月。这次俄国之旅促使他出版了第一部作品，将罗莫诺索夫（Lomonossov）的俄国史翻译成了英文。叶卡捷琳娜二世尤其爱看柏林作家弗雷德里希·克里斯托夫·尼古莱（Friedrich Christoph Nicolai）的《赛巴尔杜斯·诺坦克》（*Sebaldus Nothanker*）和《通用德语图书评论》（*Allgemeine deutsche Bibliothek*），正如她在18世纪80年代用法语写给弗雷德里希·梅乐施奥尔·格里姆（Friedrich Melchior Grimm）的信中所说的："这是一部天才的作品，充满了理性和讽刺，此外还具有使人的精神和理智感到愉悦的所有东西。"^②叶卡捷琳娜二世对德语作品的阅读再一次提出了法国启蒙运动与德国启蒙运动在俄国传播时的相互折射问题。

作为柏林的书商和《通用德语图书评论》（*Bibliothèque allemande universelle*）的出版商，尼古莱的活动尤其应该在俄国、法国、德国三国启蒙运动建立联系的背景当中得到强调。不仅施勒策尔和俄国科学院院士格哈德·弗雷德里希·缪勒成为评论的对象，刚刚得到译介的俄国作家也被统计进去了。和俄

① 莫里茨·奥古斯特·冯·蒂默尔（Moritz August von Thümmel，1738—1817）是一位非常受欢迎的游记作家。
② 由克劳斯·沙夫（Claus Scharf）引用，《德国形象与叶卡捷琳娜二世的德国政策》（Deutschlandbild und Deutschlandpolitik Katharinas），载达格玛尔·赫尔曼主编：《18世纪启蒙运动时期俄国人眼中的德国人与德国》，慕尼黑：威廉·芬克出版社，1992年。

国女皇委托给他的任务相比，书商尼古莱更关注俄国的文学生活。为女皇的儿子建立一间历史图书室使其获得一份颇为可观的收入。此外尼古莱与一位同名者圣彼得堡的路德维希·海因里希·尼古莱（Ludwig Heinrich Nicolay）有书信往来，二人通信长达三十余年。路德维希·海因里希·尼古莱是斯特拉斯堡人，法国国籍。一开始他用法语给柏林书商尼古莱写信，后者在委托诗人卡尔·威廉·拉姆勒（Karl Wilhelm Ramler）重新阅读他的诗作后出版了他的诗集。圣彼得堡与柏林之间出现了通信友谊网络，这个网络与法国紧密相联。这样拉姆勒通过尼古莱让一位法国朋友把他的诗作法文版进行了修改润色，这位法国朋友名叫赫尔曼·拉斐尔米埃尔（Hermann Lafermière）①，他过去在阿尔萨斯很有名，是保罗王子的图书管理员，曾创作过剧本和诗歌。柏林的尼古莱也在柏林出版由拉斐尔米埃尔译成法文的圣彼得堡的尼古莱的德文作品。圣彼得堡的尼古莱向柏林的尼古莱告知俄国文化生活，1780 年特别提到有两位德国作家远道而来。

　　我很荣幸先后在这里接待了我们的两位德国作家，但是他们彼此之间似乎并不是最要好的朋友。一位是伦茨·德·多尔帕特（Lenz de Dorpat）先生，另一位是克林格尔·德·法兰克福（Klinger de Francfort）先生。您可能通过阅读他们的作品知道他们俩。我希望能够有机会为他们两位提供一些帮助。不管他们愿意与否，他们应该成为我的朋友。虽然他们年轻气盛、追求时髦，似乎稍微偏离了一点正道，但事实上，在我看来他们俩都很正直，是勇敢的德国人。②

161

① 《两个尼古莱，圣彼得堡的海因里希·尼古莱与柏林的弗雷德里希·尼古莱之间的通信（1776—1811）》（Die beiden Nicolai. Briefwechsel zwischen Heinrich Nicolay in St. Petersburg und Friedrich Nicolai in Berlin [1776—1811]），由海因茨·伊施莱特（Heinz Ischreyt）编辑、评论，吕讷堡：德国东北地区文化工作出版社，1989 年，第 79 页。
② 《两个尼古莱，圣彼得堡的海因里希·尼古莱与柏林的弗雷德里希·尼古莱之间的通信（1776—1811）》，第 88 页。

尼古莱的朋友圈直到现在都还没有得到很好的研究，但它却将从巴黎到圣彼得堡的交流体系深深地烙在柏林的启蒙运动上。这个体系正如我们之前说过的并非中立，不是一个简单的载体。同时，它传播其身份要素，过滤传递的信息，即使只是通过翻译或评论。

莱比锡或柏林

整个 18 世纪，俄国君主决定有必要加强欧洲知识模式，并向外国派遣留学生，德国一直是一个主要的求学之地。这些留学生通常去往耶拿、斯特拉斯堡、马尔堡——罗莫诺索夫曾在马尔堡待过五年——但是他们对莱比锡表现出一种特殊的兴趣。萨克森的富庶与其同东方、俄国和波兰的经济联系密切相关，俄国和波兰的犹太人不间断地参加莱比锡商品交易会。于是一些大学生被安顿在这个城市就似乎显得合情合理了。说实话，有一名俄国军官对他们进行严格管理，但他们能够自由地在一所深受法国启蒙运动理论影响的大学里上课。我们想到盖勒特和戈特舍特。戈特舍特的一些学生，如 J.-G. 雷切尔（J.-G. Reichel）和 Ch. G. 凯尔内（Ch. G. Kellner）参与了莫斯科大学的创建。拉迪什切夫（Radichtchev）是莱比锡最杰出的俄国大学生之一，其著作《从彼得堡到莫斯科之旅》(*Voyage de pétersbourg à Moscou*) 可以被看作是最激烈地用启蒙思想批评俄国社会的作品之一。拉迪什切夫在四年当中听过盖勒特和哲学家恩斯特·普拉特纳（Ernst Platner）的课，但他似乎更愿意花时间阅读伏尔泰、卢梭、爱尔维修、马布利（Mably）、雷纳尔（Raynal）和斯特恩（Sterne）的著作。[1] 因此，18 世纪下半叶，对一个俄国大学生而

---

① 参见乔治·玛丽亚·尼古拉（Giorgio Maria Nicola）：《双面俄罗斯，从彼得一世到叶卡捷琳娜二世，通过谢尔巴托夫的〈俄罗斯的风俗败坏〉和拉迪什切夫的〈从彼得堡到莫斯科之旅〉》(*Russia Bifronte. Da Pietro I a Caterina II attraverso la* Corruzione dei costumi in Russia *di Sčerbatov e il* Viaggio da Pietroburgo a Mosca *di Radiščev*)，罗马：布尔佐尼（Bulzoni）出版社，1990 年。

言，在一所德国大学里求学的经历也是他了解法国启蒙运动的良机。1790 年他的书出版了，这是一部通过俄国文学阐明法国启蒙运动在德国大地上的发现的作品，随后拉迪什切夫被流放到西伯利亚长达十年。我们可以看到，当启蒙运动停止用法语表达而植根于俄国现实、触及东正教和俄罗斯民族传统时，可能会受到极大的怀疑，甚至遭到彻底的拒绝。

拉迪什切夫与柏林几乎没有联系，看到与萨克森相关的法国启蒙运动的接受与传播同柏林的传播之间的差异，是一件很有意思的事。在与萨克森相关的法国启蒙运动中似乎经济、政治理论更重要。在柏林，向俄国的转向发生在科学院范围内。[①] 我们知道 1767 年叶卡捷琳娜女皇当选为柏林科学院的名誉院士。丰特奈尔（Fontenelle）难道没有在 1717 年签署授予彼得大帝巴黎科学院名誉院士头衔的文书吗？ 1768 年 1、2 月间在叶卡捷琳娜女皇寄出《俄国法律改革方针》（*Instruction pour la réformation des lois de la Russie*）这篇论文之后，她成为真正意义上的院士。在那篇论文中，女皇承认自己深受孟德斯鸠和贝卡里亚（Beccaria）的启发。在叶卡捷琳娜女皇之前已有一些俄国人当选柏林科学院院士。[②] 为了更加确切地衡量柏林科学院作为圣彼得堡与巴黎之间的桥梁的作用，除提到柏林科学院名单上出现了俄国人以外，还需要补充一点，即圣彼得堡科学院院士的通信有很大一部分是用德文书写的。[③]

---

① 阿道夫·哈纳克（Adolf Harnack）：《柏林普鲁士皇家科学院历史》（*Geschichte der Königlich-preussischen Akademie der Wissenschaften zu Berlin*），柏林：帝国印刷公司，1900 年。

② 1747 年俄国驻德累斯顿大使赫尔曼·卡尔·冯·凯泽林克（Hermann Karl von Keyserlingk）伯爵当选为院士，1748 年彼得堡科学院的常驻外交代表拉苏莫斯基（Rasumowski）伯爵当选为柏林科学院院士，1749 年天文学家 A. N. 格里斯舒（A. N. Grischow）当选为柏林科学院院士，两年后又当选为彼得堡科学院院士。1777 年彼得堡科学院院长多马施纽（Domaschnew）当选为柏林科学院院士，1786 年或 1787 年彼得堡的吉奥尔吉（Georgi）、1792 年彼得堡的安哈尔特（Anhalt）伯爵、1793 年加里琴亲王（Prince Gallitzin）、1794 年彼得堡的斯瓦莫诺（Soimonow）都当选为柏林科学院外籍院士。俄国驻巴黎大使、丰特奈尔的译者康特米尔（Kantemir）后来也当选为柏林科学院院士。

③ 在这些院士当中，首先要提到的就是莱昂哈德·欧拉，参见 A. P. 尤什凯维奇（A. P. Juškevič）、E. 温特：《莱昂哈德·欧拉通信中的柏林人与圣彼得堡科学院》（*Die Berliner und die Petersburger Akademie der Wissenschaften un Briefwechsel Leonhard Eulers*），柏林：科学院出版社，1959 年第一版，1961 年第二版，1976 年第三版。

从俄国到巴黎：卡拉姆津的旅行

163

启蒙思想常常被视为一种光辉，它发轫于法国，传布全欧，而观察各种相反的路径也很重要。一些俄国旅行者在前往大革命前或大革命中的法国之前，会经过柏林。他们可以通过在自己母国俄国积累的经验以及在与德国启蒙运动思想家的接触中觉察到法国的社会现实与知识界的现实。历史学家卡拉姆津（Karamzine）① 是这个反向路线非常有说服力的例证。他在去法国之后开始投入俄国文学风格的革新运动。卡拉姆津生于 1766 年，跟随侨居俄国的教师同时学习德文和法文。尤其在进入约翰·马蒂斯·沙登（Johann Mattias Schaden）办的寄宿学校学习后，他对盖勒特的作品熟悉起来。他本可以和其他俄国大学生一起去莱比锡留学，但因为缺钱，计划没能实现。这位年轻人通过翻译作品继续汲取日耳曼文化的养分，例如他曾经翻译了诗人阿尔布雷希特·冯·哈勒（Albrecht von Haller）的作品。同时，他也翻译德·让丽思夫人（Madame de Genlis）和查理·邦纳（Charles Bonnet）的作品。有两个推动力可以更好地解释卡拉姆津对欧洲启蒙运动的好奇心，甚至他的旅程细节：其一他参加了以出版商诺维科夫为中心的共济会组织，其二我们注意到自 1786 年起他与伦茨（J. M. R. Lenz）保持联系，伦茨使卡拉姆津将注意力集中到德国文学生活中最杰出的名人身上。

卡拉姆津于 1789 年 6 月从普鲁士的柯尼斯堡开始他的欧洲之旅。在这座大城市的各个角落他都能看到穿制服的人。他拜访了康德，按照他的话说，康德比马勒伯朗士（Malebranche）、莱布尼茨、休谟、邦纳都要伟大，他与

① 关于卡拉姆津，推荐阅读 A. G. 克罗斯（A. G. Cross）、N. M. 卡拉姆津：《他的文学事业研究：1783—1803》（*A Study of his literary Career，1783—1803*），伦敦与阿姆斯特丹：南伊利诺伊大学出版社，1971 年。关于卡拉姆津游记的俄文版，参见 I. M. 卡拉姆津：《文选》，莫斯科—列宁格勒：文学出版社，1964 年（Н. М. Карамзин, *Избранные сочинения*, Москва—Ленинград, Ленинград, 1964）。

康德这位哲学家进行了长达三小时的会谈。会谈内容首先是关于旅行、中国和新土地的发现，随后才开始谈论偏哲学的问题。康德对拉瓦特（Lavater）进行了批评，这不可能让他的仰慕者卡拉姆津无动于衷，康德建议这位年轻人去阅读《实践理性批判》和《道德形而上学》。

1789 年 6 月 30 日，卡拉姆津在大雨中抵达柏林，他会见了俄国流亡者玫瑰十字会成员阿列克谢·米哈伊洛维奇·库图佐夫（Alexei Mikhailovitch Koutouzov）。柏林的建筑给他留下了深刻印象，但他只找到一些陈词滥调来描绘它们。他参观了驻军的教堂，在一座建筑前他赞叹他喜欢的诗人埃瓦尔德·冯·克莱斯特（Ewald von Kleist），卡拉姆津叙述了这位诗人在库勒斯道夫（Kunersdorf）战役中身受重伤壮烈牺牲的故事。[1] 在波兹坦，他想象腓特烈二世同伏尔泰或达朗贝尔一起在无忧宫的花园中散步。他还去了柏林科学院拜访了老福尔麦（vieux Formey），老福尔麦与他谈起了伏尔泰。卡拉姆津按照既定的策略逐一拜访文学界名人，于是在这种情况下，他于 7 月 1 日拜访了尼古莱，同他谈论了普鲁士历史和耶稣会教义。7 月 5 日他见了拉姆勒，翌日又见了卡尔·菲利普·莫里茨（Karl Philipp Moritz），除卢梭的《忏悔录》、荣格-斯提林（Jung-Stilling）的自传以外，《安东·莱瑟》(*Anton Reiser*) 是他最喜欢的书籍之一。卡拉姆津自比年轻的斯基泰人阿纳卡西斯（Anacharsis），当他去看望康德、尼古莱、拉姆勒、赫尔德、维兰德时，他觉得是在拜访老师。他在剧院观看柯策布（Kotzebue）的剧作时哭成了一个泪人。他将柯策布剧作中表现的真实与法国戏剧中表现的矫揉造作进行了比较。我们感觉卡拉姆津在对普鲁士朴素风俗的欣赏与对柏林精英阶层的某种保留态度之间犹豫不定，普鲁士社会对官僚主义的偏好，在例如表格分发中便体现出来。[2]

---

[1] 诗人埃瓦尔德·冯·克莱斯特（1715—1759），德国早期主要启蒙作家之一，在库勒斯道夫战役中身负重伤，因拒绝截去伤脚而去世。

[2] 可能十几年前，在莱比锡求学的莫斯科未来的指挥官罗斯托普钦（Rostopchine）在访问普鲁士时所作的尖刻描述给他留下了深刻印象。

　　卡拉姆津从柏林动身前往莱比锡，他对没能在莱比锡学习感到很遗憾。他在那里拜访了作家维斯（Weisse）。他与巴尔特勒米修道院院长（abbé Barthélemy）①的作品中出现的贝克（Beck）教授会谈，不久前语文学家海讷（Heyne）在哥廷根就该作品发表了书评。1789 年 7 月 16 日，卡拉姆津和高雅的普拉特纳教授、画家奥塞尔一起受邀去蓝色天使客栈，在那里他们讨论了苏尔寿（Sulzer）的美术理论以及将克洛普施托克（Klopstock）作品译成俄文的难点。

165

　　卡拉姆津还游历了魏玛、法兰克福、苏黎世，虽然这些地方更加引人注目，但也只是进一步巩固了他对普鲁士的最初印象。

　　1789 年 8 月卡拉姆津来到斯特拉斯堡，随后凭借在德国获得的丰富经验继续前往瑞士旅行，之后又去往正处于大革命当中的法国。在斯特拉斯堡，他记住了大教堂和由比加勒（Pigalle）设计建造的萨克森元帅墓。随后他前往巴塞尔，在瑞士停留了一段时间。在苏黎世，他在偶像拉瓦特那儿待了一阵子，在那儿他结识了德语、丹麦语诗人延斯·巴格森（Jens Baggesen），后来巴格森在耶拿成为费希特的门生。卡拉姆津手拿《新爱洛伊斯》，在洛桑的郊区完成了朝圣卢梭之举。对他来说，卢梭的作品难道不是对《少年维特之烦恼》的解释吗？他在日内瓦遇见了诗人阿尔布雷希特·冯·哈勒的一位女性后人，她让卡拉姆津回想起哈勒的作品。卡拉姆津在日内瓦期间还去拜访了哲学家、博物学家查理·邦纳，邦纳是他的另一个知识参照。这也是一个在莫斯科的哲学文化中提及沃尔夫广场（place de Wolff）的机会。德国参照和法国参照的并列似乎与卡拉姆津在游历欧洲时对启蒙运动的看法相悖。他离开日内瓦前往法国是为了在第一家旅馆见一位残疾军人，让他给自己讲述

---

① 让-雅克·巴尔特勒米（Jean-Jacques Barthélemy，1716—1795），东方语言专家、钱币学家，1753 年至 1754 年曾去罗马游历。《公元前 4 世纪中叶左右年轻的阿纳卡西斯的希腊游记》写于 1757 年至 1787 年。直到 19 世纪中叶该游记依然是一本关于希腊文学的入门书籍。

萨克森元帅指挥的丰特诺瓦（Fontenoy）战役。一到里昂，卡拉姆津就去拜
访了诗人马蒂松①，这位诗人正给里昂一位银行家的孩子们当家庭教师。他写
道："啊，先生，您说德语？您喜欢我们的文学？欣赏德国人的正直？""结识
他，我比他更高兴，因为我极其珍视真诚美好的友谊。而我并没有指望能在
法国结交到很多这样的朋友。"②拜访过马蒂松之后，卡拉姆津观看了《乡村
占卜师》（*Devin de village*）的演出。为了追随德国朋友戈特弗里德·贝克尔
（Gottfried Becker）这位旅伴，卡拉姆津放弃去普罗旺斯旅行，而是直接去
了巴黎。在其1777—1778年的法国之旅中，戏剧家德尼·丰维兹尼（Denis
Fonvizine）也与一位在圣彼得堡做批发生意的德国朋友结伴而行。③卡拉姆
津从1790年4月至6月一直待在巴黎。他没有对巴黎的建筑进行详细的描
写，只提到了逗留期间大革命引起的混乱。相反，他描写了风俗，并一如既
往地提到他与名流们的会面，这将可以让他作为欧洲启蒙运动的杰出代表在
俄国崭露头角。他在科学院见到了巴尔特勒米修道院院长，后者写的《年轻
的阿纳卡西斯的游记》（*Voyages du jeune Anacharsis*）很明显给卡拉姆津留
下了深刻印象，他在那里还见到了皮埃尔-查理·列维斯克（Pierre-Charles
Lévesque）④这位最早写作俄国历史的学者，卡拉姆津这位俄国历史学家将竭
尽全力去超越列维斯克这个榜样。卡拉姆津的俄国人视角带有非常明显的德

166

---

① 弗雷德里希·马蒂松（Friedrich Matthisson，1761—1831）一开始在德绍的博爱学校
（philanthropin）从事教学工作，随后开始游历欧洲，担任家庭教师。他是浪漫主义前期
抒情诗人的主要代表之一。

② 尼古拉·卡拉姆津：《一位俄国旅行者的书简》（*Lettres d'un voyageur russe*），弗拉迪米
尔·贝勒罗维奇（Wladimir Berelowitch）注本，巴黎：伏尔泰码头出版社，1991年，第
103页。卡拉姆津书信的法文译本只涉及他在瑞士和法国的旅行。

③ A. 斯特利切克（A. Strycek）：《启蒙时代的俄国，德尼·丰维兹尼》（*La Russie des
Lumières. Denis Fonvizine*），巴黎：五洲出版社，1976年，第357—358页。

④ 皮埃尔-查理·列维斯克（1737—1812）被叶卡捷琳娜女皇召到圣彼得堡担任美文部院
士，列维斯克学习俄文，并撰写了《俄罗斯史》（1782—1783，6卷），他也因此而获得了
法兰西公学院的教席。

国文化色彩，他的这个视角一下子指出了他所处的空间具有欧洲性。他将科学院的词典与阿德隆（Adelung）出版的词典进行了比较[1]。他注意到："巴黎的化学家和天文学家是全球最优秀的。在德国，一位学者在说出拉朗德（Lalande）和拉瓦锡名字的时候会暴露自己的思想。"[2]此外拉朗德"与欧洲最著名的天文学家保持着经常性的通信联系，但只在谈到柏林学者伯德[3]时才显示出尊重"。[4]至于拉瓦锡，他在得知卡拉姆津的旅伴戈特弗里德·贝克尔是柏林化学家克拉普罗特[5]的学生时感到很高兴。

　　卡拉姆津眼里的德国带有瑞士纯朴风俗的理想表现。这是一个想象的空间，《少年维特之烦恼》、拉瓦特的说教、哈勒的诗歌以及卢梭的散文均汇聚于此。J. M. R. 伦茨无疑为他打开了这个感觉空间的大门，这个空间由普鲁士象征性的参照主导，柏林既是起点又是象征。在穿越了德语地区之后，卡拉姆津进入法国，但他并未就此与德意志地区脱离关系。一路上他遇到了很多德国人，并且旅伴也是一位德国人。他担心在接触法国文化之后会变得颓废，去阿蒙浓维拉（Ermenonville）朝圣将算得上他在巴黎旅居期间的重要时刻之一。同时，俄语、德语，等等，这些东西决定了人们的感知，导致国家边界相对化。虽然启蒙运动传播到了其他地方，尤其是德国，但卡拉姆津只关注启蒙运动精神在法国的表现。因为他是俄国人，这位俄国旅行家目光所及之处，网络、比较、共鸣现象自动出现，一幅启蒙运动的欧洲场景使得柏林和日内瓦应仿效巴黎，更不要说随后的英国之旅了。和科学院的普遍性不同，这种新形式的普遍性不再像莱布尼茨时代一样假设一个同质的空间，而是根植于国家的特殊性之中。

167

---

① 尼古拉·卡拉姆津：《一位俄国旅行者的书简》，第 182 页。
② 尼古拉·卡拉姆津：《一位俄国旅行者的书简》，第 183 页。
③ 约翰·埃勒特·伯德（Johann Elert Bode，1747—1826），天文学家，柏林天文台台长。
④ 尼古拉·卡拉姆津：《一位俄国旅行者的书简》，第 184 页。
⑤ 马丁·亨利希·克拉普罗特（Martin Heinrich Klaproth，1743—1817），德国有机化学专家。

在法国传播德国哲学的俄国人

　　这种三角文化特征不仅反映了 18 世纪或 19 世纪初知识生活的特定时刻。它在阐释的媒介中也扮演了决定性角色。这个媒介可以让我们理解德国唯心主义时期。有一个非常有意思的现象，即我们注意到 20 世纪二三十年代很多给法国大学生解释德国哲学含义的人都是俄裔学者，在抵达法国之前他们都已经去过了德意志地区。这些人中亚历山大·柯瓦雷（Alexandre Koyré）是关键人物，他出生于塔甘罗格（Taganrog）一个俄国犹太商人家庭。① 他在第比利斯（Tiflis）和罗斯托夫（Rostov）读初中，1905 年革命爆发时他还是一名高中生。他积极参与革命，因此蒙受牢狱之灾，他在狱中有充裕的时间阅读胡塞尔出版没多久的《逻辑研究》，随后他去了哥廷根大学（1909—1912 年），在那儿听了胡塞尔、阿道夫·海因纳赫（Adolf Reinach）② 以及数学家希尔伯特（Hilbert）的课程。③ 他于 1912 年去了巴黎，一直待到 1914 年，那

168

---

① 关于柯瓦雷，请主要参阅以下几本著作：吉拉尔·约尔兰（Gérard Jorland）：《哲学中的科学，亚历山大·柯瓦雷的认识论研究》（*La science dans la philosophie. Les recherches épistémologiques d'Alexandre Koyré*），巴黎：伽利玛出版社，1981 年；皮埃德罗·勒东蒂（Pietro Redondi）：《亚历山大·柯瓦雷，从神秘主义到科学，课程、讲座与文献，1922—1962 年》（*Alexandre Koyré. De la mystique à la science. Cours, conférences et documents, 1922—1962*），巴黎：法国社会科学高等研究院出版社，1986 年；卡尔罗·温蒂（Carlo Vinti）编：《亚历山大·柯瓦雷，知识分子的冒险》（*Alexandre Koyré. L'avventura intelletuale*），那不勒斯：意大利科学出版社，1994 年。

② 阿道夫·海因纳赫：《全集》（*Sämtliche Werke*），两卷，慕尼黑：哲学出版社，1989 年。亚历山大·柯瓦雷和爱迪特·施泰因（Edith Stein）都声称受到海因纳赫的影响。1910 年夏季学期的课程"柏拉图哲学以及'现在'的认识论问题"对柯瓦雷的影响尤甚，这是一门关于芝诺悖论的课程，后来柯瓦雷被芝诺悖论吸引住了。柯瓦雷和海因纳赫曾于 1911 年 4 月前往佛罗伦萨旅行。

③ 柯瓦雷中心保存了柯瓦雷在听胡塞尔的作为知识论的逻辑学课程（1910—1911）、阿道夫·海因纳赫的柏拉图哲学课程（1910）以及希尔伯特的数学原则与基本问题课程（1910—1911）时做的笔记。

段时间他有幸听了伯格森的课程。他在哥廷根学习的时候① 认识了马克斯·舍勒（Max Scheler）。当时他的兴趣在证明上帝存在的问题上。② "一战" 爆发后，柯瓦雷成为法军的志愿军，并于 1916 年被派往俄国。他参加了二月革命，随后又重新回到布尔什维克的对立面社会革命党，1919 年他最终离开了俄国。自 20 世纪 20 年代初以来，他在高等研究实践学院任教。1927 年柯瓦雷的法语博士论文《19 世纪初俄国的哲学与民族问题》（*La philosophie et le problème national en Russie au début du XIX* *siècle*）通过答辩。在这篇具有历史意义的明确清晰的博士论文中，他试图说明竭力调和信仰与知识、情感与思想的俄国亲斯拉夫的人才是真正的德国浪漫主义哲学的继承者。③ 通过浪漫主义哲学，柯瓦雷首先理解了谢林的自然哲学。

在我们看来，我们已经解释了莫斯科年轻人迷恋浪漫主义形而上学，迷恋谢林、奥肯（Oken）、施勒格尔等人学说的原因。它们很容易就适应了通俗化，让人产生对哲学的兴趣；此外，这也是它们赋予艺术的显著作用 [……] 哲学和美学的浪漫主义能够给予民族原则以形而上学意义，

169

---

① 参见由汉斯-莱纳·塞普（Hans-Rainer Sepp）编注的《埃德蒙德·胡塞尔与现象学运动》（*Edmund Husserl und die phänomenologische Bewegung*）文集中发表的照片，弗莱堡—慕尼黑：卡尔·阿尔贝（Karl Alber）出版社，1988 年。从这张照片上可以看到 1912 年 2 月柯瓦雷在海因纳赫、汉斯·利普斯（Hans Lipps）、马克斯·舍勒身旁。

② 这具体表现在他写的一部关于圣安塞姆的作品（《圣安塞姆哲学中的上帝概念》[*L'idée de Dieu dans la philosophie de Saint Anselme*]）中，战前在弗朗索瓦·比佳威（François Picavet）的指导下他已经开始这项工作。从该书中可以看到柯瓦雷思想中的柏拉图主义。第 60 页注释："可以说只要将普罗提诺（Plotin）的思想翻译成现代术语——或者倒过来——就可以认识到普罗提诺的影响及其思想本质。不仅在德国唯心论者那里（很容易从黑格尔、谢林或者费希特思想中发现），而且在最现代、最科学的体系中也是如此，如马尔堡学派的领袖赫尔曼·科恩（Hermann Cohen）用被认为是从圣格里高利（Saint Grégoire）或者圣马克西姆（Saint Maxime）那里借来的术语描述普遍智慧。"

③ 参见《19 世纪初俄国的哲学与民族问题》，列宁格勒法语学院图书馆，第 10 卷，1929 年，1976 年巴黎伽利玛出版社再版。亦可参见《俄国哲学思想史研究》（*Etudes sur l'histoire de la pensée philosophique en Russie*），巴黎：芙兰出版社，1960 年。

从而对创建民族艺术、民族文学、民族哲学产生憧憬。①

他把它解释为具有柏拉图主义内涵的文艺复兴神秘主义的久远延续。可以看出，柯瓦雷在开始其知识之旅之际使用的哲学工具与其对1800年前后德国哲学的看法密切相关。应该从对世界的宗教认知和柏拉图神秘主义出发的想法带有明显的俄罗斯根源的痕迹。亚历山大·柯瓦雷继续在国外生活，与包括罗曼·雅各布森在内的俄罗斯朋友在一起，1931年他创办了《哲学研究》（*Recherches philosophiques*）杂志，其时这个俄国参照人物并未消失不见。

很有可能是因为这个俄罗斯背景，柯瓦雷一开始就被胡塞尔的思想吸引了。因为对他来说，现象学是感觉本质的一种方式。在此基础上，可能将思想行为描述为长时段里结构的组成部分。在对科学传统的分析中，该方法意味着给予思想和知识结构——而不是经验主义——以优先权。这正是他在研究17世纪科学当中的无限概念以及试图寻找开普勒和牛顿大发现的宗教与哲学前提时的直觉。鉴于这个世界可能由年代久远的参照和当代资料构成，柯瓦雷试图通过直觉深入一位作者的知识世界核心。柯瓦雷知识发展中的另一个基本要素是伯格森哲学，在1900年前后的俄国，它引发了非常积极的反响，强调对时间的认知。1911年在哥廷根的一次交流中，柯瓦雷在胡塞尔面前将伯格森的时间理论阐述为精神现象。柯瓦雷将在他的哲学作品中致力于系统地阐明时间性和无限性的衔接问题。

柯瓦雷在高等研究实践学院开设的第一门课程是关于雅各布·波墨（Jakob Böhme）的，他的国家博士论文研究的也是雅各布·波墨。他把波墨看作柏拉图神秘主义传统的代表，其他代表还有魏格尔（Weigel）、施温克菲尔德（Schwenckfeld）和帕拉塞尔斯（Paracelse）。一年以后（1923年到1924年），他致力于将1800年前后的哲学作为神秘主义传统的结果来阐述，他尤其关注

① 《19世纪初俄国的哲学与民族问题》，第201页。

奥廷格这个中介。①1924 年到 1925 年，他讲授了一门关于谢林和施莱尔马赫（Schleiermacher）的课程。后来他又开设了费希特研讨班。1926 年到 1927 年、1932 年到 1933 年，柯瓦雷讲的是黑格尔，他把"不幸意识"作为讲演的核心。黑格尔也是继波墨之后被视为尽力调和神学与历史辩证法的一位哲学家，但他未找到永恒的未来。柯瓦雷批评黑格尔没有站在宗教思想的立场上。②

胡塞尔的一名俄罗斯学生对 1800 年前后的德国进行了决定性阐释，由于其个人经历，他只能强调神学及存在问题。

在这里我们不是要讨论柯瓦雷对法国知识史的主要贡献——他参与了一个法国科学史学派的创立。但是我们要注意柯瓦雷认为自然科学史在哲学和近乎神学的意义上强调了任何发现的形而上学前提，经验主义与这些前提无关。科学只是本质的先验思考的实际延续。在这方面，法国的科学史学派要尤其感谢通过俄国人被大量引进的德国哲学。

当亚历山大·柯瓦雷讲授关于黑格尔的课程时，座下有一位从俄国来的名叫亚历山大·科耶夫的哲学家，一年之后科耶夫便接替柯瓦雷在高等研究实践学院任教。③1933 年至 1939 年期间，亚历山大·科耶夫每周一下午五点半左右固定召开著名的《精神现象学》研讨班。除了巴塔耶（Bataille）、罗歇·凯卢瓦（Roger Caillois）、格诺（Queneau），参加这个研讨班的还有后来翻译《现象学》的让·伊波利特（Jean Hyppolite）、拉康（Lacan）、梅洛-庞蒂（Merleau-Ponty）等人。通常这个研讨班的举办被视为 20 世纪 30 年代

171

①　弗雷德里希·克里斯托夫·奥廷格（Friedrich Christoph Oetinger，1702—1782），受到雅各布·波墨启发的神学家，他将《圣经》的启示与自然的启示进行比较。他是符腾堡虔诚派的代表，谢林尤其爱读他的著作。
②　我们要注意在那个时代，一位留学德国、名叫爱弥儿·迈尔森（Emile Meyerson）的俄裔哲学家在其 1921 年出版的著作《论科学中的解释》（De l'explication dans les sciences）中对黑格尔的科学哲学进行了深刻批评。
③　关于科耶夫，推荐阅读多米尼克·奥弗雷（Dominique Auffret）:《亚历山大·科耶夫，哲学、国家与历史的终结》（Alexandre Kojève. La philosophie，l'Etat，la fin de l'histoire），巴黎：格拉塞（Grasset）出版社，1990 年。

法国的主要哲学事件。① 科耶夫的法语表达十分地道，但他有轻微的斯拉夫口音，这种口音似乎对听众产生了持久的催眠效果。在格诺的小说或乔治·巴塔耶的立场中寻找科耶夫研讨班产生的促进作用几乎成了一种习惯。科耶夫首先想到的是将黑格尔的修辞法应用于当下，这些修辞法被认为解释了1800年前后的历史进程，他还想到将20世纪30年代的政治紧张局势作为理解黑格尔解释性工作的关键。科耶夫着重发展了两个主题：主人与奴隶的辩证法、历史的终结。在主人与奴隶的辩证法中，他觉察到生产资料解放性占有的动机。历史的终结，在黑格尔的版本中与第一帝国相吻合，对他来说历史的终结只是一个临时的终结，它宣告了另一个历史的终结，另一个黑格尔会在作品的马克思主义解读的基础上思考另一个完全重构的拿破仑形象。此外，历史上暴政的原因是科耶夫与移居美国的德国犹太裔哲学家列奥·施特劳斯（Leo Strauss）之间长期通信的主题。②

尽管科耶夫的作品标志着黑格尔在法国的接受出现深层次断裂，但他的研讨班与对《耶拿逻辑》中时间性概念的思考有关，亚历山大·柯瓦雷不久前就谈过这个问题。在召开关于黑格尔学说的研讨班的同时，科耶夫还定期讲授俄国宗教近代哲学课程。科耶夫在最终定居巴黎之前于海德堡大学完成了博士学业，其博士论文研究的是俄国宗教哲学家索洛维耶夫（Soloviev）③。

① 亚历山大·科耶夫：《黑格尔阅读导论》（*Introduction à la lecture de Hegel*），巴黎：伽利玛出版社，1947年。1933—1934年课程概要写道："我的这个讨论会是柯瓦雷先生关于黑格尔宗教哲学课程的延续。柯瓦雷先生分析了《精神现象学》之前的文本。我的这个研讨班按照柯瓦雷先生的阐释方法，并基于其课程的指导思想来研究《精神现象学》[……]《精神现象学》是哲学人类学。更确切地说，是对人类存在态度的系统完整描述，在胡塞尔那里这个词语在现代意义上是现象学的，这样描述是为了对存在本身进行本体论分析，这构成了'逻辑'术语。"

② 列奥·施特劳斯：《论暴政》（*De la tyrannie*），附《列奥·施特劳斯与亚历山大·科耶夫通信集（1932—1965）》，巴黎：伽利玛出版社，1997年。

③ 科耶夫将索洛维耶夫的思想概括为基于谢林和德国哲学而试图调和泛神论观念与上帝二元论观念。在他的作品中，在他对德国的理解和感知之初，他对自己的文化根源进行了一种自我审视，其中对德国神秘主义的运用是核心。——A. 科耶夫：《Vl. 索洛维耶夫的宗教形而上学》（La métaphysique religieuse de Vl. Soloviev），载《历史与宗教哲学杂志》（*Revue d'histoire et de philosophie religieuse*）第14卷第6期，1934年，第534—544页及第15卷第1—2期，1935年，第110—152页。

科耶大尼科大（Kojevnikov）（此为科耶夫原名——译者注）生于 1902 年，他的父亲死于日俄战争。他在莫斯科阿尔巴特（Arbat）区富裕的环境中长大，他的继父是一位珠宝商，当革命爆发时，他还是一名对远东地区的宗教感兴趣的高中生。据说他可能在黑市销售商品，1918 年他差一点被行刑队处决。可以肯定这个年轻人坐过牢，据他后来解释他在狱中接触了共产主义。由于俄国形势变得不可控，他于 1919 年 6 月在波罗的海地区的里包（Libau）参加了中学毕业会考，当他意识到在俄国已无学可上时，他最终决定离开俄国。1919 年 12 月或 1920 年 1 月，他在一位生活在俄国的德国朋友格奥尔格·维特（Georg Witt）的陪同下逃往波兰，他在那儿停留数月以治疗伤寒，直到 1920 年年中才抵达柏林。紧接着他从柏林前往意大利旅行，最后返回德国，到海德堡继续他的学业。

科耶夫在就读期间，将哲学、佛教和俄国文学三者结合了起来。他主要听了雅思贝尔斯的课程，并似乎对胡塞尔不感兴趣。1922 年年底他移居柏林，过起了奢靡生活，主动加入俄国流亡贵族的圈子。1924 年至 1925 年间，他重新来到海德堡，完成了学业。当科耶夫认识亚历山大·柯瓦雷这位长辈时，他已经身处德国，而柯瓦雷的妻妹则成了他的伴侣。1926 年年底科耶夫到达巴黎，他经常去索邦大学，沉湎于东方语言和自然科学，并与哲学家贝迪亚埃夫（Berdiaev）身边的俄国移民保持联系。他写了一篇关于古典和现代物理学中决定论思想的新论文参加教职资格答辩，但未通过。如同他的朋友柯瓦雷，科耶夫在俄国宗教哲学中辨认出了德国神秘主义的痕迹，从波墨到布鲁诺·德·谢林（Bruno de Schelling）都对这种神秘主义有所阐发。就像柯瓦雷一样，他在理解俄国哲学的德国范式中无限意识和历史意识的结合时也遇到困难。个人自由问题表现在无神论者科耶夫与俄国神学的冲突当中。也许还应该提及他对德国哲学的阐释的其他俄国解答，尤其是他阅读了陀思妥耶夫斯基的《群魔》，历史的终结这个主题在这部作品中被谈及。

即使胡塞尔在科耶夫的思想演变上只起到了次要作用，科耶夫在德国哲学与法国接受之间的复杂协调中也发挥了与柯瓦雷大致相同的作用。20 世纪

173

30 年代的法国人面对着的是黑格尔对 1800 年前后欧洲历史的解释，而这种解释只能在俄罗斯知识史的基础上得到阐释。

此外科耶夫在另一个程度上也体现了这种三角关系：他与定居德国的伯父、画家康定斯基（Kandinsky）之间的通信写得很翔实。[①] 康定斯基在柏林和慕尼黑学习艺术，参加了"青骑士"运动，在（俄国）革命之后他短暂地担任过文化事务官员，直到他来到魏玛，加入了包豪斯学院。科耶夫在法国留意他伯父在艺术上的发展，并在一封通信中表明了他的立场，这封通信对艺术史来讲是名副其实的贡献。

柯瓦雷与亚历山大·科耶夫的三方中介作用可以通过第三个例子来补充。犹太裔俄国哲学家乔治·古尔维奇（Georges Gurvitch）1894 年生于圣彼得堡，后来也曾赴德国求学，20 世纪 20 年代末到达法国。他在一本知识分子自传中提到了他在德国的经历：

174

> 大学前两年（1912—1914），冬天我在俄国，夏天则在德国。这两年学习了法律，阅读了各种政治学说主要创立者的著作。对新康德主义哲学的不同倾向进行了深入思考：科恩（Cohen）、纳托普（Natorp）、卡西尔（Cassirer）、里克特（Rickert）、文德尔班（Windelband）、沃尔克特（Volkelt）、雷诺维耶（Renouvier）、哈梅林（Hamelin）……最后，这在我心中引起了强烈反应，反对任何派别的新康德主义，反对其伪装的柏拉图理念论，反对其相当原始的反心理主义。无论塔尔德（Tarde）与涂尔干之间的争论，还是齐美尔（Simmel）的社会学形式主义都不能令我满意，我转向了威廉·冯特。为了更好地理解他的民族心理学，他建议我在他的实验室研究实验心理学。这些研究的唯一且相当短暂的好处是

---

① 亚历山大·科耶夫：《康定斯基的具体（客观）绘画艺术》（*Les peintures concrètes* [*objectives*] *de Kandinsky*），载《国立现代艺术博物馆手册》，1992 年，第 177—193 页。《康定斯基与科耶夫通信集》，载《国立现代艺术博物馆手册》，1992 年，第 143--175 页。

通过实验告诉我直接的心理—生理并行性是不可能的，并向我展示了生活时间、概念化时间，尤其是测量时间、量化时间和空间化时间之间对应关系的缺乏，必须对所有这些不同的时间都加以区分。①

也许古尔维奇最引人注目的经历是在战前的几个月里在海德堡听埃米尔·拉斯克（Emil Lask）②讲课。除对费希特感兴趣之外，他从马克斯·韦伯的社会学那里也有所发现。1915年至1920年古尔维奇在俄国学习，随后在彼得格勒大学授课，几个月之后离开那里，接着移居捷克斯洛伐克，在布拉格的俄语大学从事教学工作，1925年前往巴黎。

"二战"期间，古尔维奇在纽约社会研究新学院任教。他在纽约与科耶夫的通信人列奥·施特劳斯保持联系。从1948年起到他去世时为止，古尔维奇一直在索邦大学担任社会学教授。1920年他离开俄国时也带走了一个计划：写一本关于费希特的书。后来他在布拉格用德文写成这本书。古尔维奇去查阅了费希特的手稿，特别是费希特晚年的手稿。在他身上，古尔维奇看到了一种绝对现实主义，这种绝对现实主义为其提供了现象学所不能提供的东西。可能正是由于他对费希特的崇敬，古尔维奇得到了格扎维埃·莱昂的支持，格扎维埃·莱昂让他接触到了《形而上学与道德杂志》（*Revue de métaphysique et de morale*）。1928年和1929年他在这本杂志上撰文介绍了德国哲学的最新发展，后来他在这些文章的基础上于1930年写出《德国哲学的当前趋势》（*Les tendances actuelles de la philosophie allemande*）。③ 在

---

① 《我的知识之旅或被乌合之众排斥的人》（*Mon itinéraire intellectuel ou l'exclu de la horde*），载《人与社会》（*L'homme et la société*）杂志，1966年，该文被让·杜维尼奥（Jean Duvignaud）转载在《古尔维奇》一书上，巴黎：塞热尔斯（Seghers）出版社，1969年，第81页。

② 埃米尔·拉斯克（1875—1915），新康德主义者，与马克斯·韦伯相近。他于1902年撰写了博士论文《费希特的唯心主义与历史》（*Idéalisme de Fichte et l'histoire*），1913年他担任海德堡大学教授，两年之后死于战争。

③ 乔治·古尔维奇：《德国哲学的当前趋势，胡塞尔、舍勒、拉斯克、哈特曼、海德格尔》，巴黎：芙兰出版社，1904年（系作者笔误，应为1930年——译者注）。

利奥·布伦士维格（Léon Brunschvicg）① 撰写的长篇序言之后，古尔维奇谈
到了埃德蒙德·胡塞尔、马克斯·舍勒、埃米尔·拉斯克、尼古莱·哈特曼
（Nicolai Hartmann）以及马丁·海德格尔（Martin Heidegger）。柯瓦雷和科
耶夫首先考虑进一步推进在德国获得的思考，古尔维奇则不同，他只提供一
些信息。相关作者的出版物都得到了准确统计。古尔维奇乐意去阐释所使用
的概念，例如现象学概念。对他来说，这是一个描述一种只有用直觉才能公
正对待的经验流的问题。他质疑那种认为胡塞尔思想中的"本质"与柏拉图
的"理念"有关的观点，但他批评胡塞尔对无理性论述得不充分。除了胡塞
尔，马克斯·舍勒——古尔维奇和柯瓦雷都曾见过他——也体现了现象学的
一种发展。舍勒哲学的伦理维度和宗教维度尤其令古尔维奇满意，但他还是
批评舍勒不懂费希特的哲学成果。费希特的哲学已经超过了康德的形式主义。
关于舍勒的一章其结尾有一条注释②，让读者去参阅俄国的一个思想流派，这
个流派的发展与德国现象学流派的发展是同时的。尼古拉·罗斯基（Nicolas
Lossky）与塞米翁·弗兰克（Sémion Frank）在很多作品（有德语译本）中
都已经预感到了直觉与系统建构之间的调和，正如哈特曼所看到的那样。为
了更好地给读者提供信息，古尔维奇让读者参考他写的关于 20 世纪前二十五
年俄罗斯哲学的文章——这可能是他最早的法文作品之一 ③，或者罗斯基的法
语译本 ④。古尔维奇书中提到的最后一位哲学家是马丁·海德格尔。古尔维奇

---

① 利奥·布伦士维格（1869—1944），人权联盟成员，其哲学建立在斯宾诺莎和康德哲学的
基础之上。
② "我们要注意到俄国的直觉主义是与德国现象学同时的运动，其代表人物中有一些一流哲
学家，例如尼古拉·罗斯基和塞米翁·弗兰克，这个流派自 20 世纪初起便致力于在直觉
和系统之间开辟一条综合道路。[……] 由于我们仅限于对德国哲学的阐述，令人遗憾的
是我们无法考虑德国和俄罗斯哲学思想运动之间的许多非常有意义的类比 [……]"，乔
治·古尔维奇：《德国哲学的当前趋势》，第 152 页。
③ 《斯拉夫世界》（Monde slave），1926 年 8 月。
④ 在其学术自传中，他强调一段时间里罗斯基和弗兰克的直觉说对他产生的吸引，罗斯基与
弗兰克与亲斯拉夫人的立场接近。

将海德格尔的本体论理解为与伯格森的"生命冲动"的未明言的争论。伯格森
是 20 世纪初在俄国最受欢迎的法国哲学家。无理性问题在海德格尔那里得到
了恰当论述。人类存在的被遗弃使古尔维奇想起他对费希特后期哲学的分析。
在他看来，对 20 世纪 20 年代哲学来说，海德格尔代表了现象学特有的概括和
后康德唯心主义的回归。对黑格尔的反抗可能是企图重新找回费希特和谢林的
传统的表现。

　　在这里绝对不可以描述实践哲学的优先性与后来其大量社会学著作之间
的过渡，古尔维奇认为他从舍勒和海德格尔的现象学那里认识到了实践哲学
的优先性。但可以肯定的是他在早期的论文中对哲学的社会关联性表现出兴
趣。在这里我们更愿意强调宗教的俄国哲学背景，就如在柯瓦雷和科耶夫作
品中所体现的，在古尔维奇的作品中它也确定了当代德国哲学路径以及回溯
既往时的德国唯心主义哲学路径。德国哲学在法国的接受由这个解释层面表
达，这值得作为又一个独特性而被强调。柯瓦雷和科耶夫在对 1800 年前后的
德国哲学进行思考时，将现象学的中间阶段（胡塞尔之于柯瓦雷，舍勒之于
科耶夫）置于次要地位，而乔治·古尔维奇在他来到法国开始从事科学研究
工作之初，就在三方参照框架下成为这个重要中介的历史学家。

　　民族文学或民族文化史给人一种具有无裂隙的连续性的感觉，有时可以
将这种连续性照搬到双边关系领域，但绝对不能照搬到三边关系领域。也许
这种不连续性具有一种阐释学意义，它有解决线性简单化问题的作用。此外，
需要提醒的是不同的三角关系是可能的，甚至这些关系是轮流出现的。三国
文化迁变与两国文化迁变相同，重在程序化，而非对三方之间的文化交流作
真正总结。这就是为什么必须借助多学科的手段——因为虽然思想内容或文
学形式的影响可以在哲学或文学史的视域下得到研究，但是中介要是没有属
于文化史的分析，甚至社会史的分析，其自身很难被考虑。在这一点上，有
一个现象值得格外关注，即网络现象，网络使得定义边界两端的集体主体和
多功能的信息交换媒介成为可能。

第九章

18 世纪法德网络的动力

1752 年 4 月 29 日，柏林雕刻师格奥尔格·弗雷德里希·施密特（Georg Friedrich Schmidt，1712—1775）给他在法国学习期间结识的一位朋友、定居在巴黎的德国雕刻师让-乔治·维勒（Jean-Georges Wille）写了一封信。两位艺术家携带这封推荐信前往法国完成学业。施密特随信寄去了诗人哈格多恩的作品，并表达了希望对方能给他回寄物品的愿望：

> 如果您给我寄四分之一盎司品质最好的芹菜种子和相同重量最好的罗马生菜种子，我将会感到很高兴。我想在自己的花园里试种，看看能不能像我在法国时种出的一样。我想，如果碰巧信封够大，您可以把种子装在信封里寄给我。芹菜种子和罗马生菜种子这两样礼物足以让我感到满意。当我们的骑士给柏林寄信时您可以把种子委托给他们一起寄来。①

两个德国人用法语书信往来，一个邮寄哈格多恩的诗集，另一个回赠生菜种子，他们之间的交流表明的不仅仅是两个个体之间的关系。几年之

---

① 让-乔治·维勒的书信引用的是伊丽莎白·德居勒多、米歇尔·埃斯帕涅、迈克尔·沃纳整理的版本（图宾根：尼迈尔出版社，1999 年）。法文书信保留作者原来的拼写。

后，当初那个手持推荐信的画家弗雷德里克·雷克拉姆（Frédéric Reclam，1734—1774）将被维勒派到罗马跟随温克尔曼，后来他在其他信件中也被提及。这一交流清楚地表明了维勒的通信网络所发挥的基础性作用：使得各种思想以及一些文化产品能够在一个以德国人为主的群体中传播，这个群体中的成员以巴黎为中心，遍布整个欧洲。从 18 世纪 40 年代末到法国大革命初期，有超过 400 封信件被保留了下来，这些信件的作者居住在欧洲的各个文化中心，德意志文化也出现在这些文化中心里。这些信件能够作为例证，帮助我们研究跨文化迁变中的网络概念。

　　如今，网络这一术语被滥用，以至于有时表示的是一个由普通的交流策略家在某一地无中生有地建立的一个无实质内容的组织，而维勒的例子明确了网络这一术语并阐明了这种社会团体出现的条件。一方面，网络使我们能够理解文化交流的主体间性和互动性维度。网络所涉及的并不是单独的个体，而是进行交流的团体。另一方面，这些网络并不是为了单一目的而建立的，相反是为了改变表征的区分系统并产生新的分类。如果说这种网络是跨文化的一种集体人格表现，那么我们能够针对这种人格的表征系统进行思考。网络概念所指的其实是一个系统概念，以便对文化社会学与思想一致性的思考能够处于同一个单一分析层面之上。

让-乔治·维勒网络的建立

　　一个网络能够围绕一个中心人物形成，这个人物可能已经被文学史、知识史遗忘，但这个网络仍然是信息交流中心。正如雕刻家让-乔治·维勒，他于 1736 年从吉森地区（Giessen）来到巴黎定居，并娶了一位法国女子为妻，直到帝国时期，他一直是德意志文化在法国的代表人物。维勒有写日记[①]的习

①　维勒的日记已于 19 世纪中叶被 G. 迪普莱西（G. Duplessis）翻译并出版，《维勒的回忆录与日记》（*Mémoire et Journal de J. G. Wille*），两卷本，巴黎，1857 年。

惯，从 18 世纪 50 年代到革命时期，其间有中断。他在日记中特意提到了大量往来信件，特别是与德国那边的通信。

与维勒通信的主要有以下三类人。首先是艺术家，主要是一些雕刻家，他们写了一些商业信件，涉及技术问题和订货问题，讨论不同学校的氛围环境以及正在进行的项目。其中一些雕刻家与维勒是同辈人，另外一些雕刻家则更年轻，是他的学生。

与他通信的还有一些文学家。对艺术的论述也是文学的一个重要部分，维勒与温克尔曼和萨洛蒙·盖斯纳（Salomon Gessner）均有书信往来。在这些文学家中还有一些杂志负责人，例如《通用德语图书评论》（德文 *Allgemeine deutsche Bibliothek*，法文 *Bibliothèque universelle allemande*）的弗雷德里希·尼古莱——这本杂志也是传播启蒙思想的重要媒介之一，以及《卓越科学与自由艺术文库》（德文 *Bibliothek der schönen Wissenschaften und der freyen Künste*，法文 *Bibliothèque des belles sciences et des arts libéraux*）的克里斯蒂安·菲利克斯·维斯（Christian Felix Weiss）。此外还有一些译者。维勒通过他们获取了关于德国文学发展的可靠信息。

最后一类人是一些收藏家，有的是王公，但更多的是一些萨克森或者瑞士的富商，维勒会在巴黎帮他们订购一些作品。他们之间通信的商业味道被友谊的宣言和对某位艺术家品位的评论细心地掩盖过去了。

在像维勒网络这样的通信网络中，我们会发现一些杰出人物，他们的信件在被交到不同的档案馆之前从卷宗中被选了出来。而这常常正是网络成为文化史或者跨文化史研究对象的主要原因。其中还有一些无名氏，我们即使从最完整的传记索引中也很难找到关于他们的线索。这种网络成为一个群体的一种表达方式，信息交流的动力赋予了这个群体以集体人格。莱比锡的富商戈特弗里德·温克勒（Gottfried Winckler）的藏品大大提高了同辈对艺术史的关注，他抛开了匿名买家身份，在 1764 年 2 月 10 日的一封长信中表明了自己对艺术的偏好。莱比锡的收藏家托马斯·里希特（Thomas

Richter）① 在 1766 年 12 月也做出了同样的事。1759 年 5 月，斯特拉斯堡的银行家，同时也是业余艺术家的埃伯茨（Eberts）试图将情感文学中的形象和修辞应用于他对刚刚结束的德国之旅的长篇描述，这次旅行从汉堡开始，以伯尔尼为终点。定居德累斯顿的瑞士风景画家阿德里安·齐格② 向他的老师维勒详细地描述了一位从巴黎来的尚不知名的年轻艺术家对德累斯顿美术学院（Académie des beaux-arts de Dresde）的印象。维勒的另一个学生雅各布·马蒂亚斯·施穆泽（Jakob Matthias Schmuzer，1733—1811）后来成为维也纳学院（Académie de Vienne）的院长，他在 1767 年至 1778 年的几封长信中透露了奥地利首都艺术家们之间的氛围以及艺术家们与王朝的关系。这些他们亲身经历的片段本身只具有轶事意义，这些片段开始获得一种无关写信者在故事中所处地位的价值，从而在整体上成为了一个个体、一个活生生的实体。

　　网络作为一个实体，并不等同于其所有成员的总和，它有着自己的生命，知识生活领域的语文学家或考古学家将其视为一种空间的并置。它随着时间的推移而不断变化，作为一个有机生命体而存在。新成员的加入方式也多种多样。维勒的许多朋友——这个网络中的人物被自动默认为维勒的朋友——是他于职业生涯之初在巴黎遇到的流动艺术家，后来他们纷纷回到了德语国家（施密特回到了柏林，约翰·马丁·普莱斯勒［Johann Martin Preisler，1715—1794］回到了哥本哈根），维勒自己则只身留在了法国。维勒的学生中有一部分就是他的这些第一代朋友推荐给他的。学生们在巴黎跟随维勒学习，后来也一直与维勒保持联系。

　　维勒作为网络的中心，其声望也发挥了自身效用。苏黎世画家和艺术史学家约翰·卡斯帕·弗斯利（Johann Caspar Füssli，1706—1782）曾向

① 参见苏珊娜·海兰德（Susanne Heiland）：《里希特的艺术品收藏评论》（Anmerkungen zur Richterschen Kunstsammlung），载《从博瑟故居到圣托马斯教堂，莱比锡的文化历史》（*Das Bosehaus am Thomaskirchhof Eine Leipziger Kulturgeschichte*），莱比锡：彼得斯（Peters）出版社，1989 年，第 139—174 页。
② 1766 年 8 月 11 日的一封信。

维勒请教，希望与他通信。从一些往来信件中可以得知一些欧洲的王公在访问巴黎时也会去拜访维勒，例如魏玛公爵。当然也会有一些成员离开这个网络。我们并没有发现明确的关系破裂，但关系的终结或与通信者的去世有关，大多数情况下，当必要的通信结束时，关系也就随之疏远了。约翰·卡斯帕·弗斯利主要是在温克尔曼撰写《古代艺术史》的时候与其通信，但后来他渐渐地对温克尔曼不再感兴趣。保留下来的维勒与画家克里斯蒂安·威廉·恩斯特·迪特里希（Christian Wilhelm Ernst Dietrich）的首封通信可以追溯至 1755 年，而两人的最后一次通信则是在 1766 年，德累斯顿美术学院完成创建，他们的通信也就逐渐减少了。

从历时结构来看，网络呈现出一种复杂的模式。维勒与一些人保持着书信联系，这些人之间可能有联系，也或许没有来往，但他们能够通过维勒进行间接交流。网络中的每一个成员都有自己的通信对象，并且能够将他们带来的消息传至总系统。因此，分类必须以共同利益，即一种同质性为前提。此外这个网络还延伸至口头交流。鲁昂（Rouen）的画家德康（Descamps）或柏林的作家尼古莱不仅谈论他们的阅读感想，也谈论他们的个人会面，而在巴黎的维勒拥有一个庞大的艺术家、艺术品商人和收藏家圈子，他虽然没有与他们通信，但会与他们见面，转达他们的回应。网络的口头延续提供了特定时期社会群体的一种背景音，并以"毛细"作用的方式结束，"毛细"作用能够追踪知识交流，直到时代的社会实质。

网络成员有时会在其行动的特定背景下对他们的情况进行总结。例如，1773 年 10 月，居住在伦敦的画家塞缪尔·希罗尼姆斯·格林姆（Samuel Hieronymus Grimm，1733—1794）为维勒画了一幅英国艺术品买家的肖像：

一个既没有财富也没有保护人，只能靠自己能力生活的人，他所期望的不过是每日的生活费，然而即便只是这样，也很难以一种正直诚实的方式实现，特别是在大都市里。那里充斥着阿谀奉承和夸夸其谈的人，他们肆无忌惮地践踏着谦虚这种品质。公众对我相当公正，但是我所结识的朋友大多属于中产阶级，他们无法给一个艺术家带来太多灵感，这使一切变得艰难和痛苦。然而，只有这些中产阶级才会用自己的眼睛去看、用自己的头脑去理解。上流人士被纯粹的风尚偏见所引导，在他们眼中，那些并非来自意大利的艺术品一文不值。奢靡和轻浮削弱了他们的生命力，使他们成为画商和奉承者的牺牲品①。

在此背景之下，他还讲述了一些相识的德国艺术家的近况，他们有的住在伦敦，有的去了意大利。

184

网络的运行

通信网络的运行有一个技术维度。这些信件一般四页纸长，即一张大纸对折后正反面书写，它们不一定，甚至可以说大部分并没有通过邮局邮寄。一方面，邮递信件不够可靠，另一方面收件人需要支付一笔不菲的费用。因此委托那些出于工作原因往来于欧洲各地并携带信件四处旅行的人转交通常是他们的首选。这些信件的附带作用则在于将送信者推荐给收信人。信中常常会提到送信人和他的社会地位，例如 1775 年 5 月 15 日，迈克尔·胡伯在给维勒的信中写道："您让我节省了一些格罗申，同样我也会为您考虑，让德·格里姆先生（M. de Grimm）代为转交这封信和这本书，替您省些法郎。"雕刻家施密特在旅居圣彼得堡期间写给维勒的信件都是通过旅行者转交的，他甚至会在得知有熟人出行时特意写信让其代为转交。

交往的复杂性使得信件的流通具有随机性，从而提升了信件的价值。1752 年 5 月，丹麦的德意志文化大臣瓦瑟施勒本（Wasserschleben）如果去

①　由米歇尔·埃斯帕涅翻译为法语。

找维勒需要大约 400 小时，而 1764 年迈克尔·胡伯花费了 20 多天才顺利到达莱比锡。可见他们之间的通信距离之长。瓦瑟施勒本是维勒的忠实通信者，他直到 1765 年 8 月 27 日才回复了维勒 4 月 28 日写给他的一封信。他曾于 1768 年 2 月 6 日回复了一封 1 月 20 日收到的信，而这封信写于上一年 12 月 20 日，这次的通信速度算得上极快了。维勒 1747 年 2 月 23 日寄出的一封信，4 月初才到达他的雕刻家朋友施密特手中。

185

1769 年 10 月 21 日，瓦瑟施勒本在经过漫长焦急的等待后，终于收到了献给丹麦国王的一箱木版画。这箱木版画分别于 6 月 29 日和 8 月 5 日经过斯特拉斯堡和法兰克福，直到 10 月 3 日才到达了吕贝克（Lübeck）。1770 年 4 月 3 日，国王授予维勒的表达谢意的奖章被委托给一位前往海牙的外交官，随后他在海牙将奖章转交给了另一个人，接着奖章又被交给了一个在巴黎的德国人，此人将奖章交到维勒手中。1773 年 10 月，居住在伦敦的德国画家格林姆抱怨道，一个从巴黎发出的箱子不得不折回布鲁塞尔，最终经加莱到达目的地。海关的规定相对难以预料。

一方面，交流涉及一些技术问题。维勒给他在鲁昂的朋友德康邮寄了一些优质雕刻刀，而德康则回赠给他一些用来作画的木炭条。哥本哈根的普莱斯勒期待着维勒寄给他的纸张，而柏林的施密特则希望能找到印刷油墨与铜版。除了这些技术交流，作品价值信息的交流也十分重要。订购铜版画的收藏家往往都有一份商品一览表，就像莱比锡的温克勒一样，他同时标出了想从维勒处购买的作品的期望价格。但更常见的是收藏家在维勒那里拥有一个账户，只以一种较笼统的方式表示他的兴趣。维勒则会解释他寄出的版画所具有的价值，强调他为获得这些作品做了哪些交易，并评估其珍贵程度。这种情况在维勒与苏黎世商人乌斯特里（Usteri）的大量通信中表现得尤为明显。1760 年 3 月 16 日，维勒就韦尔内（Vernet）著名的一系列法国港口画给乌斯特里写信：“尊贵的朋友，不要担心韦尔内还没有完成那些港口画。它们只会更好。我很清楚这一点，因为我看到了那些作品。我不会忘记重新为您签名。"①

维勒记录了和他通信的朋友们已经拥有的版画以便给他们建议。1766年
6月19日,他写信给乌斯特里:"你应该还没有德·马尔瑟奈(de Marcenay)
先生的作品:卖花女、萨克森元帅、阿尔让松伯爵、波兰现任国王。后三幅
售价贵一些,因为他也没有这三幅作品的雕版了。最近他根据凡·戴克(Van
Dyck)的作品创作了《日出》。还请您告诉我关于这些作品的确切信息,告诉
我您拥有其中哪些作品。"②维勒不仅提供客观信息,还会指出流行趋势,因
为他不想做一个单纯的艺术品商人,他的通信者也不想被视为盲目的买家。

交流也涉及政治消息。胡伯在信中指出了七年战争对萨克森人民的影响,
施密特也提供了一些圣彼得堡宫廷的详细情况。1763年3月29日,他写道,
还有一位雕刻家天真地坚持让一个被推翻的沙皇为其画像付费,"我们亲爱的
特彻(Teucher)还在圣彼得堡,他在那儿等着皇室返回,那样他就能拿到他
为已故沙皇作画应得的报酬了。这件作品是可怕的,如果他有一点理智,他
就将不再谈论这个危险的问题,因为一位君主一旦遭受和彼得三世一样的命
运,不管是谁,我都不建议他继续保留这幅画,除非他想尝尝鞭子,去与貂
和熊为伴"。这些都只是从艺术家的角度发表的评论。

网络,尤其是18世纪的通信网络,其主要功能之一是缩小空间并改变对
空间的感知。网络所产生的人为普遍性是建立一个市场的条件。因此,批发
商之间的通信,例如用波尔多的葡萄酒交换波罗的海地区的橡木板,以及艺
术家之间的交流都具有连续性。虽然欧洲空间可能被包围它的网络所否定或
相对化,但欧洲空间赋予了网络存在的理由。并非所有的欧洲城市都是艺术
中心,远远不是这样。维勒作为这个网络的中心、艺术品供货商、艺术家的
培训者以及艺术品的生产者,他所发挥的作用正因为巴黎和欧洲其他地区存
在差异才具有价值。网络产生的市场同质性实际上掩盖了中心对外围的控制

186

---

① 由米歇尔·埃斯帕涅翻译为法语。

② 由米歇尔·埃斯帕涅翻译为法语。

地位。这种不平等特别体现在所有艺术品都在巴黎被评估价值，并且用法国货币来标价。

鉴于这种情况，维勒的通信者们有时会把作品寄给他评估，但他们的请求往往得不到令人满意的答复。作品的价值由维勒单方面决定，就像他对德累斯顿的艺术大师迪特里希或画家约翰·康拉德·塞卡茨（Johann Conrad Seekatz，1719—1768）的画作所作的评价。然而维勒的德意志血统削弱了那些德国通信者眼中网络作为市场支柱的不平等性。诚然巴黎是整个网络中强制决定价值的地方，但这个地方被一个德意志人所占据，人们自然会强调他的德意志情怀。巴黎在艺术品市场构成中的主导地位引起了德国空间更深层次的结构化。空间的收缩只发生在欧洲的部分地区，并没有发生在诸如法兰克福这样的城市，而发生在像萨克森的莱比锡、瑞士德语区的苏黎世、普鲁士的柏林这样的新兴中心。一些城市之间形成了等级关系。圣彼得堡依附于柏林，德累斯顿依附于莱比锡。空间具有了一定的结构。

然而从诸多方面来看维勒只是一个艺术品商人。他保留着账簿，不遗余力地追讨抵押资金，在定期结算时提醒他的朋友们尚未向他支付的款项。银行家们，通常是巴黎的银行家们负责交易的最后一步，通信中明确规定了交易期限。维勒提到的价格与 18 世纪普通商人信件中列举的主要商品市场价格非常接近。他们还会通过信件讨价还价，例如 1763 年 9 月 23 日，维勒想要把自己收藏的卡萨诺瓦（Casanova）的画作卖给他在苏黎世的朋友乌斯特里：

> 您之前问过我卡萨诺瓦先生的画作价格。我了解的确切信息是他的作品每两幅不会低于 25 个金路易。我这里确实有几幅这位大师的作品，打算销往德意志。这几件作品大约 2.5 尺高（我说"大约"是因为我现在找不到尺子），如果您想要的话，我可以便宜 7 个金路易卖给您，因为我当初买的时候就花了 18 个金路易。我和他说我是给自己买的，艺术家

之间不应施压。他强烈要求我不要告诉任何人，没有一个人知道这件事，所以我恳求您不要把这件事说出去，因为我不可能再以这个价格买到他的作品。①

从某些方面来看，网络充当了交易场所。但从另一方面来看，网络在建立艺术品市场方面所发挥的作用表明经济交流与文化交流密不可分：维勒和他的通信者们一起欣赏作品、交流技艺、针对作品风格发表意见、抒发共鸣，这种同感将艺术家和收藏家在一种共同的道德规范中联系起来。在这个过程中，经济层面与文化层面之间的区分仍是一种回溯性的抽象形式，其脆弱性恰恰通过对网络的研究得以展现。

188

网络与机构

网络并非一个机构。那些机构拥有内部沟通渠道，比如罗马的法兰西学院（l'Académie de France à Rome）会定期与分管部长进行通信，许多学术团体也会与其分散在欧洲各地的成员保持系统性通信②。同时，网络具有成为机构的可能性，网络是一个虚拟的机构。得益于与欧洲各地艺术家的交流，维勒在18世纪50年代就已经获得了足够的声望，他不再专注于雕刻家的主业，即创作定制肖像，而是在他自己所选图案的木板上创作，最重要的是将他的技术知识传授给一群学生。这些学生和他在奥古斯丁码头的房子里同吃同住，这些学生有时会得到外国政府的资助。例如奥地利人施穆策（Schmutzer）旅居巴黎期间的费用是由考尼茨－里特贝格亲王（prince de Kaunitz-Rietberg）

---

① 由米歇尔·埃斯帕涅翻译为法语。

② 参见克劳斯·加伯（Klaus Garber）、海因茨·威斯曼（Heinz Wismann）编：《欧洲社会运动与民主传统》（*Europäische Sozietätsbewegung und Demokratische Tradition*），图宾根：尼迈尔出版社，1996年。

189

支付的，本廷克伯爵夫人（comtesse de Bentinck）①给埃德蒙·魏罗特（Edmund Weirotter，1730—1771）提供了奖学金。正如艺术史学家海因-特奥多尔·舒尔茨·阿尔特卡彭贝格（Hein-Th. Schulze Altcappenberg）②所注意到的那样，维勒似乎在巴黎建立了一所德国学校。学生们在巴黎与维勒待在一起的时间长短不一，这使得这种措辞具有了一种隐喻价值。但可以确定的是，通信者网络对这样一所学校的建立起到了推动作用。

在对上述学校的运作进行简单观察后，机构化进程的间接目标显现出来了。这所学校的目的并不仅仅是传授技术、满足直接的实践培训需要。重点在于这一主要涉及德国人的培训是在巴黎进行的。在巴黎建立一所德国学校需要一种对德意志民族的认同感。维勒坚持认为教学应建立在学习风景画的基础之上，风景绘画是使用雕刻刀的基础。但进行风景画创作就是将日耳曼的荷兰画派传统引入法国。维勒的学校中，有一些学生最终在罗马完成了学习，他们在罗马认识了温克尔曼。严格意义上的日耳曼美学的全部希望都被不合常理地寄托在温克尔曼一人身上。网络的机构化意味着信息交流的质变，信息交流附加了民族或者政治目的。

虽然维勒的网络从严格意义上讲并不是一个机构，但是它与许多机构保持着若即若离的关系，并且它是其中某些机构得以产生的众多原因之一。例如，维勒曾为几家德国期刊撰稿，如尼古莱主编的《通用德语图书评论》和维斯主编的《卓越科学与自由艺术文库》，维勒同这两位编辑都曾有过书信往来。但是他非常想创办自己的艺术史杂志，一本专门讨论美学问题的德语

---

① 关于本廷克伯爵夫人及其网络在法德文化迁变中的作用，参见安娜·索普拉尼（Anne Soprani）、安德烈·马尼昂（André Magnan）：《启蒙运动中的一位女性，1775—1800年间本廷克伯爵夫人的作品与书信》（*Une femme des Lumières. Ecrits et lettres de la comtesse de Bentinck, 1775—1800*），巴黎：国家科学研究中心出版社，1997年。

② 海因-特奥多尔·舒尔茨·阿尔特卡彭贝格（Hein-Theodor Schulze Altcappenberg）：《"艺术界的伏尔泰"，约翰·乔治·维勒（1715—1808）和他在巴黎建立的学校》（*Le Voltaire de l'art. Johann Georg Wille [1715—1808] und seine Schule in Paris*），明斯特（Münster）：利特出版社（Lit Vertlag），1987年。

杂志。维勒的这个愿望是通过 1755 年至 1756 年在奥格斯堡（Augsburg）出版的《凶猛的帕拉斯》(*Reissende Pallas*)实现的。维勒在这本杂志上发表了一些文章，主要是一些关于巴黎的文章，他还为这本杂志收集了一些著名作家的签名。总之，奥格斯堡学院的历史很好地说明了维勒的网络与一个机构的关系，他在试图加强与这个机构关系的同时也与之保持了一定距离。奥格斯堡学院创立于 1775 年，由于其校长约翰·丹尼尔·赫兹（Johann Daniel Herz）财务管理不善，学院及其主办的期刊很快就濒临倒闭。即便如此，维勒还是联系了一些朋友和熟人来帮忙，其中包括阿尔萨斯画家海尔曼（Heilmann）、鲁昂德康学院（Académie de Rouen Descamps）校长瓦切特勒（Wächtler）（他还是《外国报》的撰稿人），此外还有温克尔曼和画家安东·拉斐尔·门斯（Anton Raphael Mengs）。当维勒意识到《凶猛的帕拉斯》这本杂志无法成为他所梦想的德国美学杂志时，他和他的苏黎世朋友约翰·卡斯帕·弗斯利于是筹划一本新杂志，将重点放在研究那些德意志画家的传记上。

190

德累斯顿艺术学院创建于 1764 年，维勒的网络之于德累斯顿艺术学院等机构而言，处于一种边缘位置但也充当了一种模式，因此二者永远不会出现融合。维勒早在德累斯顿艺术学院成立前十年就与收藏家暨未来德累斯顿艺术学院校长克里斯蒂安·路德维希·冯·哈格多恩（Christian Ludwig von Hagedorn）有过书信往来，哈格多恩的收藏是对绘画功能越来越少地进行轶事思考的起点。德累斯顿艺术学院成立之后，两人的通信越来越像是在交换意见。维勒预感到自己会被邀请到德累斯顿艺术学院任教，但他并不打算离开巴黎这个"战略要地"，不过他十分乐意让他的学生——也就是他未来的通信者——成为德累斯顿艺术学院的管理人员（其中风景画家阿德里安·齐格就是最早离开巴黎前往德累斯顿的人之一）。在德累斯顿艺术学院成立之前，维勒与画家迪特里希建立起的关系，甚至他在迪特里希与巴黎的艺术爱好者例如瓦特莱（Watelet）之间建立起的关系都是德累斯顿艺术学院

"史前史"的一部分，德累斯顿艺术学院的架构就是在与巴黎的交流中形成的①。当然这并不是一种正式关系，相反，这完全是一种边缘性关系，但似乎所有机构（例如学校、杂志）都能从这些边缘关系中受益并建立起架构。

网络与杂志或学校之间的差异就在于它们所交换信息的多义性。维勒的通信者们来自学术界或者社会生活的多个领域：其中有作家、画家、雕刻家、银行家、社会精英，他们中有法国人也有德国人，这些人对技术、金融、政治问题感兴趣。网络持续不断地从一个维度转换至另一个维度，它通过将每个维度置于另一个维度的视域下来使其相对化，而机构的作用则在于迅速地将不同知识领域及其成员的期待安排好。理解网络的运行对跨文化现象研究至关重要，因为从定义来看，跨文化现象研究要求进行维度的转变。维勒和温克尔曼之间的通信就是这种"跨界"（*metabasis eis allo genos*）主张最显著的例子。虽然这首先涉及的是希腊艺术问题，但很明显，维勒与温克尔曼在通信中主要讨论的是日耳曼美学的定义及其在法国的接受。将温克尔曼关于希腊艺术的理论引入法国对德意志民族而言十分重要，这种重要性在维勒的其他通信者那里也体现得很明显，他们像弗斯利一样，对这个问题感兴趣。我们可以看到一个悖论逐渐显现出来：革命法国的官方艺术（新古典主义）同时也是德意志民族艺术的基础（古典主义、荷尔德林等）。维勒与其莱比锡的朋友迈克尔·胡伯的信件揭示了另一种转变：从文学到书画刻印艺术的转变。一般而言，那些给维勒写信的收藏家以及给他们回信的维勒都会交流对作品的商业价值与其绘画或图形特征的思考。加入一个通信网络就是要谈论和正谈论的内容不同的事情，专注于结构的语义转变。

---

① 米歇尔·埃斯帕涅：《巴黎视角下的德累斯顿艺术学院》（*Die Dresdner Kunstakademie in Pariser Sicht*），克劳斯·加伯、海因茨·威斯曼编：《欧洲社会运动与民主传统》，图宾根：尼迈尔出版社，1996 年，第 1708—1803 页。

话语模型

语文学试图从确保文本传播的手稿入手来确定文本的意义。但很显然这一传统是有缺陷的。产生过程的所有部分并未被传播甚至从未被转写。我们觉得在很大程度上文本与话语被混淆了。然而不能仅从单个作者的文稿去分析话语的产生，因为话语的产生是多个同伴交流和多人对话的结果。网络是观察话语产生的好地方，好些图书能够根植于话语，但对其进行研究时应将其具体表现形式排除在外，就像现在倾向于对一个作家的工作场所进行研究，并不考虑其已出版的作品。18 世纪多个文化领域之间的差别意味着需要进行异常频繁的书面交流，可以说网络使得人们能够观察到行动的文化间性。

让·巴普蒂斯特·德康（Jean Baptiste Descamps，1706—1791）是维勒的一位法国朋友，两人之间书信往来最为密切。德康在鲁昂生活，在鲁昂学院工作，他对艺术史有着浓厚的兴趣。他来自弗拉芒，因此能够读懂德语文本。很自然地，维勒将帮助他形成自己对德国艺术的评价。维勒在被鲁昂学院接纳后，确保了德康成为奥格斯堡学院的成员，这一任命令德康感到欢欣鼓舞：

> 我曾在《外国报》上读到过关于奥格斯堡学院的一些优先权和特许的文章，据说皇帝在竭力保护艺术。我不知道巴黎学院的成员在所有国家是否都拥有"国王的画家暨雕塑家"或"国王的雕刻师"的头衔。我也不知道奥格斯堡学院的成员以及那些待在国外的人是否拥有"皇帝的画家"的头衔。如果这些先生们不嫌弃我，接纳我，让我成为他们中的一员，我将感到非常高兴。我寄去了自己的文凭，很想让自己的名字也列入目前已经在他们那个群体中的人员的名单，他们有的在当地，有的在国外，终有一天我将用上这个名单。①

192

---

① 1756 年 6 月 23 日德康写给维勒的信。

　　在成为奥格斯堡学院的一员后，德康对德国艺术尤为关注。维勒还给德康寄了一些他从德国通信者那里获得的画家传记。1758 年 3 月 27 日，德康在给维勒的一封信中写道，在收到画家卢根达斯（Rugendas）的生平后，他与一位在巴黎审计署任审计员的朋友谈论了这位画家，这位朋友的父亲有两幅卢根达斯的画作。这两幅画作被寄往鲁昂。德康对画作的评价受到了维勒的指导，这个影响本身来源于德国，他将在自己的作品《弗拉芒、德意志和荷兰画家的生平》(*Vie des peintres flammands, allemands et hollandais*)① 中考虑到这一点。他自己也分析了这种转变以及对维勒的网络所提供信息的使用：

　　　　在我这部作品的第三卷中提到了许多伟大的德意志艺术家，他们在法国鲜为人知，如果我的笔可以像您的雕刻刀一样进行表达，他们可能会更像其本人——好在他们的作品将为了他们而去做我本该做的事。我收到了您好意从德意志寄给我的包裹，能在几天后和您讨论将是我的荣幸。

193　　　　如果您还记得某些居住在德意志或者生于德意志而后去了其他地方的优秀画家，特别是那些您自己深有感触的优秀画家，我请求您在空闲时告诉我，如果可以的话请一并告诉我他们的住址。我想借此机会为一个画派说几句话，证明它的价值，这个画派往往因为一个又一个作者不断重复爱比克泰德（Epictète）的思想而变得难懂②。

　　德康曾用维勒的版画装饰他的沙龙，并通过维勒获得了德累斯顿画家迪特里希的画作。维勒还将德康关于绘画艺术的作品介绍给了同样醉心于艺术史研究的瑞士人约翰·卡斯帕·弗斯利。还应补充一点，维勒已经向德康介绍了弗

---

① 让·巴普蒂斯特·德康：《弗拉芒、德意志和荷兰画家的生平》，巴黎：荣贝尔（C. A. Jombert）出版社，1753—1763 年，四卷本。

② 1759 年 5 月 3 日德康写给维勒的信。

斯利的著作。这两位艺术史学家，其中一位讲德语，居住在苏黎世，另一位具有法兰西文化背景，居住在鲁昂，他们的研究正是因维勒的网络而产生交集。

一种类似的关系也在巴黎的理论家、艺术商人皮埃尔·让·马里埃特（Pierre Jean Mariette，1694—1774）和德累斯顿的收藏家、艺术理论家，后来成为德累斯顿艺术学院院长的克里斯蒂安·路德维希·冯·哈格多恩之间建立起来。1761 年，为了在不懂法语的德累斯顿画家迪特里希和马里埃特之间建立直接联系，维勒充当了翻译。迪特里希请求维勒将他给马里埃特的回复予以翻译。

在书信交流中，不同的话语视角之间并没有明确的界限，这一特征使得维勒的网络常常在文学、艺术、政治的思考之间摇摆不定。1755 年 2 月 26 日，维勒写信感谢迪特里希给他寄去了画作，维勒在信中用大量篇幅描述了自己在收到迪特里希寄给他的画作时的喜悦心情：

> 我忍不住把学院所有人都叫到了我的办公室。每个人都扔下了自己的画作，跑到我身边想第一个看见您的画作。那些对您恰如其分的赞美之词我可以写下好几页。我这里的法国画家都欣然承认您的画作是最好的。而那些德意志画家高兴得欢呼雀跃，他们理所应当地对您的画作作出了最高评价。一些曾去过意大利，在我这里画人体模特的德意志和法国画家也都表示他们没有见过与您水平相当的画家 ①。

迪特里希的德国人身份极大地影响了维勒的判断：正是由于迪特里希，在场的旺斯伯爵（comte de Vence）得以将德国艺术与荷兰艺术进行比较。维勒乐于坚持这样一种近乎谄媚的比较，他的审美选择甚至被这种比较所主导。

194

---

① 《克里斯蒂安·路德维希·冯·哈格多恩关于艺术的书信选》（*Briefe über die Kunst von und an Christian Ludwig von Hagedorn*），出版者：冯·T. 巴登（von T. Baden），莱比锡，1797 年，第 328—332 页。由米歇尔·埃斯帕涅翻译为法语。

1757 年 7 月 18 日，维勒写信给画家塞卡茨，请求他创作一幅荷兰风格的画作，维勒希望这幅画作能够和他巴黎的德国银行家朋友埃伯茨所拥有的画作相媲美，维勒在信中这样写道："一位同行、一位同胞希望能够有幸结识您。而我就是这个大胆的同行、同胞。我恳请您应允。"①

从艺术到文学的转变也十分常见。例如，柏林的雕刻家格奥尔格·弗雷德里希·施密特告诉维勒，他给了尼古莱一幅版画《诺曼底的老妇人》(La bonne femme de Normandie)，作为回报，尼古莱把他描写柏林和波茨坦的文章寄给了维勒。尼古莱很乐意将自己的作品寄给维勒，例如小说《塞巴尔杜斯·诺坦克》②。文学与艺术的关系超越了简单的交流范围，维勒在因受到批评而恼火时，便会与罗马的温克尔曼、莱比锡的胡伯或德累斯顿的哈格多恩通信，他们都想用优美的文字描述造型艺术之美。温克尔曼曾给维勒寄过一篇他对《贝尔维德尔的阿波罗》(Apollon du Belvédère)的描写。维勒还受到了弗斯利的称赞，弗斯利十分欣赏维勒撰写的关于艺术问题的散文，并说他让博德莫尔（Bodmer）和布赖廷格尔（Breitinger）评判维勒的书信风格，他们认为那是无法模仿的 ③。文学、政治和艺术之间的相互转变，在不断参照法国的情况下，界定了在法国大革命时期，作为补偿，在德国将成为美学的领域。维勒的网络作为艺术话语模型的这一功能使我们能够理解荷兰现实主义与温克尔曼的新古典主义之间独特的相似性，维勒同时对这两者都很迷恋。实际上，荷兰现实主义与温克尔曼的新古典主义都主张德国艺术相对于法国艺术的特殊性，这是一个博学之人相对于宫廷艺术的巴洛克倾向所具有的朴素性。因此，维勒的网络不仅将话语对象有效地联系在一起，而且使它们能

---

① 《艺术期刊》(Kunstblatt)，第 68 期，1826 年 8 月 24 日，第 269—270 页。（由米歇尔·埃斯帕涅翻译为法语）
② 《塞巴尔杜斯·诺坦克大师的生平和观点，以及他近亲的可靠消息》(Leben und Meimmgen des Herrn Magisters Sebaldus Nothanker. Nebst zuverlässiger Nachricht von einigen nahen Venvandten desselben)，柏林，1773—1776 年，三卷本。
③ 1756 年 9 月 22 日的一封信。

够在参照的功能性框架中相互对等。

关于网络的研究，就 18 和 19 世纪而言，很大程度上与书信分析相互印证，但又不与之混淆，这一研究避免文化迁变研究受到个人关系的偶然性影响，或者说至少对这些特殊的媒介进行了背景分析，从而赋予其意义。可以想象到的是，在被遗忘之前，这些影响了 18 和 19 世纪的各种不同的跨文化网络的地理位置将呈现一幅比思想流派的比较所假设的复杂得多的文化交织图景，尽管它具有碎片化的特点——这些网络只不过留下了一点痕迹。我们知道维克多·库辛与谢林派和黑格尔派学者以及与德国教育语言学家甚至科学部门行政官员都曾有书信往来，通过这些信件中的细节，我们能够了解到在制定人文科学历史、借鉴德国哲学并将其转变为政治概念的过程中法德两国之间的交织。在区分艺术史、文学史甚至政治史之前，维勒的网络强调了全球文化史的存在，其解释力超过了专门史的解释力：绘画与版画领域的启蒙运动是被人为地与文学领域中的启蒙运动区分开来的。维勒的例子表明，如果一个跨文化网络以一种世界主义的方式将各民族的活动中心聚合起来，那么这一网络在同一运动中同时划出了分界线。作为法德文化迁变史中不可或缺的一部分，维勒网络的历史同时也是跨文化艺术史的关键时期。如果我们不仅仅把艺术史看作对作品的年代分类，也将其当作对感知模式的过程化，那么艺术史将成为最有利于观察一种文化（例如德国）对邻近文化的开放的领域之一。

第十章

交叉感觉史

　　年轻的阿比·瓦尔堡曾在波恩跟随历史学家兰普雷希特（Lamprecht）、语文学家乌西诺（Usener）和艺术史学家卡尔·尤斯提（Carl Justi）学习。他想找尤斯提指导他完成一篇关于意大利文艺复兴的博士论文，但是尤斯提拒绝了，后者对一个已经包含了寓意画像解释学萌芽的计划不那么感兴趣。这个理解上的异议常常导致人们认为德国现代艺术史始于沃尔夫林（Wölfflin）和瓦尔堡，而将 19 世纪当作有深入研究但产出成果很少的"史前史"，尤斯提可算得上这个时代的卓越代表之一。关于德国艺术史的发展 ① 和

---

① 在现存为数不多的作品中，尤其值得一提的有：威廉·韦佐德（Wilhelm Waetzoldt）：《德国艺术史学家》（*Deutsche Kunsthistoriker*），再版，柏林：沃尔克·施皮斯科学出版社，1986 年；乌多·库尔特曼（Udo Kultermann）：《艺术史发展史》（*Geschichte der Kunstgeschichte*），美茵河畔的法兰克福：乌尔施泰因（Ullstein）出版社，1981 年；加布里埃尔·比肯多夫（Gabrielle Bickendorf）：《历史范式下的艺术史书写开端：古斯塔夫·弗雷德里希·瓦根斯·弗鲁什利夫特（Gustav Friedrich Waagens Frühschrift）撰写的关于赫伯特与约翰·冯·艾克的作品（1822 年）》（*Der Beginn der Kunstgeschichtsschreibung unter dem Paradigma «Geschichte». Gustav Friedrich Waagens Frühschrift über Hubert und Johann von Eyck* [*1822*]），沃尔姆斯（Worms）：韦尔内什出版公司（Wernersche Verlagsgesellschaft），1985 年；海因里希·迪利（Heinrich Dilly）：《作为风尚的艺术史》（*Kunstgeschichte als Institution*），美茵河畔的法兰克福：苏尔坎普（Suhrkamp）出版社，1979 年；海因里希·迪利编：《现代艺术史大家》（*Altmeister moderner Kunstgeschichte*），柏林：迪特里希·赖莫尔（Dietrich Reimer）出版社，1990 年；米歇尔·博德罗（Michael Podro）：《艺术史家》（*Les historiens d'art*），巴黎：吉拉尔·蒙福尔（Gérard Monfort）出版社，1982 年。

它与文化史关系的作品相对匮乏，这种现象解释了对过去的曲解。德国大学艺术史学科的建立始于 19 世纪 60 年代末，此前对美学感兴趣的哲学家、博物馆负责人以及一些开明的爱好者已经为此进行了长达一个世纪的科学研究工作。卡尔·尤斯提因其三部关于温克尔曼、委拉斯开兹（Velazquez）和米开朗基罗的不朽作品而在这个艺术史学科建立过程中扮演了关键角色。也许专门提《温克尔曼》这一部作品就可以了，这部作品第一卷的出版是为了纪念《古代艺术史》(Histoire de l'art dans l'Antiquité) 的作者（指温克尔曼——译者注）逝世一百周年，温克尔曼则在艺术史成为一门学校课程之际赋予了它身份。尤斯提是卡尔·兰普雷希特、威廉·冯特、雅各布·布克哈特、赫尔曼·乌西诺和伊波利特·泰纳的同代人。他加入了研究"文化史"① 的知识分子圈子，他的这个行为更加广泛地提出了艺术史的知识分子问题。而在 19 世纪下半叶德国历史编纂学有时局限于某一种敌视法国的民族中心主义，艺术史因其自身缘故，看起来似乎是要寻求消除民族之间的隔阂，以利于跨文化性形式。我们在试图定义法德文化迁变时应该格外重视跨文化性形式。

19 世纪末的艺术史

对于艺术史始于何时的问题，我们只能给出武断的答案。我们将谈论 16 世纪瓦萨里（Vasari）著作中画家们的生活，也会提及 17 世纪初约阿希姆·桑德拉特（Joachim Sandrart）② 时的德意志学院。一个今天已被遗忘的

---

① 关于艺术史与文化史之间的关系，参见伊丽莎白·德居勒多：《18 世纪美学理论与民族范例，以约翰·乔治·苏尔寿的〈美术通论〉为例》(Théories esthétiques et paradigmes nationaux au XVIIIᵉ siècle. L'exemple de la Théorie générale des beaux-arts de Johann Georg Sulzer)，载《国际日耳曼杂志》(Revue germanique internationale) 1998 年第 10 期，第 141—160 页。

② 约阿希姆·桑德拉特（1606—1688），雕刻家，纽伦堡学院院长，从 1675 年到 1679 年他出版了《德意志建筑、视觉和绘画艺术贵族学院》，该书是研究巴洛克艺术的重要资料。

198

重要阶段与约翰·弗雷德里希·克里斯特（Johann Friedrich Christ，1700—1756）① 的教育有关。此人自 18 世纪前半叶开始就第一次改变了历史学—语文学研究的传统领域，他提出一个假设：历史学—语文学研究也可以建立在物品、石头和雕塑之上。然而，我们如果既考虑知识生产又考虑它的反响，就完全有理由将开创性的贡献归功于温克尔曼，或者更确切地说归功于他撰写的《古代艺术史》。温克尔曼于 1768 年逝世，而大学里艺术史教席的设置却迟至 19 世纪 60 年代，在这个漫长的过渡期里存在过一个学科，但并没有真正地建立起来。或者更确切地说，在这个需要使用收藏品的十分特殊的学科里，一个制度化的因素出现在大博物馆的范围内。②

---

① 埃德蒙·多菲尔（Edmund Dörffel）：《约翰·弗雷德里希·克里斯特：生平与著作及其对 18 世纪学术史的贡献》（Johann Friedrich Christ. Sein Leben und seine Schriften. Ein Beitrag zur Gelehrtengeschichte des 18. Jahrhunderts），博士论文，莱比锡，1878 年。关于克里斯特，推荐阅读《关于文学和艺术作品的论文，尤其是古代文学和艺术作品，由约翰·卡尔·泽恩审读并评论》（Abhandlungen über die Litteratur und Kunstwerke vornemlich des Alterthums，durchgesehen und mit Anmerkungen begleitet von Johann Karl Zeune），莱比锡：萨尔巴赫（Saalbach）出版社，1776 年。不合常理的是，克里斯特的《花押字字典》（Dictionnaire des monogrammes）1750 年在法国翻译出版后很快就引起反响。

② 黑格尔的学生古斯塔夫·霍托（Gustave Hotho，1802—1873）出版了黑格尔的《美学》，他还写了几本关于荷兰绘画的著作和一本关于凡·艾克（Van Eyck）的专著，霍托自 19 世纪 30 年代中期以来一直在柏林博物馆工作，这绝非巧合。（关于霍托，参见安娜莉莎·贝托利诺［Annalisa Bertolino］：《艺术与生活，海因里希·古斯塔夫·霍托的哲学史与美学理论》［L'arte e la vita. Storia della filosofia e teoria estetica in Heinrich Gustav Hotho］，日内瓦：庞托格拉夫［Pantograf］出版社，1996 年。霍托于 19 世纪 20 年代在巴黎结识维克多·库辛并撰写了一篇关于笛卡尔的哲学博士论文，霍托本人也是黑格尔学说在法国传播过程中的重要人物。）在这个机构中建立艺术史的传统一直延续到威廉·冯·博德（Wilhelm von Bode，1845—1929），他撰写了一篇关于弗朗茨·哈尔斯（Franz Hals）及其学派的博士论文，并于 1870 年在莱比锡完成答辩，1872 年他前往柏林博物馆工作，随后他撰写了一份描述式目录，并指导收购政策。弗朗茨·库格勒（Franz Kugler，1808—1858）是柏林学派的代表人物之一，1837 年他出版了《绘画史教程》，1842 年又出版了《艺术史教程》，此外还有古斯塔夫·弗雷德里希·瓦根（Gustav Friedrich Waagen，1794—1868），他是研究凡·艾克的专家，而卡尔·施纳塞（Carl Schnaase，1798—1875）则是信奉黑格尔学说的法学家、柏林法院的推事，他撰写了一部美术史。

19世纪前六七十年是行家的时代，与其说这些行家是接受了专门课程的培训，倒不如说他们是在欣赏欧洲收藏品的过程中对艺术产生了兴趣，并具备了一个语文学家和历史学家的素养。卡尔·弗雷德里希·冯·鲁莫尔（Carl Friedrich von Rumohr，1785—1843）写出了三卷本的《意大利研究》（*Italienische Forschungen*），该书于1827年至1831年间出版，此外他还出版了一本烹饪指南，并大获成功。作为尼布尔的朋友，卡尔·弗雷德里希·冯·鲁莫尔被视为最早关注能够解释一个作品产生的外在历史角度的艺术史学家之一，例如关注艺术赞助人。这位喜欢拉斐尔作品的学者长期旅居意大利，他力求建立艺术史的确切语言基础，这个语言确切地说是他从温克尔曼的基本概念里借用的。鲁莫尔在美学思辨上显得突出，但他并没有在作品的思想起源思考方面有所论述。"我们想虔敬地谈美术作品中表现出的思想起源问题，但仅限于在艺术活动或其应用范围内审视这种思想，或者探索与普遍艺术才能相关的独特活动的规律。"① 作品表达了文化背景中的一种感情，并揭示了文化背景的特征。

美学因亚历山大·戈特利布·鲍姆加滕（Alexandre Gottlieb Baumgarten，1717—1762）教授的课程而在哈雷兴起，在康德的批判中得到发展，在黑格尔关于美学的课程中得到充分发展，但这并不是艺术史。从某种意义上来说美学与艺术史恰恰相反，因为美学并不关注独特的物体，而是关注艺术感知和创作超越时间的确定性。从很多方面来看，艺术史在整个19世纪是作为一种尝试而得到分析的，起初是试图实践和发展黑格尔学说的一个方面，继而利用语文学和历史研究的工具试图超越黑格尔学说。艺术哲学与艺术科学逐渐分离开来，艺术科学越来越多地使用技术的办法解决问题，而美学在经历了黑格尔学说的批判阶段（以一个名叫弗雷德里希·特奥多尔·菲舍尔

---

① 参见冯·鲁莫尔：《意大利研究》，柏林＆什切青：尼古拉什（Nicolaische）书店，1827—1831（三卷本），第一卷，第14页（由米歇尔·埃斯帕涅翻译为法语）。

[Friedrich Theodor Vischer] ① 的人为代表）之后越来越受到心理学的关注。1870 年前后，黑格尔参照的影响让位于实证主义，而哲学美学却转向新康德主义，抑或在特奥多尔·利普斯（Theodor Lipps）② 的带领下发展起一种直觉理论。

　　艺术史黑格尔阶段的代表人物是安东·施普林格（Anton Springer），他是波恩大学美学讲席的首任教授，同时也是最早的大学艺术史学家。根据其自传③，我们不难重构他的职业生涯，在其职业生涯中，他的思想逐渐与黑格尔美学形成差异，同时也代表了艺术史的世界性维度。施普林格出生于布拉格，母语为捷克语。他在布拉格大学听说了黑格尔。阅读黑格尔的《美学》给他带来了启示，不过他于 1848 年完成的关于黑格尔的博士论文还是与启示的意义有细微差别。施普林格经常去意大利和法国旅行，常常与德国移民来往，初步学习了政治经济学，他对克吕尼博物馆及其中世纪藏品产生了浓厚兴趣。他是巴黎中世纪艺术的发现者：

　　　　来到克吕尼博物馆，一个全新的世界出现在我眼前，那里有可以让我们深入研究中世纪艺术的唯一公共收藏。确实急需研究，因为直到那时，除了建筑，中世纪的艺术甚至对艺术史家来说都是一个难以理解的领域。我们大概可以列举几个重要的作品，而剩下的，我们只是一带而过，简略介绍一下之前的野蛮时代。浪漫派所要致敬和颂扬的中世纪，实际上是德国文艺复兴的初期。浪漫派以及随后那些醉心于艺术描述的作者与真正的中世纪相差甚远。④

---

① 弗雷德里希·特奥多尔·菲舍尔（1807—1887），1844 年起任图宾根大学教授，他于 1846 年至 1858 年间撰写了《美学》一书，该书试图超越黑格尔学说的出发点。他还致力于文学批评研究。

② 特奥多尔·利普斯：《美学基础》（*Grundlegung der Ästhetik*），汉堡与莱比锡：利奥波德·沃斯出版社，1903 年。

③ 安东·施普林格：《我的一生》（*Aus meinem Leben*），柏林：G. 格罗特谢出版社（G. Grotesche），1892 年。

④ 安东·施普林格：《我的一生》，第 145 页（由米歇尔·埃斯帕涅译为法语）。

　　施普林格在巴黎待了一阵儿之后，又去英格兰旅行。回到布拉格，他成
了一家自由派报社的经理。随后他得到普鲁士教育部一位高官的举荐，被任
命为波恩大学的教授。在语文学家里彻尔①与韦尔克②的指导下，波恩大学
教师资格委员会在听了他用拉丁语答辩关于"唯有历史能遵循艺术创作的规
律"主题的论文后，颁给他"教学资格证"（venia docendi）③……他在第一学
期（1852—1853 学年冬季学期）开设了一门关于拉斐尔的公开课和一门关于
艺术史的非公开课，上这门非公开课的学生人数极少，但其中涌现了莱比锡
未来的历史学家冯·诺登（von Noorden）这样的英才。④施普林格最初的教
学活动是在里彻尔与语文学占支配地位的大学环境中开展的。就是在这种环
境中，两本创作思想源于巴黎之旅的书籍即将问世。一本名为《13 世纪的巴
黎》（该书很快被译成法语），另一本名为《19 世纪的艺术》。在阿尔萨斯割让
给德国之后，他担任斯特拉斯堡大学教授，但他只在那儿待到 1873 年复活节
便离开，随后他前往莱比锡并于 1891 年在该城逝世。

　　施普林格在波恩大学的教席于 1872 年由卡尔·尤斯提接替。19 世纪 70

202

①　弗雷德里希·威廉·里彻尔（Friedrich Wilhelm Ritschl，1806—1876），1839 年至 1865
　　年担任波恩大学教授，之后担任莱比锡大学教授。是尼采、罗德（E. Rohde）、乌西诺
　　（H. Usener）的老师。1842 年至 1876 年期间担任《莱茵语文学博物馆》（Rheinisches
　　Museum für Philologie）的编辑。
②　弗雷德里希·戈特利布·韦尔克（Friedrich Gottlieb Welcker，1784—1868），语文学家、
　　考古学家。曾于罗马担任威廉·冯·洪堡家的家庭教师。他将希腊文学史与艺术史结合起
　　来，自 1819 年起担任波恩大学教授。
③　施普林格作品中有大量关于当代史的著作，如 1849 年出版的《革命年代的历史（1789—
　　1848）》、1850 年出版的《革命之后的奥地利》、1863 年至 1865 年出版的两卷本《1809
　　年〈维也纳和约〉签订以来的奥地利历史》以及 1870 年至 1872 年出版的两卷本关于弗雷
　　德里希·克里斯托夫·达尔曼（Friedrich Christoph Dahlmann）的专著。
④　在 19 世纪中叶的法国，艺术教育隶属美术管理部门，1848 年至 1850 年以及第三共和国
　　前期，该部门的主管是查理·布朗（Charles Blanc，1813—1882）。他关注美学体系，计
　　划建设一座包罗万象的博物馆。他出版了《美术报》。第二帝国时期，美术摆脱了公共教
　　育和以研究院为代表的学院派的束缚（按照传统，研究院是罗马奖评比的担保机构）。参
　　见热拉尔·莫尼埃（Gérard Monnier）：《大革命以来法国的艺术及艺术机构》（L'art et ses
　　institutions en France de la Révolution à nos jours），巴黎：伽利玛出版社，1995 年。

年代初，尽管有很多作家对艺术问题感兴趣，但作为一门学科，德国艺术史刚刚起步。1873—1874学年冬季学期，在整个德语地区总共仅有六个艺术史讲席：安东·施普林格是莱比锡大学艺术史教授；威廉·格林（Wilhelm Grimm）之子赫尔曼·格林（Hermann Grimm）是拉斐尔研究专家，1871年至1901年在柏林大学教授艺术史；冯·里根（von Ridgen）是吉森大学的艺术史教授；卡尔·尤斯提在波恩大学教授艺术史；哈根（Hagen）是柯尼斯堡（Königsberg）大学的艺术史教授。鲁道夫·埃特尔贝格尔·冯·埃德伯格（Rudolf Eitelberger von Edelberg，1817—1885）于1847年成为大学编外讲师，自1850年起担任美术学院教授，他代表了纯粹的维也纳传统，他的继任者莫里茨·塔辛（Moritz Thausing，1838—1884）继承了这种传统。塔辛1876年撰写了一部关于丢勒（Dürer）的专著，随后成为维也纳阿尔贝蒂娜（Albertina）博物馆馆长。此外，1874年夏季学期阿尔弗雷德·沃尔特曼（Alfred Woltmann，1841—1880）担任布拉格大学美术史教授，他是荷尔拜因（Holbein）研究专家和阿尔萨斯德意志艺术专家。同年，巴塞尔大学的雅各布·布克哈特除主要教授历史以外，还开始教授艺术史。这是一门学科的真正开端，它的研究对象（哥特艺术、拉斐尔、温克尔曼、荷尔拜因）与历史语文学方法同时形成。我们应当注意到艺术史都是在具有浓厚语文学传统的地方如莱比锡、波恩等地发展起来。此外，19世纪70年代那一代历史学家常常与一些艺术家的命运紧密相连。数年之后，随着沃尔夫林，某种意义上也随着阿洛伊斯·李格尔（Aloïs Riegl）及其作品《罗马晚期的工艺美术》(*Industrie artistique à la fin de l'époque romaine/Spätrömische Kunstindustrie*，1901）①，抑或随着阿道夫·冯·希尔德勃兰特（Adolf von Hildebrand）及其作品《造型艺术中的形式问题》(*Problème de la forme dans*

---

① 关于李格尔，参阅沃尔夫冈·卡普（Wolfgang Kemp）：《阿洛伊斯·李格尔（1858—1905），李格尔的现代崇拜》(Alois Riegl［1858—1905］. Le culte moderne de Riegl），载《国际日耳曼杂志》1994年第2期，第83—105页。

les arts plastiques/Problem der Form in der bildenden Kunst, 1893），人们将从寻找特性转变为寻找作品中内在的结构元素。从很多方面来看，第一代学院派艺术史学家创造了伟大艺术传记的高潮，将一个时代的艺术史重新引向个人。毫无疑问，卡尔·尤斯提是这一代奠基者及完成者中的主要代表人物。

尤斯提的知识之旅

1832 年卡尔·尤斯提出生于马尔堡，并在那里长大。他的家庭中有多人是大学教师：他的祖父曾在马尔堡大学教授美学，他的兄弟是马尔堡大学东方学讲席教授。尤斯提最早的一位老师是马尔堡高中的校长、文学史家奥古斯特·菲尔马（August Vilmar）①。一开始，卡尔·尤斯提并没有对艺术史产生兴趣。他首先在神学与语文学之间犹豫不决。1850 年他动身去柏林学习神学。回到马尔堡后，他在爱德华·策勒（Eduard Zeller）② 和西奥多·魏茨（Theodor Waitz）③ 的指导下学习语文学，以其作为神学学习的补充。哲学方面，他对康德、古希腊哲学家和英国哲学家表现出兴趣。毫无疑问，其哲学教育中的康德哲学和经验主义维度让其对客体产生兴趣。此外，值得一提的是他还经常参观博物馆。自 1851 年起，尤斯提参观了德累斯顿和维也纳的艺术品陈列馆，1855 年参观了慕尼黑博物馆。终其一生，他都像其榜样温克尔曼一样喜欢直接欣赏作品。为此，他的足迹遍布欧洲各地。毫无疑问，艺术史学家是德国大学教师中出境旅行次数最多的一个群体，他们需要最大限度

---

① 奥古斯特·菲尔马（1800—1868）自 1833 年起担任马尔堡高中校长，1855 年起担任马尔堡大学神学教授，其代表作为 1845 年撰写的《德意志民族文学史》(*Geschichte der deutschen Nationalliteratur*)。
② 爱德华·策勒（1814—1908），哲学家、神学家。他因撰写了《历史发展中的希腊哲学》(*Philosophie der Griechen in ihrer geschichtlichen Entwicklung*) 而闻名。
③ 西奥多·魏茨（1821—1844），哲学家。他编辑出版了亚里士多德的《工具论》，并撰写了一些心理学著作。

地在其他知识参照系统中寻找方向。

204　　　1859 年尤斯提发表了题为《柏拉图哲学的美学元素》(*Les éléments esthétiques de la philosophie platonicienne*)的博士论文，他把这篇博士论文献给信奉柏拉图哲学的希腊学专家爱德华·策勒。彼时他的研究之路并未完全确定。然而，这部作品的文本非常清楚地揭示了正在发生的转变。尤斯提工作的目的在于表明柏拉图通过一些美学形式证明了他哲学中一定数量的核心论题。富有诗意的想象在他的哲学体系建构中扮演了一定角色，这个建构与美的建构并无二致。柏拉图哲学里的美可能是一种介于未完成与衰落之间的平衡，从某种意义上说，它可能是理念的时刻。这种比较将尤斯提带到一个领域，这个领域预先暗含了对温克尔曼关于希腊雕塑艺术的讲演的解释：

　　　　理念与艺术美的关系可以更确切地描述为其与造型作品的关系。在造型作品中，艺术成为理想的创造者和保护者，这个定位已很好地得到了表达。艺术根据其性质取决于一些伟大的表现形式，这些形式必须抛弃偶然性和特性、必须将分散的元素集中起来，且比所有其他艺术作品更能使人联想起理念。因为它们表现的是人，当然是在人的全部存在之中，但最好是在人的力量的内在张力之中，在人完美克制的力量之中，在人的所有行为单纯的潜在性之中，可以说它们比诗歌里的人物更抽象。由于它们朴实无华、不可侵犯的主体在空间的所有维度上模仿了精确的轮廓，因此可以说它们比绘画更具理论性。绘画形式只是表面元素，呈现出线性透视的外观，非常适合表达个人的内心、情感和印象。①

　　尤斯提与其青年时代的朋友奥托·哈特维希(Otto Hartwig)的通信能够让我们了解尤斯提在发表了关于柏拉图的论文之后的学术生涯。奥托·哈

---

① 卡尔·尤斯提：《柏拉图哲学的美学元素》，马尔堡：艾尔维特大学出版社，1859 年。

特维希曾常年在西西里生活，后来去哈雷当了图书管理员，最后当了普鲁士政府的顾问。值得注意的是尤斯提表达了自己的政治态度。他和一些德国学者致力于使唯心主义时代的思辨在社会政治现实留下印记，且采取了自由主义的政治立场。但至少到 19 世纪 60 年代末他仍几乎不能接受普鲁士的野心，他反对普鲁士吞并黑森选侯国，反对普奥战争。德意志世界对他来说是一个整体，由于他向往宪法和自由，这个德意志世界不能分开。[①]1870 年以后，甚至在普法战争之前，尤斯提转变为俾斯麦的支持者，但从其思想的逐步发展中可以看出他对德国将保持多元认知，并不太认可普鲁士的某种霸权。

19 世纪 60 年代初尤斯提对自己的职业未来还不是很乐观。马尔堡大学当时有不止 5 名编外哲学讲师。尤斯提毫无热情地编写了关于宗教哲学的资料并开设了一门课程。德国大学研究中的编纂工作机械倾向尤其需要批判。不过，他从来就没有从事教学工作的想法，他总是更愿意通过他的书来表达思想，而不是通过讲座来表达。1861 年冬季学期，只有 7 名学生和 2 名旁听生上了他的美学课程。然而，除了一个例外，其他人要么是朋友的父母，要么是和他同属一个学生协会的成员。[②] 撰写《温克尔曼》一书的计划正是在这个巨大的、松懈斗志的空虚之中形成的，这个空虚被大量未发表的私人日记填充。这本著作是有史以来致力于宣传一门新生学科的最伟大的举动之一，1867 年 2 月，这本书的作者就在他要动身前往意大利时被任命为"考古和艺术史临时教授"。尤斯提于 1869 年被任命为常任教授，但他还一直待在意大利。他几乎没有怎么承担马尔堡大学这个教席的工作，因为 1871 年 10 月他接替威廉·狄尔泰（Wilhelm Dilthey）担任基尔大学的哲学教授。过了短短

---

① 鲁普雷希特·莱普拉（Rupprecht Leppla）编：《卡尔·尤斯提与奥托·哈特维希的通信集（1858—1903）》（*Carl Justi/Otto Hartwig Briefwechsel [1858—1903]*），波恩：路德维希·罗尔谢德（Ludwig Röhrscheid）出版社，1968 年。1866 年 7 月 19 日的信，第 170—171 页。

② 《卡尔·尤斯提与奥托·哈特维希的通信集（1858—1903）》，1861 年 12 月 22 日的信，第 90 页。

205

一年时间，1872 年 10 月《温克尔曼》第二卷出版，尤斯提离开基尔，前往波恩执教。他后来拒绝了 1886 年威尼斯大学发出的盛情邀请、1890 年莱比锡大学发出的诚挚邀请，一直在波恩执教到 1901 年夏季学期。他的教学工作是不连贯的，中间有十几个学期专门从事研究工作。

19 世纪 60 年代马尔堡大学的课程侧重于美术理论史、古代艺术史和心理学。尤斯提在基尔大学开设了一门普通艺术史课程。我们注意到尽管波恩大学关于西班牙的课程很少，但是尤斯提自 1873 年起很快开设了一门关于米开朗基罗的课程，米开朗基罗是尤斯提最后一个重要研究对象。我们不能说他与教育界断绝了联系。1881 年他为犹太裔语文学家雅各布·伯奈斯（Jakob Bernays）① 撰写了感人的悼词，以此我们能够猜想到尤斯提与伯奈斯保持着密切往来。② 我们还注意到他对学科生命力的浓厚兴趣。他之所以拒绝了莱比锡大学的教席，是因为他支持奥古斯特·施马尔索夫（August Schmarsow）③，施马尔索夫撰写了《艺术史的基本概念》（Concepts fondamentaux de l'histoire de l'art）。但尤斯提有自我孤立的倾向。他躲避学生，通过阅读和长途旅行躲在自己的世界里，他孤单地与姐姐生活在一起。年轻的同事们要将艺术史学科的重心转移到对形式的认识，鼓吹艺术史的现代性，对此，尤斯提嗤之以鼻、不以为然。

1860 年他在马尔堡大学开设了"但丁与《神曲》"（Dante et la Divine Comédie）课程，两年后课程讲义出版。尤斯提在这门课程中表达了他将忠于的原则。文化史上的伟大人物令其感兴趣，首先是因为他们有关注时代潮流

---

① 雅各布·伯奈斯（1824—1881）起先没能当上波恩大学的教授，只是一名编外讲师。1853 年他被任命为布雷斯劳（Breslau）犹太法学研究班教师。1866 年他终于获得波恩大学的教席并担任图书馆馆长。他主要研究卢克莱修（Lucrèce）和赫拉克利特。

② 《卡尔·尤斯提与奥托·哈特维希的通信集（1858—1903）》，1781 年 6 月 4 日的信（第 281、282 页）。

③ 奥古斯特·施马尔索夫（1853—1936）自 1893 年起担任莱比锡大学教授，主要从事文艺复兴时期美学和绘画研究（马萨乔［Masaccio］），他还撰写了三卷本的《中世纪艺术的创作法则》（Kompositionsgesetze in der kunst des Mittelalters）（1915—1921）。

的能力："如果我们想要理解但丁的伟大诗歌，并进行恰如其分的解释，我们
必须去想象他的政治遭遇和他祖国的情况。"① 关于但丁的课程将在很大程度
上构成一部佛罗伦萨文化史。毫无疑问，绘画是这个文化体系的重要组成部
分之一。由于意大利和拜占庭的特殊关系而诞生的、以奇马布埃（Cimabue）
和乔托（Giotto）为代表的意大利绘画艺术难道不是但丁作品的主要背景吗？
其他一些文化现象，诸如普罗旺斯地区附庸关系向诗人与贵妇关系的转变，
或者神学讨论的变化，也会被援引为解释性要素。尤斯提将对但丁对世界的
敏感感知产生兴趣，然后明确地将其与自己的担忧联系起来：

207

　　当然，我们在但丁的作品中可以看到现代的一面，部分是因为他的
　　作品中个性的强烈暴露、近乎自传式的特征，部分是因为他对古代模式
　　的明确模仿和对古代元素，特别是神话元素的接受。②

　　正如尤斯提后来对温克尔曼、委拉斯开兹和米开朗基罗所做的那样，他
竭力从但丁的作品中得出一种文化自传。在这项研究中他使用了风格非常讲
究的语言，明显是要力图符合研究对象的美学品质。

温克尔曼：普遍意义的历史

　　尤斯提之所以能在德国的艺术史发展中拥有关键地位，是因为他撰写了
三大卷关于温克尔曼的专著。然而这个撰写工作远非只与一位艺术家或一个
学派有关，而是致力于学识的构成并被视为第一位艺术史家的传记。当艺术
史作为一门大学学科刚刚获得公认地位时，艺术史着手进行自我构建，它不

---

① 卡尔·尤斯提：《但丁与〈神曲〉》（*Dante und die göttliche Komödie*），斯图加特：弗朗
　 克舍（Franckhsche）出版公司，1862 年。
② 《但丁与〈神曲〉》，第 35 页。

是对它的研究对象感兴趣而是对知识分子的好奇心感兴趣，而艺术史的建立正是源于这种好奇心。与对研究对象的思考相比，对关注点和好奇心的思考显得更为重要：这种颠倒表明艺术史对文化史的影响。它与其对象并不是同一的，而是从一开始就在其对象和文化之间建立起了不同维度的桥梁。

208　　　尤斯提撰写的关于温克尔曼的皇皇巨著足以令今日所有效仿者肃然起敬，进而丧失进一步研究的勇气。此外，这部著作还具有其他特点。这部著作被献给一位德国作家，彼时德国的民族参照，甚至民族主义参照越来越重要。但是这位德国作家是一连串艺术史学家中的第一位，而尤斯提这位俾斯麦的同代人是他们中的最后一位，温克尔曼在罗马完成了其著作的主要部分，他谈论的当然是融入德国人文主义传统的空间，却是外国空间。温克尔曼向18世纪德国介绍的希腊模式实际上是一种外国的反模式，具有广泛的破坏性，受到了罗马经验的滋养。我们知道，温克尔曼最终并未于1768年返回德国，而是返回了意大利，尤斯提没有对温克尔曼有关古代的著作中有特点的、光彩夺目的东西装作不知。温克尔曼之所以向德国介绍一种外国模式，是因为爱国主义。成功地破解希腊文化的奥秘，就是要加强民族科学，而法国人因凯吕斯（Caylus）的作品还处在古代史阶段。温克尔曼的《古代艺术史》一下子就满足了德国文化融入一个更大环境——即欧洲——的需要。当艺术史成为一门学术意义上的学科时，这个兼具爱国和普遍意义的维度恰好被尤斯提想起。

《温克尔曼》第一卷于温克尔曼逝世百年之际出版。写作计划于1862年12月在一封书信中第一次被提及，但尤斯提自1862年起在德累斯顿所进行的一次旅行可以被视为写作的准备阶段。1863年，从9月17日到11月17日，尤斯提前往巴黎，研究保存在皇家图书馆里的温克尔曼文稿，因为要想研究温克尔曼只能去国外。这次的巴黎之行让这位19世纪60年代的德国参观者给予巴黎惊人的积极评价："在巴黎逗留数月，你只会遇到一些庄严、杰出、漂亮、有趣的东西，而不会碰到令人讨厌的东西。几乎没有哪座大城市将自己外在的丑陋和道德的卑劣隐藏得这么深，人们如果不去寻找社会阴暗面，就会很少注意到。"① 然而尤斯提对他在图书馆工作的记叙令人感到失望。
他并没有真正地对搜集到的文献感兴趣，这些文献主要由英国作家和法国作
家的作品摘录，以及一些学术刊物、绘画史或科学史刊物构成。"我们仅仅
获得了一些关于温克尔曼研究的性质和内容的东西。"② 尤斯提似乎没有真正
看出温克尔曼在启蒙时代法国艺术传统中的地位，为了正确理解《古代艺术
史》，他还需要参观罗马的博物馆。此外，德国图书馆馆藏的关于 18 世纪意
大利学者的传记实在是太少了。

　　然而又有一些困难使计划的作品撰写变得复杂。尤斯提反思自己本身并
不是考古学家，由他来论述温克尔曼是否具有合理性，但是他注意到严格意
义上关于温克尔曼的考古学成果只占他著作中的一小部分，所以才释然。他
的作品将不会是考古史，它具有一个完全不同的维度。"总体上，和表面看上
去的不一样，这本书是 18 世纪文化和科学史上的一个重要时刻，纯粹的考古
学家可能没有资格写这本书。"③ 为了给自己的工作提供帮助，尤斯提那年开
设了一门关于温克尔曼、莱辛、歌德与艺术关系的课程。虽然他试图对自己
研究的缘起保密，但 1865 年 4 月的一封信表明他遇到的主要困难是对巴黎文
献的利用，这可是理解温克尔曼成长的关键，尤其是理解这第一位艺术史学
家和历史关系的关键。因为对尤斯提来说，温克尔曼的职业生涯始于试图写
一部德意志帝国史，这为他对艺术史本身的概念做了铺垫。这种特殊历史性
的出现是更难把握的。

　　但是值得注意的是这些年来德国的文化发展有多快，温克尔曼在十

---

① 《卡尔·尤斯提与奥托·哈特维希的通信集（1858—1903）》，1864 年 3 月 4 日的信，第
　　127 页。
② 《卡尔·尤斯提与奥托·哈特维希的通信集（1858—1903）》，1864 年 5 月 18 日的信，第
　　136—137 页。试图通过这些通信去理解温克尔曼的知识形成之源的工作首先是由 E. 德居
　　勒多着手进行的。
③ 《卡尔·尤斯提与奥托·哈特维希的通信集（1858—1903）》，第 137 页。

年时间里是怎样走过了一条漫长的道路，这条道路引导他从参考首相路德维希（chancelier Ludewig）的德国古代史研究方法，到阅读18世纪法国的历史著作，以及德图家族（les De Thou）、格劳秀斯（Grotius）、克拉伦登（Clarendon）等人的著作，直到完全投入孟德斯鸠的怀抱。——这些以及其他研究的积极方面使我了解了许多图书，并第一次教我如何使用一个大图书馆，如何阅读一本书、做笔记，并在一个上午的时间里对其进行评价。①

在德国艺术史诞生之前，对温克尔曼作品中历史性概念产生的分析使得尤斯提建立了一个可以追溯到孟德斯鸠的谱系。事实上艺术史的产生是一个世界性活动。尤斯提作品中的历史性研究提出一个问题，即反对李格尔或者反对沃尔夫林，是否真的合理——李格尔在他的《罗马晚期的工艺美术》中质疑艺术颓废的观念，而沃尔夫林从《建筑心理学序言》(*Prolégomènes à une psychologie de l'architecture*，即 *Prolegomena zu einer Psychologie der Architektur*，1886）起就坚持感觉具有一般规律。他们心中有着与尤斯提一样的普遍主义，并希望像他一样将艺术的历史性纳入整体历史性。

《温克尔曼》的第一卷也许从方法的角度看是最有意思的一卷，这一卷很快就显示了尤斯提在其著作中表现出的根本的世界性倾向。温克尔曼是英国诗人的忠实读者，是孟德斯鸠的追随者，应该要将其个性的观念归功于他经常阅读蒙田的著作。德累斯顿的文化社交性首先以外国艺术家和作品的存在为标志：从胡格诺派建筑师再到意大利人、建筑师、歌剧演唱者、高级教士，抑或是后来打开了罗马大门的像比安科尼（Bianconi）②一样的医生。萨

---

① 《卡尔·尤斯提与奥托·哈特维希的通信集（1858—1903）》，1865年4月7日的信，第159—160页。

② 乔瓦尼·卢多维科·比安科尼（Giovanni Ludovico Bianconi, 1717—1781）在博洛尼亚完成学业之后，成为黑森诸侯以及奥格斯堡主教的医生，1750年之后成为德累斯顿宫廷医生。他是温克尔曼最喜欢的通信者之一。自1764年起，他担任萨克森驻罗马公使。

克森选侯兼波兰国王的妻子玛丽亚·安东尼娅（Maria Antonia）也是意大利人。此外尤斯提还往往强调温克尔曼遇到的那些人物的国际命运，哥特弗里德·塞利乌斯（Gottfried Sellius）这位他在哈雷时的同学后来去巴黎成了翻译家；布瑙伯爵（comte de Bünau）曾长期旅居法国。当然，温克尔曼将成为德国爱国主义雄心的化身，但这是在将其带入一个更大空间的相遇中实现的，这个空间是由研究机构的艺术史家尤斯提精心重构的。

撰写《温克尔曼》第二卷需要尤斯提前往意大利待一段时间，他获得一个普鲁士的奖学金，1867 年至 1869 年在意大利旅居两年。他住在罗马，但足迹遍及整个意大利，托斯卡纳和那不勒斯去得尤其多。他在从意大利寄往德国的信件中详尽描述的多为他对意大利的印象和在该国看到的景致，而非他的深入研究。深入了解意大利始于语言学习，尤斯提明白他不能通过简单接触来学习意大利语，他决定去上课，抓住一切机会用意大利语写作，用这门借用的语言做笔记，就好像艺术史学家必须掌握曾经产生重要作品国度的精神和语言。意大利的政治是他很关注的问题。德国的统一正在反法过程中完成。意大利的统一也在推进之中，教皇国的飞地可能是跟踪这个过程的最佳观测站。作为一名虔诚的新教徒，尤斯提希望废除教皇的世俗权力，他寻思什么力量可以实现这个目标。1867 年 9 月他狂热地崇拜加里波第："这是一个拥有超凡力量的卓越榜样，既不能称其为深刻的政治家，也不能称其为伟大的战略家，但他拥有纯洁的道德、动机和个人勇气，这一点是不容置疑的。"[①] 与德国相比，尤斯提对意大利的兴趣使其态度变得模棱两可。虽然他将意大利索伦托（Sorrente）肮脏的街道与德国水城的清洁进行比较，但是他也会将普鲁士驻柏林代办描绘得丑陋，比作容克的完美化身。尤斯提的书信文笔流畅，他很乐意描写。阅读这些在他死后出版的意大利文书信会让人感觉他正在悄悄地模仿书信狂温克尔曼。他对游览蒂沃利（Tivoli）和

211

---

① 卡尔·尤斯提：《意大利来信》(*Briefe aus Italien*)（由 H. 凯泽尔［H. Kayser］编注），波恩：冯·弗雷德里希·科恩（Von Friedrich Cohen）出版社，1922 年，第 106 页。

漫步维苏威火山近旁进行了非常细致的描写，这明显满足了他的文学野心：就像温克尔曼的书信风靡德累斯顿宫廷一样，他的传记作者尤斯提的书信超出了严格意义上的家庭范围而在马尔堡流传，甚至在其死后还结集出版。

212

　　但是尤斯提是一位一有机会就会表达遗憾的学者，因为他在罗马只关注了18世纪的意大利，而忽略了古代和文艺复兴时期的意大利。但这并不能阻止他对在图书馆里找到的所有珍贵书籍或文献产生浓厚的兴趣。因此，当他排除障碍进入梵蒂冈图书馆、获得许可去看描绘温克尔曼同时代罗马人的画作时，他用心复制这些画作以便自己的作品能从中得到启发。他试图从利奥波德·冯·兰克（Leopold von Ranke）那里获得关于教皇本笃十四世和克莱蒙十三世时代罗马档案的信息。①1868年10月他旅居威尼斯，那里的档案并没有给他提供直接信息，却令他着迷到特别提及这些档案："这些威尼斯档案卷帙浩繁，是世界上规模最大的档案之一，它们被收藏在弗拉里（Frari）方济各会古老修道院的三百间房子里，一共有1400万卷——阅读所有这些文献需要多少人穷尽一生？这些文献始于公元883年。"②意大利是记忆之邦，而德国在他看来似乎是个患健忘症的国家，应该通过在马尔堡制作照片集子来补救，以创建真正的艺术史教学。意大利之旅有助于尤斯提更加贴合温克尔曼的观点，就好像这是通过阐释学努力重建的最初作品，尤斯提提到与狄尔泰在罗马的会面，表明了这一点："今年冬天威廉·狄尔泰也在这儿：他写了一本关于施莱尔马赫（Schleiermacher）的书，书的校样也给他寄到这里了。过度劳累彻底损害了他的神经系统，他不得不休息。他的兄弟、一位语文学家来到了罗马，这促使他决定来这里。他是第一位我能再次与之讨论哲学和文学的人。"③

---

① 《意大利来信》，1867年7月7日写给他母亲的信，第59页。
② 《意大利来信》，第226页。
③ 《意大利来信》，1867年1月16日的信，第257页。

委拉斯开兹与西班牙的生活

1869 年年初，尤斯提结束了在意大利的两年旅行返回国内。他的第一次西班牙之旅始于 1872 年年底至 1873 年年初的那个冬天。彼时，他正式成为波恩大学艺术史教授。继第一次西班牙之旅后，他先后多次去西班牙旅行。1892 年 10、11 月间他第 10 次前往西班牙旅行。在此期间，他撰写的关于委拉斯开兹的巨著第一版已于 1888 年出版。尤斯提对西班牙的兴趣难道真的是由其罗马之行引发的吗？尤斯提在著作中对保存在罗马的由委拉斯开兹创作的英诺森十世肖像画进行了非常细致的分析，是否就是这幅画作引起了他的兴趣呢？在试图深入了解意大利文化之后，尤斯提总是力图了解西班牙文化的方方面面，并且在他写给家人的信件中详细地描述了他所作的努力。他最早的一次体验是一场斗牛，斗牛士技艺不够精湛，让公牛在 1.3 万人面前长时间遭受痛苦。[1] 他像之前学习意大利语一样努力学习西班牙语。语言对他来说不仅仅是一种交际方式，还是一种了解艺术品根植于其中的文化生活的方式，不过他承认自己的西班牙语说得很糟糕。因此，尤斯提去议会听一位演说家发表关于废除波多黎各奴隶制的演讲，他很欣赏西班牙语，因为听起来很悦耳。[2] 他自然经常去图书馆和档案室，且希望全面彻底了解的想法让他走遍了几乎所有西班牙的城市，甚至有时还去一些偏僻且难以到达的地方。但是对他来讲更重要的是一种美学上的占有，即对他不知疲倦跑遍的国度的整体占有。1879 年当他前往参观埃斯科里亚尔（Escorial）时，他坚持要住在一个可以清楚看到塔楼的房间，并使其成为自己日常生活的背景，这是他优先考虑的事情。例如，他在给妹妹的一封信中描述了自己去加的斯（Cadix）的情

---

① 卡尔·尤斯提：《西班牙信札》(*Spanische Briefe*)（由 H. 凯泽尔编注），波恩：冯·弗雷德里希·科恩出版社，1923 年，第 7 页。

② 《西班牙信札》，第 12 页。

况，我们从中可以看出这种精神状态：

> 这座城市给人一种昨天才建成的感觉，只有一些干净笔直的小路呈十字交叉状。所有的房子都刚刚刷过石灰，白得发亮，不过一楼是黄色的，此外还有我们常常提到的绿玻璃的小亭子。我们感觉像是走过了瓷器房子的走廊一样。除了牟利罗（Murillo）最后的画作，几乎没有其他的艺术品可看。当时牟利罗从脚手架上摔下来，没过多久就去世了。他的遗作挂在南岸的教堂里，在这座教堂里，而不是在街上，我们能听到水流拍岸的声音。大海的波涛撞到这座超过一百英尺高的坚固墙壁上，碎成了浪花，海水泡沫时常溅到马路上来，数百只海鸥在波涛最汹涌的地方时而潜游，时而翱翔。22 日我生平第一次看到海洋，海格力斯之柱西面的太阳于 5 点落下，非常壮观。①

对他来说，这是通过他获得的感性认识来理解文化体系问题，这种独特的态度没有给民族中心主义留下任何余地。艺术史学家尤斯提并不认可稍微充分的、改宗式的科学性。我们看到他在两次西班牙旅行之间低声抱怨哥廷根图书馆的藏书不足。② 关于迭戈·委拉斯开兹的书则是其 17 世纪西班牙文化研究的最终结果，他试图将其特点融入德国艺术话语③，赋予其教化

---

① 卡尔·尤斯提：《西班牙信札》，第 25 页。

② 《卡尔·尤斯提与奥托·哈特维希的通信集（1858—1903）》，1879 年 8 月 3 日写给奥托·哈特维希的信，第 273 页。

③ 我们想到民族学家克里福德·格尔茨（Clifford Geertz）对艺术史的定义："不同民族和不同个体感知绘画意义的能力是不一样的［……］就像所有其他人类能力一样，这种能力是明显超越它的集体经验的产物，正如更加罕见的将其放在第一位的能力。正是通过参与我们称之为文化的象征形式的一般系统，参与我们称之为艺术的特定系统成为可能，而实际上艺术只是文化的一个领域。因此一种艺术理论同时也是一种文化理论，但这不是一件自主的事情。如果这是一门艺术符号学，它必须在社会中，而不是在一个由二元性、转化、对照、对等组成的虚构世界中追踪符号的生命。"（克里福德·格尔茨：《地方知识、世界知识、知识场所》[Savoir local. Savoir global. Les lieux du savoir]，巴黎：法国大学出版社，1983 年，第 137 页。）

（*Bildung*）元素的地位。

　　如同在温克尔曼或米开朗基罗的例子中一样，尤斯提喜欢通过一个关键人物来描绘一个历史时期，当然此人被视为一个杰出人物，而且尤为重要的是被视为历史趋势的交汇点和以仔细调查为代价重建的印象的汇集点。一种狄尔泰式的辨别发生在解释者与其对象之间。尤斯提对委拉斯开兹的描写中有自传体叙事。这证明了他对两次罗马之行（1629—1631、1649—1651）的重视，关于这两次罗马之行的记述占所有七部作品中的两部。弗朗西斯科·巴切柯（Francisco Pacheco）① 于 1649 年出版了一本谈绘画艺术的书，他是一名普通画家，却是委拉斯开兹的一位老师，他成为按照年代顺序进行的叙述的导引线索，分析画作和研究起源背景的工作相互交替。这个背景意味着要提及苏巴朗（Zurbarán）或者鲁本斯（Rubens）1628 年到 1629 年在马德里的旅居生活。但这也意味着要提到卡尔德隆（Calderón）、科维多（Quevedo）、菲利浦四世、17 世纪中叶的西班牙宫廷生活或罗马生活，以及人际关系或财政问题。不过比较并不是无意识决定的。因此委拉斯开兹似乎受鲁本斯的启发，以酒神巴库斯为主题画了一幅画，他将这幅画称为《酒徒》（*Les buveurs*）。然而“对这个西班牙人来说，没有什么东西是比热情颂扬古代和肉欲更陌生的了。我们在这幅画中清楚地看到想象出这幅画的人没有喝醉。按照他的爱好，他创作的第一个形象是运水者。在这幅画中，当一种被感觉上的醉酒理解的艺术将醉酒提升到一种酒神般的状态，并让醉酒在黄金时代的诱人画面中消失时，面带自由人高傲的微笑的委拉斯开兹只看到了醉酒麻痹的滑稽游戏和他扭曲的面容”。② 尤斯提以某种西班牙人的严肃来反对北方画家的狂热。这种严肃是一种被抑制的幻灭，使他能够回应现实主义者

① 弗朗西斯科·巴切柯（1564—1654），矫饰主义画家，1649 年在塞维利亚出版了他的画论《绘画艺术》（*Arte de la pintura*）。
② 卡尔·尤斯提：《迭戈·委拉斯开兹和他的世纪》（*Diego Velázquez und sein Jahrhundert*），第三版，波恩：弗雷德里希·沃恩（Friedrich Vohen）出版社，1922 年，第 2 卷，第 277 页。

指出的问题，通过最小的细节——例如耳垂——表达对象的个性，他将人物转化为难以理解的、可疑的形象，通过他在解释现实时的克制表达了对细节的忠诚，尤斯提很乐意认同这一点。

　　尤斯提在一篇十分讲究文体的文章中使用了一些表示文化现象的西班牙语词汇，在一个确定语境中只用德语词汇表达这些文化现象的基本点还是不够的①，尤斯提对委拉斯开兹与古代的关系尤其感兴趣，这将其带到他自己作为艺术史学家的出发点。尤斯提在罗马收集古代作品的模塑品，可以说他抢在一个名叫安东-拉斐尔·门斯（Anton-Raphael Mengs）的人之前做了这项工作。1700 年前后安特卫普或阿姆斯特丹的古代模塑品展厅的开放让人对在绘画的优势地位的影响下艺术形式的匮乏感到担心。尤斯提作为温克尔曼的重新发现者，他高兴地发现委拉斯开兹对古代艺术的兴趣丝毫没有使他的绘画变得贫乏。② 可能这个爱好给了他画裸体维纳斯的胆量——这在 17 世纪的西班牙是犯忌的。稍晚的画作《宫娥》同样也打破了禁忌，画面中画家正在给西班牙公主画像，公主身边围绕着侍女、狗和一个丑陋的小矮子。委拉斯开兹冷淡、严肃而又精确，这被解释为艺术史重建主题的确定时刻。尤斯提的西班牙体验也许比意大利的体验更加独特，它标志着作为文化史的艺术史表达某种普遍主义的能力，这种普遍主义既基于感知的同等尊严，也基于超越其所处背景的主观性重建。方法的科学性由不同层面（经济、政治、文学）的历史主义方法交织产生。

米开朗基罗的决裂

　　卡尔·尤斯提的最后一部重要著作与米开朗基罗的作品有关。这部作品于 1900 年和 1909 年分两卷出版，与尤斯提先前撰写的温克尔曼传和委拉斯

---

① 《迭戈·委拉斯开兹和他的世纪》，第 2 卷，第 244 页。
② 《迭戈·委拉斯开兹和他的世纪》，第 2 卷，第 143 页。

开兹传形成对比。当然，关于米开朗基罗的著作可能与温克尔曼有关。从一开始撰写关于模仿的内容起，《古代艺术史》的作者就在米开朗基罗的身上看到了希腊人效仿者的影子。我们也能看到尤斯提弥补了他在罗马逗留时感到的失望。在整整两年时间里，他将研究集中到 18 世纪的罗马，而将更辉煌的时代，如文艺复兴时期弃置一旁。但是根本的差别在于尤斯提不再指望了解一个时代所有的复杂性，他重建一位名人的文化视野，直至最微小的细节方面，将名人视为时代的结晶。他的注意力已非常显著地转移到他并列分析的作品上。这些作品明显带有特殊文化背景痕迹，但是它们被简化为一个连续的系列，而这个系列的统一性原则可能是艺术家的个性。这并非是要质疑这种创造性人格，正相反，关于米开朗基罗的书颂扬了他的才华，但是他的才华主要表现为决裂与矛盾，决裂与矛盾也是其所处文化背景的特征。

217

该书开篇便提到西斯廷教堂，它看起来像是第一次决裂的产物。米开朗基罗是尤利乌斯二世教皇墓这个巨大计划的雕塑师，他在全心投入这项工作时突然被一个与西斯廷教堂相关的任务打断。尤斯提用从一种工作突然到另一种工作的变化来解释这项工作的性质，这种转变只能基于希腊典范的背景才能解释：

> 这样一种风格的产生如果并非出于偶然，恐怕是不可思议的。这种偶然性此前从未出现过。一位伟大雕塑家在其职业生涯的巅峰获得的风格自身具有一定的灵活性，以便将雕塑家的想法搬移到画布上。绘画与雕塑自希腊人的时代开始便相互影响，一起发展。①

西斯廷教堂天顶画颜色的选择可以用雕塑的优势来解释。鲜艳且过于单

---

① 卡尔·尤斯提：《米开朗基罗：对作品和人物解释的贡献》(*Michelangelo. Beiträge zur Erklärung der Werke und des Menschen*)，第二版，柏林：G. 格罗特谢 (G. Grotesche) 出版社，1922 年，第 1 卷，第 21 页。

一的色彩可能会破坏形式。因此，有必要使之柔和，尽可能地减少颜色，相反光线强调了形式的自主性。① 尤斯提强调米开朗基罗与古代典范的关系。他真正的老师是科西莫·德·美第奇（Cosimo de Médicis）在雕塑家多纳泰罗（Donatello）帮助下搜集的一批古代雕塑，学徒们可以在这个位于佛罗伦萨圣马可花园里的第一座意大利古代博物馆里学习雕塑。②

米开朗基罗作品对古代典范的坚持并不意味着尤斯提想要将米开朗基罗与他的时代分隔开来，将其禁锢在永恒之中。相反，尤斯提认为他在米开朗基罗的作品中觉察到了有预见性的特征，他明白米开朗基罗具有预见性的画作因其自传性的一面而获得成功。诗歌与先知主义之间的相似性在尤斯提看来重新出现在米开朗基罗的作品中，而这种相似性可以上溯到柏拉图，在《圣经》诗歌和但丁的作品中我们能看到它的影响："从这个观点出发，米开朗基罗肯定是画家与雕塑家中绝无仅有的一位。虽然根据他所受的教育和本性，没有什么事情比在公共事务和宗教事务上表达思想让他感到更陌生，但是意大利的命运遭际给他留下的印象使他的心灵震颤，这个命运与从前引发预言的命运可以相提并论。"③ 与温克尔曼和委拉斯开兹的方式不同，尤斯提认为米开朗基罗牵涉到了时代的冲突，但是这种牵连更多地显示在作品的形式和动机之中。

尤斯提对文化史和艺术史的思考，其最根本的特点之一是一种令人目眩的博学，但这种倾向发生了迁变。比如说，当研究女预言者时，尤斯提专注于研究古代以来文学作品中的女预言者的动机、为什么女预言者会消失以及为什么又突然重新出现。之所以但丁的《神曲》中没有女预言者，在他看来是因为她的结构性地位被贝阿特丽丝（Béatrice）取代，贝阿特丽丝赋予传统以一种新的基督教阐释："为他的女性朋友写一部不朽的诗歌作品是年轻

---

① 《米开朗基罗：对作品和人物解释的贡献》，第 1 卷，第 183 页。
② 《米开朗基罗：对作品和人物解释的贡献》，第 2 卷，第 16—17 页。
③ 《米开朗基罗：对作品和人物解释的贡献》，第 1 卷，第 67 页。

的但丁的愿望,《埃涅阿斯纪》使之产生强烈的动机和富有诗意的惊人勇气:通过转换角色,使之成为天主教的女预言者,这个角色曾是维吉尔给予库姆斯(Cumes)的女预言者的。"① 这就解释了为何在一个诸如教皇礼拜堂的地方出现了一个与女预言者一样和《圣经》关联甚少的人物。由尤斯提发展的论证类型,即研究在缓慢的进程中演变为更具现代性形象的古代元素,在阿比·瓦尔堡关于文艺复兴时期古代艺术余辉的研究之初便一条条地相通,它们本身就是语文学思想被搬移到艺术史中的体现。在这类分析中,跨文化性作为一种启发性手段而发挥作用。

正如温克尔曼是法国启蒙运动的继承人,他通过新古典主义重振了启蒙运动;正如委拉斯开兹在罗马和西班牙的文化空间之间往来;米开朗基罗亦是如此,他无法逃脱跨文化维度,而与布克哈特颂扬的意大利文艺复兴文化有联系。《哀悼基督》(Pietà)由圣德尼的一位名为让·德·格罗斯莱·德·维利埃(Jean de Groslaye de Villiers)的修道院院长定做。然而尤斯提注意到《哀悼基督》并非首先是意大利的艺术主题,而是恢复了15世纪末法国的艺术传统。保存下来的第一幅此类画作是穆瓦萨克(Moissac)的《哀悼基督》。② 米开朗基罗的《大卫》(David),与《哀悼基督》一样俱为其最著名的作品,这幅画作是一种识别佛罗伦萨的标记。这个作品是吉埃(Gié)元帅皮埃尔·德·罗昂(Pierre de Rohan)定做的,此人在佛罗伦萨见过多纳泰罗制作的雕像。

我们在尤斯提的作品中可以读出他逐渐认同笔下的人物。米开朗基罗也不例外。传记的最后一章《人与艺术家》(L'homme et l'artiste)是专门用来勾画人物品格的。人品无法脱离环境独自发展,环境有时将人品引向意想不到的方向。尤利乌斯二世教皇墓本来计划制作许多巨大的雕像,但由于历史的限制,它最终难道不是变成了献给摩西的建筑吗?米开朗基罗的作品中没

219

① 《米开朗基罗:对作品和人物解释的贡献》,第1卷,第80—81页。
② 《米开朗基罗:对作品和人物解释的贡献》,第2卷,第86页。

有理性的连续性，他的才华确切地说取决于利用强加的决裂和表现出毫无生机的文化背景的不连续性的能力。尤斯提本人在弥留之际，深深地感到孤独，他描绘了一个没有朋友的孤独的人的形象，这个人首先很难相处。当米开朗基罗想要严格地进行自学时，难道他没有指责瓦萨里（Vasari）将基尔兰达约（Ghirlandaio）借给他当老师吗？在谈论温克尔曼时，尤斯提显得格外谨慎，而他却毫不掩饰地谈论米开朗基罗的同性恋问题，米开朗基罗的性取向也是他孤独和偏好男性雕像的另一个原因。在尤斯提的书中，米开朗基罗是文化史上的英雄。但这与赫尔曼·格林研究的拉斐尔不同，拉斐尔的整个命运达到了一个高度，或者说另有意义，而米开朗基罗是一个只存在于作品之间空隙中的英雄，其凝聚力中没有任何有机或系统的东西。尤斯提对他那个时代的美学倾向视而不见，以至于威廉二世借助他批评这些倾向。他对确定艺术史的对象有贡献，也对给予他们无法逾越高度的价值有贡献。他的研究逻辑推动他不断质询这种过分的简单化，而也许这种过分的简单化在一门学科的建立时期是必要的。温克尔曼和委拉斯开兹表现的是欧洲文化时刻，而米开朗基罗却与一系列作品相融合。很明显文化史是抵御机体论失控的强大堡垒。艺术史家与其作品的主人公部分地同化，他摆脱了自己的民族环境。

卡尔·尤斯提作品中艺术史的英雄崇拜实际上包括了更有趣但未得到充分探究的趋势，即重建一个时代的全球文化，将其与所产生或偏重的形式联系起来。在一个完全以民族主义为特征的时期，民族主义可以达到真正的种族中心主义的地步。相反，在尤斯提看来，艺术史是由一种强调国家空间之间相互交织的趋势来定义的。尤斯提的主要作品，即关于温克尔曼的著作提出了双重悖论。一方面，作为作家，《古代艺术史》的作者不是艺术家，或者说艺术家是其次要身份。因此其所著知识分子传记是对学科的贡献，这门学科通过这种对自身历史的循环回顾建立起来。温克尔曼的偏好，罗马元素的植入，他在古代与文艺复兴之间建立的关系，主要通过尤斯提为其树立的丰碑，将持久地确定学科的目标。另一方面，在阐释学问题与威廉·狄尔泰一起重新出现的时代，我们见证了试图终结米开朗基罗人格错位问题的一次尝试，即通过情感同化处理文化事件。我们不想低估从布克哈特到沃尔夫林的谱系对巴塞尔大学教席、佛罗伦萨艺术研究院的建立、阿比·瓦尔堡图书馆和阿洛伊斯·李格尔的"艺术意志"革命产生的影响，我们不能忽视尤斯提作品中存在将导致这些发展的因素，尤斯提的作品是真正奠基性的熔炉。不过阿比·瓦尔堡在其关于波提切利（Botticelli）的《维纳斯的诞生》（*Naissance de Vénus*）的著作末尾，声称除完成了尤斯提的《委拉斯开兹》中草拟的计划以外他什么都没有做，这个计划描述了文化的"第二请求"与人的"第一实体"之间的冲突，即将主观性融入文化。[①] 艺术史所固有的跨文化阐释学维度 [②] 在其作品中明确地得以确立。正如我们所看到的，它从对艺术作品的阐释转到了对当代文学作品的阐释。文学也是文化迁变之场，它将相异性转变成同一性。海因里希·海涅的作品便是经典例证。

221

---

① 迪特尔·伍德克（Dieter Wuttke）编：《阿比·瓦尔堡，选集与赏析》（*Aby Warburg, ausgewählte Schriften und Würdigungen*），巴登—巴登：瓦伦丁·科尔纳（Valentin Koerner）出版社，1980年，第63页。

② 德国艺术史的跨文化特性并不应该被用来自然地掩饰一些个人的偏差，例如威廉·平德尔（Wilhelm Pinder, 1878—1947）受到了国家社会主义的吸引，汉斯·塞德迈尔（Hans Sedlmayr, 1896—1984）是一种与历史无关的艺术宗教的落后捍卫者，此人相当保守。

第十一章

文学与认同的产生：海因里希·海涅的波拿巴主义

　　20 世纪的德国哲学在 19 世纪法国的创造中发挥了不可忽视的作用，无论是瓦尔特·本杰明对波德莱尔这个标志性人物的关注，还是巴黎人创作的一些片段的象征体系。但法国文化尤其是巴黎文化的具体特征自 19 世纪起就已经确定下来了。海因里希·海涅是七月王朝和导致 1848 年革命的社会结构断裂的最佳见证人之一，他体现了德国对构建"巴黎神话"的贡献。定义一种民族文化、规定一个空间，总是需要划定界限并作出区分，19 世纪倾向于通过将民族空间建构为自身封闭的实体来减少民族空间之间的孔隙。从这个角度来看，文学和哲学在建立知识认同方面起着很重要的作用。因此法兰西民族文学不同于莱茵河对岸的 19 世纪日耳曼文学。虽然文学与哲学的身份以及民族文学和民族哲学的产生是对另类模式的疏远，但它们的产生同时也是日耳曼文化元素大规模迁变的结果。与之相反，19 世纪德国文学的各个方面都是在吸收法国文学某些时刻的基础上形成的。拿破仑在这方面发挥着比法国大革命更为重要的作用。我们来思考拿破仑对荷尔德林和海涅这两位没有直接关系的诗人所产生的影响。还是刚才提到的这位海涅，他不仅为法国身份认同的建立作出了贡献，而且在法国参照的基础上帮助德国建立了身份认同，从而形成了文学的彻底交汇。

民族的外国答案

在 19 世纪的法国，民族身份认同与外国参照之间的关系是复杂的，其原因在于身份认同各个阶段的形成不仅仅排斥外国人，而且因为存在差异，也会借助外国人。在法国新兴人文学科中，从其他地方特别是德国引进的知识手段提供了分析民族现实的工具。事实上有许多具有很强说服力的例子。如果我们翻看历史学家、路易·菲利普（Louis Philippe）国王的大臣弗朗索瓦·基佐①（François Guizot）的信件，我们就会惊讶地发现，自 1812 年起，他就与弗里德里希·克鲁泽（Friedrich Creuzer）就德国神话学研究进行了交流。1833 年和 1835 年，爱德华·甘斯（Eduard Gans）给弗朗索瓦·基佐邮寄了他在导师黑格尔的启发下撰写的关于继承法的著作。蒂尔施②是巴伐利亚重要的教育学家，也是一位谢林主义者，1835 年，他给弗朗索瓦·基佐写了一封长信，描述了他为改善法国中学教育构想的方法。1840 年年底，基佐入选普鲁士科学院，借此机会他与语文学家奥古斯特·伯克（August Böckh）、历史学家弗里德里希·冯·罗默（Friedrich von Raumer）通信交流，罗默在信中给他描绘了法德自由交流空间的图景。我们收藏了至少 11 封亚历山大·冯·洪堡写给弗朗索瓦·基佐的书信。在他的工作或政治生涯中，我们在多大程度上有权辨识——就像海涅所做的那样③——基佐作为历史学家或政

---

① 迈克尔·沃纳：《与弗朗索瓦·基佐通信的德国人》，载《日耳曼研究手册》1987 年第 13 期，第 95—117 页。

② 弗里德里希·蒂尔施（Friedrich Thiersch，1784—1860），巴伐利亚语文学家、教育学家，致力于巴伐利亚控制下的希腊教育的重建。1838 年出版三卷本关于德国、法国与荷兰的教育状况的著作。参见让·博拉克：《法国大学的德国批评（蒂尔施、哈恩、希勒布兰德）》，载《德国杂志》1997 年第 9 期，第 642—666 页。

③ 《卢特斯》（*Lutèce*）第 38 条与第 58 条手稿，参见 M. 埃斯帕涅：《笔触，海涅手稿中的泛神论建构》（*Federstriche. Die Konstruktion des Pantheismus in Heines Arbeitshandschriften*），汉堡，1991 年，第 168—171 页。

225 治家的性格特征？他的性格特征可以清楚地与其在德国的经历联系起来。就影响力而言，这个问题似乎并无意义。但可以肯定的是，基佐熟知德国历史主义的哲学、语文学形式的最佳原始资料。

以埃德加·奎奈 ① 为例，这种关系更加明显，因为奎奈的文学生涯是从翻译德国历史传统的核心著作《关于人类历史的看法》（*Idées sur l'histoire de l'humanité*）开始的。这部译作是他在真正学习德语之前从英语翻译过来的。旅居海德堡、和克鲁泽在一起的日子帮助他认识了德国，他还娶了一个德国女人。埃德加·奎奈在德国发表了一些带有赫尔德思想色彩的作品，尽管他先后在里昂和巴黎教授的外国文学课程与日耳曼文化无关，但这些课程带有很明显的民族和人民精神的特征，这些表征决定了他有关法兰西民族以及共和国的概念。对他来说，即使他的课程不是唯一途径，从德国角度对法国历史基本类别的重新阐释也正在进行。在七月王朝时期知识分子生活的感知中，奎奈和米什莱（Michelet）形成双巨头。他们二人都是教权主义的受害者，他们都相信历史具有解放功能并且能够揭示人民的内在力量以及人民精神。与奎奈相比，米什莱直接获取的德国信息较少，这让人不禁认为奎奈是米什莱和德国文化之间的桥梁。无论如何，米什莱在 1828 年去德国旅行时向奎奈讲述了他的许多阅读感受。他在 1831 年的《全球史导论》（*Introduction à l'Histoire universelle*）中这样写道：历史是"自由的景象"，是"无穷战胜有限" ②。除了这些一般性评论，米什莱还聘请了翻译，使他能够阅读德语材

---

① 关于埃德加·奎奈，参见亨利·特隆雄（Henri Tronchon）：《德国、法国、英国：埃德加·奎奈的青年时代或一个狂热分子的冒险》（*Allemagne, France, Angleterre: la jeunesse d'Egar Quinet ou l'Aventure d'un enthousiaste*），巴黎：美文（Les Belles Lettres）出版社，1937 年。威利·埃斯基曼（Willy Aeschimann）：《埃德加·奎奈的思想及其形成研究》（*La pensée d'Edgar Quinet. Etude sur la formation de ses idées*），巴黎：人类（Anthropos）出版社，1986 年。

② 皮埃尔·佩尼森（Pierre Pénisson）：《米什莱、奎奈与德国》（*Michelet, Quinet et l'Allemagne*），载《综合杂志》（*Revue de Synthèse*）1988 年第 109 期，第 247—263 页，此处引用在第 253 页。

料，例如《路德回忆录》（*Mémoires de Luther*）。米什莱从格里姆那里借鉴了很多，在《法国法律的起源》（*Origines du droit français*）中，他大量借鉴了格里姆关于德国古代法律的著作及其法律象征性观点。这项统计是不完全的，但通过这几个例子我们要记住七月王朝时期拥有众多博学者的法国，在进行自我评价时，突然需要德国历史主义与学识的帮助。

自 1870 年起，使用德国模式来解释和定义民族现实的做法更为明显。在此之前，虽然从德国的引进还没有出现，而是自然交流的结果，但 1870 年之后，这变成一个使敌人丧失科学优势的问题，而这种科学优势本可以帮助敌人取得胜利。但法国文化的自我定义也将取决于这些引进的东西。19 世纪末，那些来自法国培养体系的最优秀的学生在即将完成在罗马的学业之际，对是继续留在罗马学习还是去一所德国大学学习犹豫不决。他们试图将这两种合理选择结合起来。历史学家卡米耶·朱利安 ①（Camille Jullian）就是一个典型例子，在罗马居住了一年之后，他决定跟随莫姆森（Mommsen）在柏林待一年。我们怀疑他的语言能力能否让他从这些课程中获得很多益处。但是对他而言重要的是能够师从莫姆森，他的关于《波尔多的罗马铭文》（*Inscriptions romaines de Bordeaux*，1887—1890）或《波尔多史》（*Histoire de Bordeaux*，1895）的研究将试图将这种知识借鉴转化为历史编纂实践。诚然，莫诺（Monod）、拉维斯（Lavisse）、朱利安这些名字只代表了法兰西第三共和国时期历史学家中的一小部分，除了借鉴，还有一个德国参照神话 ②，这个神话的重要性不亚于引用和引用统计。在另一个层面上，饶勒斯（Jaurès）的博士论

① 参见奥利弗·莫特（Oliver Motte）：《卡米耶·朱利安：学生年代》（*Camille Jullian: les années de formation*），罗马法国学校（Ecole française de Rome）出版社，1990 年。或参见奥利弗·莫特：《保存在德国档案馆与图书馆中的 19 世纪法国法学家未发表的信件》（*Lettres inédites de juristes français du XIXe siècle conservées dans les archives et bibliothèques allemandes*），波恩：布维耶（Bouvier）出版社，1989—1990 年，第 2 卷。
② 查理-奥利维耶·卡伯内尔（Charles-Olivier Carbonell）：《历史与历史学家，1865—1885 年法国历史学家的思想转变》（*Histoire et historiens. Une mutation idéologique des historiens français，1865—1885*），图卢兹：普里瓦（Privat）出版社，1976 年。

文《德国社会主义的起源》（*Les origines du socialisme allemand*）与其著作
《法国大革命史》（*Histoire de la Révolution française*）之间的关系，证明了他
试图将引进的解释框架应用到民族历史中。除历史之外，其他人文学科的问
题自然也应该被再次提及，例如，心理学是在威廉·冯特的推动下发展起来
的，地理学是由拉采尔（Ratzel）推动形成的。

　　为了阐明法国人的身份而被引入的解释工具中，最独特的形式之一是罗
曼语语文学 ①。罗曼语语文学由保罗·迈尔（Paul Meyer）和加斯东·帕里斯
（Gaston Paris）创立，而加斯东则是弗里德里希·迪兹（Friedrich Diez）的
学生和翻译。法国大学的罗曼语语文学的对象是围绕着一个语言领域的虚构
理念构建的，这个领域将法国文化的特殊性包含在一个巨大的整体中。罗曼
语族地区（*Romania*）的思想体系更乐意看到古代语言之间的相似性，它关注
中世纪，并将偏远农村的方言与但丁或蒙田的语言置于同等崇高的地位，其
目的是消解罗曼语族空间的主导文化。我们悄悄地从语言转到种族相似性的
观念，这个观念掩盖了罗马尼亚人、撒丁岛人和庇卡底人之间的差异。这种
思想体系在科学上成果颇丰，因为它将书面传统的研究建立在非常深入的历
史—语文学研究的基础之上。在某种意义上，加斯东·帕里斯和他的学生正
是保留了这一罗曼语语文学研究的积极核心，并将其引入法国。他们不曾完
全忽略，而只是疏忽了罗曼语族地区的非法国空间，含蓄地否定了德国罗曼
语语文学家要求的普遍能力神话，他们把注意力集中在民族土地的书面传统
上，以一种法国学者——除了与文献学院有关的一个语文学家小学派——几
乎没有使用过的方式来讨论这一传统。这样一来，他们抱着一种新的兴趣去关
注这些区域性方言。20 世纪最后二十年，法国几乎在各地都设置了地区语言讲

① 然而，值得注意的是这一借用并未沿袭法国中世纪文本中一个更古老、非常历史化的
　　传统，在克洛德·弗里埃尔（Claude Fauriel）之后，弗朗西斯科·米歇尔（Francisque
　　Michel）成了这个传统的代表。与德国的罗曼语语文学相比，这种早期罗曼语语文学
　　研究可能更多地指向弗里德里希·奥古斯特·沃尔夫（Friedrich August Wolf）和威
　　廉·冯·洪堡。

227

席。可以说被引进的罗曼语语文学为法国国家空间及其各个区域提供了一门在莱茵河彼岸发展起来的科学，其隐含意图是对这个空间的相关性提出质疑。

掷弹兵

海涅的作品在法国读者的意识中与一些图像联系在一起，这些图像从关于教科书的模糊记忆中得来。如果说最生动的形象是莱茵河岸边岩石上的罗蕾莱（Lorelei）①，那么紧随其后的是三个在死后仍然保卫皇帝的掷弹兵。

> 两个掷弹兵踏上归途，
>
> 从被俘的俄国回法兰西。
>
> 一旦进入德国的领土，
>
> 他俩便不禁垂头丧气。
>
> 他俩听到可悲的消息：
>
> 法兰西已经没了希望，
>
> 大军整个儿一败涂地，
>
> 皇上也落进敌人手掌。
>
> 两个掷弹兵抱头痛哭，
>
> 为着这个可悲的消息。
>
> 一个道："我真痛苦啊，
>
> 旧伤口又像火烧火燎的。"
>
> 另一个说："大势已去，

---

① 《罗蕾莱与自由》（La Lorelei et la liberté），海因里希·海涅展览目录，巴黎：雄鹿出版社，1997年。关于海涅的研究状况，参见格哈德·霍恩（Gerhard Höhn）：《海涅手册，时代—人物—著作》（Heine-Handbuch. Zeit-Person-Werk），斯图加特—魏玛：梅茨勒（Metzler）出版社，1997年。

　　我也想和你一道自杀，

　　只是家里还有老婆孩子，

　　没了我他们休想活啦。"

"老婆算啥，孩子算啥，

　　我的追求可更加高尚；

　　饿了就让他们讨饭去吧，

　　他被俘了啊，我的皇上！

"答应我的请求吧，兄弟：

　　如果我现在就一命呜呼，

　　请运我的尸骨回法兰西，

　　把我埋葬在法兰西故土。

"这红绶带上的十字勋章，

　　你要让它贴着我的心口；

　　把这步枪塞进我的手掌，

　　把这长刀悬挂在我腰头。

"我这样躺在坟墓里面，

　　就像一名警惕的岗哨，

　　直到有朝一日我又听见

　　大炮轰鸣，奔马长啸。

"这时皇上纵马跃过坟头，

　　刀剑铿锵撞击，闪着寒光；

　　我随即全副武装爬出来

　　去保卫皇上，我的皇上！"①

---

① 这首诗歌由尼科尔·陶伯（Nicole Taubes）译成法文，参见海因里希·海涅：《诗歌集》（*Le livre des chants*），巴黎：雄鹿出版社，1999年。（中文译文引自杨武能译《海涅文集（全五卷）》，西安：陕西人民出版社，2001年。——译者）

海涅在生命即将结束时承认他写了这首诗，此诗于 1814 年前后由 16 岁的罗伯特·舒曼（Robert Schumann）谱曲，他将在这首诗中看到当时对皇帝的赤胆忠心。这首诗试图通过两个掷弹兵的对话来表现皇帝的伟大，我们可以认为这是一首真正的法国通俗叙事诗。但这同时也是一首日耳曼抒情歌曲。因为两名士兵恰恰是从俄国战场回到德国驻地时才知道皇帝被俘虏了。拿破仑成了纠缠日耳曼的幽灵。

皇帝的形象在海涅的知识传记中像罗蕾莱的形象一样具有原创性，这一形象和他在莱茵河畔度过的少年时期有着紧密联系 ①。海涅的故乡贝格大公国（le grand-duché de Berg）在他不到十岁的时候成为法兰西帝国的一部分，由于这种隶属关系，贝格大公国背负了沉重的捐税，但也因此废除了封建权利并引进了《民法典》。杜塞尔多夫（Düsseldorf）的居民不得不加入皇帝的军队去作战，海涅曾在 1811 年 11 月 2 日至 5 日访问杜塞尔多夫时见过这支军队：

> 皇帝和他的随从骑着马走在林荫道中间。原本一动不动的树木在他经过时弯下腰来；阳光透过树叶，轻轻摇曳，在湛蓝的天空中，可以清楚地看到一颗金色的星星……他的脸庞呈现出希腊、罗马大理石头像的颜色，脸上似乎写着："除我以外，你没有别的神。"一个挂在他唇边的微笑能够使所有人的心都感到温暖和平静；然而，人们知道他的一个口哨就能够让普鲁士不复存在，他只需吹一个口哨，整个神圣罗马帝国都会投入战斗。当他微笑时，眼中也充满了笑意。他的眼睛像白昼一样明亮，可以读懂人们的内心，可以一眼就看尽这世间万物，而我们或许只能在它们阴影的闪烁中一个一个地去看。他的脑袋并不那么平静，关于

---

① 关于海涅传记的写作背景，参见扬·克里斯托夫·豪斯查尔德（Jan-Christoph Hauschild）、米歇尔·沃纳：《"生活的目的就是生活本身"——海因里希·海涅传记》（*Der Zweck des lebeus ist das Lebeu selbst. Heinrich Heine. Eine Biographie*），科隆：基朋霍伊尔 & 维奇（Kiepenheuer & Witsch）出版社，1997 年。

未来战役的可怕想法萦绕其中；这颗头颅有时会有一些创造性的想法以及一些不可思议的伟大思想，得益于这些思想，皇帝的才华闻名于世，我相信这其中的每一种思想都能为一位德国作家提供丰富的素材，令其想要详述，并终其一生进行研究。①

230

或许海涅就是这些德国作家中的一员。但他的注意力也集中在皇帝具体的生活细节上，我们注意到他对皇帝传记的关注，他不仅在往来书信中，甚至在作品中也对传记进行评论。拿破仑被流放至圣赫勒拿岛（Sainte-Hélène），哈德森·洛（Hudson Lowe）虐待拿破仑，以及以更抽象的方式对拿破仑代表的思想予以排斥，这些是他对英格兰的主要不满。《英格兰片段》（*Les Fragments sur l'Angleterre*）中充满了他对拿破仑的模糊回忆与影射。在这部作品中，威灵顿（Wellington）利用他异乎寻常的好运取得的胜利说明了愚人也可以战胜天才以及一种不朽，类似于将本丢·彼拉多（Ponce Pilate，即 Pontius Pilate——译者注）的遗臭万年与基督的永生不朽作对比。因为当海涅在伦敦港遇到东方水手并用穆罕默德这样一个通用名字来问候并取悦他们时，那些水手则用波拿巴这个"万能"的名字来回应。英国人无法理解皇帝这个概念的普遍性维度。沃尔特·斯各特（Walter Scott）写了一本平淡无奇的传记，并论证皇帝只是死于胃癌，因此而名誉扫地，然而这个次要原因丝毫不能减轻哈德森·洛所犯罪行的严重性。对海涅来说，沃尔特·斯各特从此不再是文学上的参照。

德国犹太人与法国

虽然拿破仑的形象与海涅的童年有着如此紧密的联系，但这肯定不是因

---

① 《鼓手勒格朗》（*Le Tambour Le Grand*），P. O. 沃尔泽（P. O. Walzer）译，波朗特吕（Porrentruy）：法兰西之门（Portes de France）出版社，1944年，第58—59页。

为海涅遇见皇帝从杜塞尔多夫经过，军事辉煌的装饰特征也只是发挥了表面作用。我们必须考虑另一方面，尽管没有明确指出，但那就是犹太教。拿破仑给德意志带来了《民法典》，并且在其去世后，《民法典》仍以各种不同的形式被保留了下来。不仅如此，拿破仑还给比法国犹太人还要多的德国犹太人带来了之前他们从未获得过的公民平等①。

在 19 世纪巴黎人遇到的外国人中，保有德国习俗的犹太人占有一席之地。巴黎的犹太人主要是阿什肯纳兹犹太人，从法国大革命到 19 世纪末，其人数从几千人发展到大约 4 万人。直到 19 世纪末大量中欧移民到来为止，巴黎的犹太人主要来自东部省份、阿尔萨斯—洛林以及德国。来自阿尔萨斯乡村的流动商贩和小手工业者来到巴黎，往往他们的社会地位会得到巨大的提升，米歇尔·利维（Michel Levy）就是其中的一个典型例子，人们理所应当地称他们是法国人。但是很难区别法国东部省份的犹太人与巴登或美因茨的犹太人，很多犹太教教士都在巴登或美因茨学习。这本身就是一个由移民潮孕育的阶段，移民潮可以重构犹太教，富尔德（Fould，或 Fulda）家族的姓氏或巴伐利亚州富尔特（Fürth）的阿莱维（Halévy）家族的起源可以说明这一点。这些人使用的是意第绪语，从布拉格到梅斯，人们用意第绪语来解释《塔木德》。他们的生意和传记把他们带到了欧洲各地，他们说德语，但水平参差不齐。或许正是这些条件为迎接远道而来的教友创造了一个十分有利的环境，例如那些来自柏林的教友。

作为一名生活在莱茵河畔的犹太人，海涅只能感受到所处群体成员们的集体感受，一种关于脆弱的公民平等的感受，而这与拿破仑军队在德意志的存在有关，他所能做的就是参与到这个渐进地、从内部转变成法国社会的运动中来。当拿破仑政权崩溃时，德意志民族主义者对犹太人解放运动咄咄逼

---

① 米歇尔·埃斯帕涅：《海涅时代巴黎的德国犹太人，阿什肯纳兹犹太人的迁移》（*Les Juifs allemands de Paris à l'époque de Heine. La translation ashkénaeze*），巴黎：法国大学出版社，1996 年。

232

人的质疑只会激起人们对拿破仑帝国政权的怀念。随着帝国的崩溃，德国犹太人将面临打破象征性犹太隔都围墙的需要。这种犹太隔都和歧视的隐喻化将促使他们寻求一种普遍性，这种普遍性不再仅仅是在日耳曼语境下解放犹太人，而是在政治或社会压迫的语境下解放人类。对德国共和主义的核心人物、作家路德维希·鲍尔尼（Ludwig Börne）来说，对普遍化的渴望就是对共和国的渴望。但是对海涅来说，寻找普遍性的途径更为复杂。他将在19世纪40年代有一段政治激进主义时期，那时他与青年黑格尔派的莫泽斯·赫斯（Moses Hess）、马克思保持着联系，并狂热崇拜费尔巴哈。他信奉德国哲学的普遍主义，特别是黑格尔主义。他所持的帝国观念或多或少地与哲学混同起来，但相较于其他寻求普遍性的方法，这一观念更直接地基于犹太人的经历。

鼓声隆隆

在半虚构半自传体作品《思想，鼓手勒格朗》（*Idées. Le tambour Le Grand*）中，海涅讲述了他童年时期在杜塞尔多夫学习语言的经历。但是奥努瓦神父（l'abbé d'Aulnoy）这样一位年老的移民教授的课程并不足以让他掌握像法语这样难的语言，他需要隆隆鼓声。住在他家里的军乐队鼓手长是他真正的老师。这位不懂德语的勒格朗先生能用乐器完美地表达，只要通过鼓声就能理解自由和平等的概念，就能再现攻占巴士底狱，以及国王走向断头台的场景。这位拿破仑军队的军乐队鼓手长让年轻的海因里希知道了法国大革命的片段。事实上，海涅本人就是这位鼓手勒格朗的一个有天赋的学生，他掌握了鼓声的节奏，当在贵族会议的会场中或哥廷根的阶梯教室中提醒人们回顾欧洲历史的深刻趋势时，他几乎不由自主地重复着鼓点，用脚打着节拍。

对海涅来说，对拿破仑的记忆与鼓点节奏联系在一起，鼓声重振了革命热情并将革命热情带到了欧洲战场上。

　　当我想到伟大的皇帝，我的记忆再次回到那个绿意盎然、金光灿灿的美好夏日。一条长长的小路两旁栽种着椴树，树上开满了花；夜莺藏在茂密的树枝下歌唱，瀑布窃窃私语，在圆形花坛中，小花们漫不经心地摇晃着它们美丽的脑袋！我和它们保持着一种奇妙的关系；浓妆艳抹的郁金香高傲自豪地向我致意，神经脆弱的百合花带着一种充满忧郁的柔情向我低头……我常常躺在草地上，虔诚地听勒格朗先生向我讲述伟大皇帝的功绩，同时还演奏不同情况下敲打的进行曲，我因此能够看到和听到皇帝所有的丰功伟绩。我看到了军队经过辛普龙（Simplon）……皇帝时而在前时而在后，激励着他勇敢的近卫兵，而一群群鸟儿惊叫着飞起，远处的冰川隆隆作响……［……］我在奥斯特里茨见到了皇帝——哦！当子弹在冰冻的平原上呼啸而过……我看到听到了耶拿战役：砰！砰！砰！……我看到听到了埃劳（Eylau）战役、瓦格拉姆（Wagram）战役……不，这简直难以承受！勒格朗先生敲的鼓格外响，我的耳膜几乎要震破了。①

233

鼓声终究象征着海涅的政治参与。正如一首富于战斗性的诗歌所表达的，政治学说就像隆隆的鼓声：

　　击鼓吧，不要害怕，
　　去拥抱女随军商贩！
　　正所谓
　　书籍学问是终极意义。

---

① 《鼓手勒格朗》，第56页。

　　鼓声与黑格尔思想之间的关系，不仅可以说明海涅文学生涯中最激进的阶段，即他的作品被新兴的黑格尔主义打下烙印的阶段。这种关系是由海涅对拿破仑和帝国的看法预先决定的。鼓声之所以表达了黑格尔的思想，是因为拿破仑的鼓声说明了命运，他自己就是这个思想的化身。他是伟人，也许可以将他那个时代的历史集于其一身。伟人与这段历史有着非常特殊的关系。他忽略了它的部分特点，只观其整体。他忽略了那些接续的阶段，只抓住了时间之外的总体一致性。

　　康德说我们可以设想一种智慧，它并不像我们的智慧那样具有推论性质，而是具有很强的直觉性，它是从综合的一般性，从对整体的思考出发，到对部分进行分析，康德想说的是一种类似的精神。然而对于我们只有通过对反思的长时间分析并在一系列完整的推论后才能认识到的事物，这种精神却能够在思考问题的同时将其完全掌握。因此，他的天赋在于理解他所处的时代，安抚它的精神，从不过分损害它，并一直使用它。①

　　就本质而言，如果说拿破仑是法国人的皇帝和大革命的继承者，那么需要借助歌德时代完整的德国文化来思考他在欧洲舞台上所扮演的角色。在1831年出版的一本揭露德国贵族的书的序言中，海涅开创了19世纪德国文学的一个传统，将德国哲学与法国历史进行比较②。继康德这位哲学界的罗伯斯庇尔，把批评推进到了与柯尼斯堡的对手一样程度的人之后，费希特出现了。在费希特看来，海涅看到了哲学意义的拿破仑，表现出一种崇敬，但也

① 《作品全集》（*Sämtliche Werke*）第六卷，汉堡：霍夫曼和卡姆佩（Hoffmann und Campe）出版社，1973年，第296页。

② 对于法德二分法与思想行动二分法相互重叠的论述在莫泽斯·赫斯的《欧洲三权分立》（*La triarchie européenne*，1841）中有所发展，在马克思青年时期的著作中也有相关内容。

表现出一种极端自私，这种自私如此强烈，以至于除了拿破仑的主权意志，除了他所建立的普遍而短暂的帝国，不能容忍其他任何东西存在。费希特和拿破仑将哲学唯心主义推向了终点。拿破仑帝国和费希特的关系变得亲密，为《德国宗教与哲学历史》画上了句号。在这一总结性作品中，德国思想被认为导致了一场未知形式的革命。费希特就是拿破仑。更通俗地说，德国哲学需要通过法国历史的试剂才能展现其全部价值。

因此，在海涅看来，德国精神倾向于通过它与帝国的关系来进行自我定义。这个关系有乐观积极的一面："拿破仑和歌德都具有出色的行动力——海涅在《路德维希·鲍尔尼》中写道——其中一个强迫人们进行健康的身体锻炼，而另一个让我们再次对希腊艺术敏感，还创作出了一些高品质的作品，这些作品就像大理石神像一般值得我们牢牢抓住，这样我们就不会陷入绝对精神的迷雾。"[1]但这种关系或许也有消极的一面。正是因为对帝国的敌意，德国的浪漫主义得以产生：

> 没有哪个国家的人民比德意志人民更喜爱他们的王公，比战争和被敌人占领更令人伤心的是亲眼看见他们战败的王公匍匐在拿破仑脚下的悲惨场景，这给德意志人民带来了难以承受的痛苦［……］在上帝的意志中，一种虔信诞生了，这是获得神佑的唯一来源。而要想对付拿破仑，只能在上帝那儿寻求帮助。我们不能再指望俗世军队。必须将信任的目光投向天空——在这场战争的准备阶段，一个敌视法国本质的流派、一个颂扬艺术和生活中德国传统的流派，必然会得到极好的发展。当时浪漫主义流派与执政者以及一些秘密社团联合起来，M. A. W. 施勒格尔（M. A. W. Schlegel）构想出抵制拉辛的计划，就像斯坦因这位大臣反对拿破仑一样。这个流派遵循时间的进展，也就是要重新回到源头。当德

235

---

[1] 《路德维希·鲍尔尼》(*Ludwig Börne*)，米歇尔·埃斯帕涅译，巴黎：雄鹿出版社，1993年，第43页。

国爱国主义和民族性最终彻底取胜时，浪漫主义的、民间的、日耳曼的和基督教的流派——"德意志宗教爱国主义新艺术"——也取得了最终胜利。拿破仑这样一个像亚历山大和恺撒一样伟大的古典主义者就这样倒下了，而像 MM. 奥古斯特·施勒格尔（MM. August Schlegel）和弗里德里希·施勒格尔（Friedrich Schlegel）这样如小拇指和穿靴子的猫一样渺小的浪漫主义者却以胜利者自居。①

无论是文学还是哲学，歌德时代的德国文化史只能通过体现在法国政治和知识史上的反应和联系来解释，拿破仑是法国政治和知识史的终点。

艺术时代的终结、历史的终止、法国大革命的目的论视野——对海涅来说，帝国的覆灭是一个重大历史断裂。从那时起拿破仑只能成为一个新神话。海涅在他死后留下一句格言说，拿破仑不是人们拿来做国王的木头，而是用来做神的大理石②。

马伦哥与神话的产生

海涅作品中拿破仑参照的问题在于皇帝的政治模糊性，他在某种程度上实现了法国大革命的理想，但从另一个角度来看，他又背叛了革命，用独裁政权取代了共和国。"我一直爱戴这个人，直到雾月 18 日。"在《路德维希·鲍尔尼》这部作品中海涅借他的密友路德维希·鲍尔尼之口说道，"在签署《坎波福尔米奥和约》（la paix de Campoformio）之前，我一直对拿破仑有好感，但随着他登上帝位，他跌落到越来越低的境地；有人可能会说，他登

---

① 《浪漫主义流派》（*L'Ecole romantique*），皮埃尔·佩尼森（Pierre Pénisson）译，巴黎：雄鹿出版社，1997 年，第 25 页。

② 《作品全集》（*Sätliche Werke*），共 12 卷，慕尼黑：卡尔·汉泽尔出版社，1976 年，第 11 卷，第 636 页。

上帝位意味着他的堕落。"① 维护与皇帝名誉相关的积极原则的唯一方法恰恰是制造一个神话，这个神话让大理石雕像从政治上的偶然事件和对自由的破坏中摆脱出来。相反，皇帝那些无视传统的粗暴言行却丝毫没有损害他的形象。海涅借鲍尔尼之口讲述了一件轶事，据说，拿破仑在乌迪内（Udine）的一场会面中打碎了奥地利人科本泽尔（Kobentzel）的一套珍贵瓷器，从而加快了《坎波福尔米奥和约》的签署。奥地利有许多瓷器，所以科本泽尔宁愿选择不再坚持要他赔偿②。在这位伟大政治家的一生中存在一个积极内核，一个超越具体政策错误而存在的内核，这一想法似乎指导了海涅对法国历史的分析，因为我们在他对弗朗索瓦·基佐作品的看法中发现了这个想法，但也有一些细微差别。在七月王朝时期提出了"致富"口号的人对海涅来说才是法国大革命的继承者，是古罗马的大祭司（pontifex maximus），是乌托邦与现实之间桥梁的建造者，因为他把实行立宪等元素引入了政治生活。

《从慕尼黑到热那亚的旅行》(Voyage de Muniche à Gênes) 中的第 28 章至第 31 章详细地描述了拿破仑神话的制造，即将政治错误与长久贡献分开来看。让我们简要回顾一下，1828 年 7 月至 11 月间海涅赴意大利旅行，此次意大利之行打破了一种惯例，因为书中既没有关于罗马的描写，也没有关于佛罗伦萨的描写——虽然他没有前往罗马，但他去了佛罗伦萨。海涅用当时依然被奥地利控制的意大利取代了作为美学朝圣地的意大利。海涅以旅行笔记为基础撰写文章，最后于 1829 年至 1831 年发表了三篇游记，分别为：《从慕尼黑到热那亚的旅行》、《卢卡浴场》(Les bains de Lucques)、《卢卡城》(La ville de Lucques)。《从慕尼黑到热那亚的旅行》中有关拿破仑的章节并不是海涅在意大利停留期间写成的。这些章节是后来才添加进来的，目的是事后赋予这次旅行经历以历史和哲学意义。参观被大教堂俯瞰的米兰为思考提供了一次机会。海涅认为，建成这座大教堂是拿破仑的一个执念，奥地利人尽

---

① 《路德维希·鲍尔尼》，第 14 页。

② 《路德维希·鲍尔尼》，第 15 页。

管对他怀有敌意，但还是接手了这项工程，为他建造了一座超越时间的宏伟建筑："伟大的皇帝留下了一尊比大理石更美丽更持久的雕像［……］新的世代将在这片土地上诞生，蹒跚着抬眼凝视这座雕像，然后重新躺进这片土地。时间无力摧毁这样一座雕像，它将试图在传说的迷雾中将其掩盖，其丰富的历史最终将成为一个神话。"① 米兰大教堂不是基督教荣耀的圣殿。在海涅看来，情况恰恰相反，他预感到基督教将要消亡，人们将在米兰大教堂的废墟之上建立起新的祭坛。当神话建构完成后，拿破仑很可能会作为普罗米修斯或泰坦的化身出现，并将火种传给人类。

　　然而，拿破仑神话的构建并不是要人们忘记雾月政变，也并不意味着要忘记拿破仑重新建立了一个新贵族政治以及他本可以收买欧洲贵族势力的事实，但就他而言，我们应当区分思想与行动、本质与偶然表现："历史只不过是人类精神的旧衣橱。但恋人有时喜欢旧战利品，而我更喜欢马伦哥（Marengo）的斗篷。"② 1800 年 6 月 14 日，拿破仑大军在马伦哥打败了奥地利，马伦哥成了拿破仑作为征服者的一生的起点。在海涅眼中，拿破仑是最后一位征服者，这是偶然的一面，但拿破仑也体现出了革命时期法国所具有的普遍意义特征，我们仍能感受到偶然性背后这位神话般人物的存在。19 世纪人类的一项伟大任务——"解放"，在马伦哥被重新定义，海涅明确指出，并不仅仅是要解放爱尔兰人或法兰克福的犹太人，而是要解放普遍意义上的全人类，特别是解放被数千"享有特权的雇佣骑士"压迫的欧洲人民。与法国大革命相关、后由法国人传播的平等观念，引起了解放：

　　　　他们知道如何满足人类社会最重要的两大需求：美食与公民平等。
　　　　不论是在烹饪艺术方面还是在自由方面，他们都取得了最大进步。如

238

---

① 《意大利游记》(*Tableaux de voyage en Italie*)，J. Ph. 马蒂厄（J. Ph. Mathieu）译，巴黎：雄鹿出版社，1997 年，第 83 页。
② 《意大利游记》，第 85 页。

果有一天，我们人人平等，都被邀请参加一场和解宴会，大家心情愉快——因为围绕着丰盛的餐桌，还有什么比一个平等的社会更值得期待的呢？——我们首先将为法国人干杯。①

　　一个时代的基本任务这个概念，在以后的时代看来可能显得过时，却与当下被固定在一种永恒的同时代性之中的时代精神完全契合，"绝对"的、每时每刻都不同的相对表达的思想，通过人类思想的旧衣橱（此处指"历史"——译者注）将对拿破仑神话的构建与对黑格尔历史哲学的回忆进行比较。另一种回忆解释了这种奇怪的为战争辩护的说辞，它似乎让人想起主人和奴隶的辩证关系："我喜欢战场，因为无论战争多么可怕，它都证明了人类精神的伟大，以及人类能够挑战他最强大的宿敌——死亡。也正是在战场上，自由在浸染了鲜血的玫瑰上跳起欢快的订婚之舞。"②正是因为拿破仑军队的将士们在马伦哥战役中将生死置之度外，自由才得以实现。海涅利用黑格尔思想提供的知识素材进行的拿破仑神话构建并没有在为战争的抽象辩护前退却。
　　海涅将马伦哥的阳光与被解放的、不信教的、感觉主义的人类的出现联系在一起。一般来说，拿破仑依然是一个感觉主义者，他是启蒙运动唯物主义者的继承人，蔑视一切形式的唯灵论。帝国艺术就是意大利雕塑家卡诺瓦（Canova）在其作品《胜利的维纳斯》（*Venus victrix*）中雕刻波利娜·波拿巴（Pauline Bonaparte）的艺术。

波拿巴主义者的自传

　　对海涅来说，与拿破仑及其象征环境的相遇，以及与鼓手勒格朗先生

————————————

① 《意大利游记》，第 88 页。
② 《意大利游记》，第 89 页。

239 的相遇，是他童年的回忆，也是他写传记的素材。拿破仑在他思想发展过程中最后一次出现是在他考虑写自传的时候。海涅对帝国进行最后一次思考的尝试是痛苦的，因为此时正值拿破仑三世掌权后的镇压时期，因此，这次思考激发了对波拿巴主义的热情，这种热情可以在先前的文本中找到，但这种热情几乎不再具有辩护力。即使在这种情况下，海涅也在尽力维护这样一个与他自己的生活如此密切相关的神话。众所周知，海涅很早就开始收集用于撰写自传的材料。但这些素材是分散的，是个别作品里的某些章节或段落。威胁出版将牵连大商人和银行家亲属的回忆录，被用作一种施压手段。最后，两篇自传性质的文章流传了下来。其中一篇是《诗人的自白》(Aveux de poète)，于海涅生前出版。另外一篇《回忆录》(Mémoires) 是在他的文稿中重新发现的。在第一篇中，海涅谈了拿破仑。说实话，他在 19 世纪 40 年代的一篇名为《关于德国的信札》(Lettres sur l'Allemagne) 的预备性文章中就已经谈到了拿破仑，讨论了拿破仑和斯塔尔夫人（Madame de Staël）的关系。在这个预备性片段中的确有对女性的鄙视，但是他感兴趣的并不是这两个人物，而是他们所代表的势力。斯塔尔夫人代表了旧德国的蒙昧主义力量，在海涅看来这种力量与唯心主义哲学有关，或者更确切地说，与哲学的唯心主义解释、施勒格尔兄弟的浪漫主义有关，她体现出了妇女的危险性，正如拿破仑提出的，她们不是主要专注于抚养孩子。斯塔尔夫人战胜了皇帝。唯灵论消除了对物质兴高采烈的颂扬，海涅由于出生在杜塞尔多夫，所以成了普鲁士人。因此，这几乎是一场围绕巨人之间的争斗展开的宏大游戏。斯塔尔夫人并不满足于通过写作来反对拿破仑：

> 她还努力通过那些与文学毫不相干的手段来与他抗争，因此，她一度成为一些外交阴谋的核心人物，这些阴谋在反法同盟成立前就已开始反对拿破仑。她还派一些刺客追踪她的敌人，这些刺客不是仆从［……］而是一些国王。拿破仑被打败了，斯塔尔夫人作为胜利者带着她的书《论德

国》（*De l'Allemagne*）和数十万德国人一起进入巴黎，这可以说就是她作品的生动阐释［……］。令人赞赏的卷首插图上绘着布吕歇尔（Blücher）的肖像，他有着高尚的灵魂和坦率的性格，身上散发着烟草气味，娱乐时喜欢做手脚。他已经把这件事提上了日程：若是拿破仑落入他手中，他一定将拿破仑处以车轮刑。这是浪漫主义取得胜利的时代，后来夏多布里昂带着一个巨大的装满了约旦河水的瓶子来重新为陷入异教的法国施洗。从那以后，法国人成了基督徒、浪漫主义者和城堡指挥官。①

海涅为了逃避成为普鲁士人的命运而来到巴黎，这种命运是德意志解放军队给予他的。因此他的使命是对斯塔尔夫人对皇帝所取得的决定性胜利和她的《论德国》重新提出质疑。为此他必须撰写自己的《论德国》，展现一个和斯塔尔夫人笔下完全不同的，更自由，具有颠覆性和信奉唯物主义的祖国形象。在整个 19 世纪的法国，海涅与斯塔尔夫人认知的对立可以归结为拿破仑皇帝重新受到了尊敬。在此是否需要指出海涅对斯塔尔夫人是不公正的？正如皮埃尔·马舍雷（Pierre Macherey）所写：

> 斯塔尔夫人感兴趣的并不是德国本身，而是这种共同的交流网络，德国和法国的文化特征通过这一网络进行对话，而对话的语境中存在一种关系，这种关系并不能只归结为法国和德国的辩论，因为其他欧洲国家，尤其是英国和意大利也参与其中。②

在某种程度上，斯塔尔夫人试图基于一种不同的文化范式来理解德国并

———

① 《自传》（*Ecrits autobiographiques*），尼科尔·陶伯译，巴黎：雄鹿出版社，1997 年，第 134 页。

② 皮埃尔·马舍雷：《文学在思考什么？》（*A quoi pense la littérature?*），巴黎：法国大学出版社，1990 年，第 36 页。

240

重新怀疑文化蓬勃发展的观点，她的这种轻率做法是后来海涅所做阐释工作的预兆。

《关于德国的信札》的主题在《诗人的自白》中被重新提出并得到发展，其中叙述了一件轶事，斯塔尔夫人想与她崇拜的皇帝见面，甚至在他洗澡的时候还去打扰他。她让掌门官对拿破仑说："天才没有性别。"被拿破仑拒绝后，斯塔尔夫人成了与他势不两立的敌人，她在德国的表现就像法国军队一样，向她感到满意的作家授予荣誉军团十字勋章。海涅写道，通过颂扬德国的美德，她只想激怒拿破仑皇帝：

> 对皇帝的仇恨是她的《论德国》一书的核心思想，尽管书中从未提及拿破仑的名字，但是我们可以从每一行文字中看出斯塔尔夫人对杜伊勒里宫的关注。我毫不怀疑，这本书比最直接的攻击更能使皇帝恼火，因为对一个男人来说，没有什么比来自妇人之手的针刺更伤人的了。①

斯塔尔夫人的形象至少在表面上给人留下了深刻印象——一个可怕的女巫蜷缩在一口邪恶的小锅旁，准备着腐蚀人们知识生命的毒药。因为这一形象，斯塔尔夫人与拿破仑的关系逐渐再次在德国传奇故事中占有一席之地。

"我们知道为什么我们的君主如此长寿，"海涅在一本在他死后被发现的格言集中写道，"他们害怕死亡，害怕在另一个世界再遇到拿破仑。"②皇帝并不是一个人的形象，而是一个原则，在这个原则的启示下，我们可以理解并且不懈地重构 19 世纪的一致性，这种影响至少持续到拿破仑的侄子登上帝位，也就是海涅去世前。这是一个非常模糊的形象，因为它同时参照了海涅内心深处最隐秘的东西——他的童年，他的犹太教信仰——以及伟大的历史。如果它阐明了历史，那它同时也否定了历史，因为这也是一种历史的终结，

---

① 《自传》，第 125 页。

② 《作品全集》，共 12 卷，慕尼黑：卡尔·汉泽尔出版社，1976 年，第 11 卷，第 614 页。

与皇帝的统治和革命精神的实现同时发生。这也是一个独特的成就，因为它和独裁同时产生。拿破仑是一个人，在讲述他的一生时，你永远也不要希望能够达到神话的程度。拿破仑引发了一些无意义的政治辩论，例如关于将其遗骸运回法国这个问题的争论，这是一个自相矛盾的神话。海涅试图通过个体特征的复杂性来拯救这个神话，并且希望用它来维持一种与法国大革命和解放犹太人相联系且能够适用于德国的社会模式。海涅与荷尔德林一起使得拿破仑成为德国文学中的伟大英雄人物之一，虽然此时法国的知识认同正在大量吸收从德国引进的思想。从这两个角度来看，外国参照促进了民族国家的产生。因为民族国家本身正是通过外国参照来定义的。

第十二章

民族的外国根源，法国人对费希特的解读

　　关于文化迁变的研究往往需要借助"民族"这一概念，因为必须从总体上明确从一个文化区域转移到另一个文化区域的作品、行为或技术。然而，"民族"这个概念本身是具有历史性的。这个概念在中世纪，特别是在大学里 ①，仅仅指一个模糊的地理起源，如果我们排除这个中世纪含义，从 18 世纪中期开始，民族归属成为一种区分标准，而到了 20 世纪中叶，民族归属的重要性有所下降，至少在欧洲语境中是如此。与此同时，我们惊讶地发现虽然法国和德国的民族概念被认为分别与相反的两种范式相对应，正如出生地原则与血统原则相对立，或如勒南 1882 年援引的每日全民表决与特赖奇克（Treitschke）著作中所表达的民族代表 ② 相对立一样，但我们必然注意到这两

---

① 参见希尔德·德·里德-西蒙斯（Hilde De Ridder-Symœns）：《1547 年—1567 年旧奥尔良大学根据地理位置招收日耳曼民族学生》(*Recrutement géographique des étudiants de la nation germanique de l'ancienne Université d'Orléans, 1547—1567*)，载米歇尔·帕里斯编：《中世纪至 20 世纪法德学界交流》，巴黎：文明研究出版社，1991 年，第 55—71 页。

② 参见《费希特与民族观念》(*Fichte und die nationale Idee*)，载海因里希·冯·特赖奇克（Heinrich von Treitschke）：《论历史与政治》(*Historische und politische Aufsätze*)，1886 年，第 1 卷，第 112—142 页。同前，《路德与德意志民族》(Luther und die deutsche Nation)，同前，1897 年，第 4 卷，第 377—400 页。同前，《我们想要法国做什么？》(Was fordern wir von Frankreich)，载《德国十年的奋斗》(*Zehn Jahre deutscher Kämpfe*)，1897 年，第 321—369 页。

个概念也是相互呼应的。[1] 德意志民族的民族代表观念是对启蒙运动的法国普
遍主义的一种反应，最晚从拿破仑时代开始，这种普遍主义掩盖了一种真正
的帝国主义，一种赋予讲法语的人民以特权的帝国主义。19 世纪最后几十年，
普遍主义概念在法国重新流行起来，或许这是对 1870 年战争以及阿尔萨斯和
洛林因民族原因被并入德国的反应。

244

　　费希特的政治哲学在法国的接受无疑是理解法德两国民族概念错综复杂
关系的一根导线。

　　这种接受开始于法国大革命时期，一直持续至今。当然，我们必须从一
开始就必须明确"接受"一词在这个语境里的含义。费希特主要著作的法译
本直到 19 世纪下半叶才得以出版，当时法国已经充分具备了接受其思想的前
提。我们在直到 19 世纪末的某一位法国作家作品中发现的零碎的思考或暗示
都不能用同时代德国人对费希特学说的平均认识水平来衡量。在法国，特别
是在 19 世纪的法国，借鉴德国哲学的作用在于加强，或者相反，削弱法国知
识领域紧张状况里的一些占主导地位的立场。只有从法国内部平衡的角度来
思考费希特哲学，我们才能揭示费希特接受史的全部意义。

　　然而，我们如果强调接受语境，就往往会将接受对象的特征及其内部结
构特征置于次要位置。对费希特政治著作的接受——这里指的是《纠正公众
对于法国革命的评论》（ *Contributions à la correction des jugements du public
sur la Révolution française* ）、《自然法权基础》（ *Fondement du droit naturel* ）、
《锁闭的商业国》（ *Etat commercial fermé* ）、《对德意志民族的演讲》（ *Discours
à la nation allemande* ）——并不能总是与对他哲学著作的政治接受分开。选
择阐释与历史背景无关的哲学著作，或者选择将其视为政治著作的理论形式
化本身就是一个先验的决定，对费希特的法国接受的各个阶段产生了决定性
作用。

---

[1]　参见罗杰斯·布鲁贝克（Rogers Brubaker）：《法国和德国的公民身份与国家地位》
　　（ *Citizenship and Nationhood in France and Germany* ），伦敦：哈佛大学出版社，1992 年。

245

直接反应

18 世纪 90 年代，费希特的著作被当作无套裤汉哲学来阅读，即使它们是纯粹的理论著作。康德主义者莱因霍尔德（Reinhold）和丹麦诗人巴格森 ① 之间的讨论尤其能说明这一点，巴格森曾于大革命时期在法国居住过一段时间，并在此期间在法国传播了康德和费希特的哲学。

1793 年 9 月，莱因霍尔德从耶拿致信巴格森："如果你还没有读《纠正公众对于法国革命的评论》，那就赶快放下所有事情去读一读这本书吧。" ② 巴格森不仅阅读了这篇文章，并且还和当时居住在瑞士的费希特建立起友谊。巴格森与费希特一起去拜访了裴斯塔洛齐，并完全了解了其作品的创作过程。1794 年 6 月，他在给莱因霍尔德的一封信中热情洋溢地总结了《科学学说》（*Doctrine de la science*）的原则：纯粹的自我就是上帝本身。在这封信中，巴格森的确开始与革命著作中所特有的契约理论保持距离，这种距离在随后几年中不断扩大。费希特哲学中的"我是上帝"出现在 1797 年，这是一种博取好感（*captatio benevolentiae*）的表达。巴格森并不喜欢费希特的抽象概念，因为它宣扬一种普遍理性，而这种理性更像是自由的女仆 ③。这些保留意见不加区分地与纯粹理论和社会—政治概念有关。

正如上文所提到的，巴格森在与法国革命者的讨论中传播了费希特的哲学。我们可以期待任何一位康德主义者熟悉费希特对康德哲学的发展，西耶斯神父的圈子里有一些生活在巴黎的德国雅各宾派，他们都是康德主义

---

① 延斯·巴格森（1764—1826），大革命初期身在巴黎，并从 1797 年开始在巴黎生活了多年。1810 年，克洛德·弗里埃尔翻译了他的作品《帕特纳依德》（*Parthénaïde*），该作品被翻译是法国前浪漫主义的重要时刻之一。

② E. 富克斯（E. Fuchs）编：《谈话中的费希特》（*Fichte im Gespräch*），斯图加特-巴德·坎斯塔特（Stuttgart-Bad Cannstatt），1978 年，第 1 卷，第 55 页。

③ 《谈话中的费希特》，第 427 页。

者。在耶拿的费希特的学生中，至少有一名法国人。克洛德-卡米耶·佩雷
（Claude-Camille Perret，1769—1834）出生于第戎，自1793年起在耶拿学
习，后来在法兰西共和国政府就职，成为波拿巴的私人秘书。他的同学、后
来成为不来梅市参议员的斯密特（Smidt）回忆起在费希特家中的聚会，当
时佩雷也在场①。后来，斯密特在写给佩雷的信中描述了费希特哲学的最新发
展，并将其与革命进程联系起来：

246

> 　　费希特有时会给我写信——他按照之前的方向继续进行研究。——你
> 有没有读过他的《自然法权基础》？他提议设立的监察官，即使是在立法权
> 和行政权分立的情况下，包括在非常紧急的情况下，也可能是保护宪法免受
> 干预的唯一手段。干预的后果可能是有益的，但干预会破坏宪法的垄断。②

虽然费希特的哲学著作直到19世纪30年代才进入法国，但这位德国
革命哲学家很早就出现在报纸上。1795年4月10日出版的《世界箴言报》
（*Moniteur universel*）将康德和费希特并称为新哲学思想的领军人物。

> 　　根据舆论和公众意见，康德和他的门徒费希特似乎是新式教育的领
> 导者，他们推动了德意志教育的发展。是不是这样呢？前者是普鲁士柯
> 尼斯堡大学的教授，后者是萨克森耶拿大学的教授。③

从唯灵论到折中主义

虽然在德国，费希特让年轻的黑格尔主义者根据自由意志和自我立场的
概念加强对已知事物秩序的批判，但在拿破仑时代、复辟时期以及七月王朝

①　《谈话中的费希特》，第107页。
②　《谈话中的费希特》，第470页。
③　《谈话中的费希特》，第262页。

时期的法国，费希特被视为一位彻底反对启蒙思想家提出的感觉主义的哲学家。法国和德国对费希特的接受之间存在着一种不对称传统，这种不对称揭示了一种角色的划分，并最终表明这两个语境之间的互补性。

247

斯塔尔夫人有一部作品写于法国对费希特的接受初期，海涅说费希特在这本书中像开心果冰淇淋一样被消费 ①。她认为费希特先是一度主导了康德的二元论，捍卫了统一性普遍原则。谢林将这个原则与自然等同起来，而费希特却把它和心灵活动混为一谈，并以此推断出整个宇宙。人类的孤独，宇宙崇高的"独身"，可能是费希特自我理论中的一个缺陷。但这个缺陷完全被斯多葛学派的伦理观所弥补：因此，费希特体现了一种彻底的唯心主义哲学的道德结论。无论人们如何看待其学说的辩证复杂性，它至少具有真正的智力锻炼价值，并准许所有可能的活动——这是一个传统上由修辞学扮演的角色。此外费希特学说中的数学表达法也会让心灵陷入一种狂热，远离对自然的任何参照，并从根本上背离欠缺道德的唯物主义。虽然斯塔尔夫人对费希特的接受完全是政治性的，但是她完全忽略了费希特的那些狭义的革命著作，她其实在费希特身上看到了革命浪潮过后道德的复兴。

斯塔尔夫人依赖的是查理·德·维耶对康德哲学的介绍。在 1801 年出版的这本书 ② 的附录中，后来成为哥廷根大学教授的移民维耶翻译了《人的使命》(*Destination de l'homme*) 第二部分中的一大段。其意在揭示康德思想的最终结果：事物本身是一种幻象，而人只能感知自己。费希特对启蒙思想家的感觉主义给予致命一击。

职业军官巴楚·德·彭霍恩 ③ 同时也是一位哲学史家，他于 1836 年出

---

① 海因里希·海涅：《自传》，尼科尔·陶伯译，巴黎：雄鹿出版社，第 14 页。

② 查理·德·维耶：《康德哲学或先验主义哲学的基本原则》(*Philosophie de Kant ou principes fondamentaux de la philosophie transcendantale*)，梅斯：科利尼翁 (Collignon) 出版社，1801 年。

③ 奥古斯特-泰奥多尔-伊莱尔·巴楚·德·彭霍恩 (Auguste-Théodore-Hilaire Barchou de Penhoën) 以军官的身份参加了法国征服阿尔及利亚的战争。因不愿在路易·菲利普手下供职，后来他致力于哲学研究工作。1834 年他出版了《谢林的哲学》(*Philosophie de Schelling*)，1836 年又出版了《德国哲学史：从莱布尼茨到黑格尔》(*Histoire de la philosophie allemande depuis Leibniz jusqu'à Hegel*)。

版了两卷本的《德国哲学史》(*Histoire de la philosophie allemande*)，他被认为是斯塔尔夫人的弟子，他形成了与费希特哲学略有不同的观点。一方面，他在费希特身上看到了康德哲学的唯心主义发展，并且费希特首先努力表现从自我到非我的转变。费希特曾在书中提到他曾在穷困之时登门拜访他的老师康德，以表明他愿意为哲学做出所有个人牺牲的热情。另一方面，巴楚·德·彭霍恩也注意到，费希特的伦理观是国家与自然法权的基础。人类的命运是行动，是理性法则的实现。因此，人类处于物质世界与精神世界的接触点上，征服自我后可以进入天堂："我没有一刻能从我所爬过的那可怜的尘土中、在它面前站起身，我没有一刻能以智慧和自由之名占有它。"①

248

大地之上的天空是一种社会征服，因为对费希特而言，人与人之间的关系准则是人性的前提。作者注意到法国心理学和德国哲学之间本质差异的持续性，他在关于费希特的一个章节中总结道：在法国心理学中，自我是物质的产物，而在德国哲学中，自我塑造了物质。尽管巴楚·德·彭霍恩在大体上采纳了斯塔尔夫人心中的德国形象，并且与法国哲学保持距离——法国哲学以库辛主义为代表，他还是强调费希特"自我"学说的社会结果——行动至上、国家理论、自然法权等。

维克多·库辛是七月王朝时期的教育大臣，是 19 世纪法国大学体系的真正奠基人，同时也是一位官方哲学家，但他对费希特关注甚少。感觉主义是革命与帝国时期的主导思想，库辛对观念学家感觉主义的反对被康德思想证明是合理的。为了维护宪章与君主立宪制，黑格尔提出了更有利的论据。费希特是一个激进民主主义者和一个彻底的主观唯心主义者，即便是出于最好的意愿，也不能以中庸的名义去要求他，他也确实没有被要求。然而维克多·库辛并不缺乏原始资料。J. M. 德·热兰多（J. M. de Gérando）在其 1804 年出版的著作《哲学体系比较史》(*Histoire comparée des systèmes*

---

① 奥古斯特–泰奥多尔–伊莱尔·巴楚·德·彭霍恩：《德国哲学史：从莱布尼茨到黑格尔》，巴黎：夏尔班迪埃（Charpentier）出版社，1836 年，第 2 卷，第 388 页。

de philosophie）中就已经提到了康德的精确阐释理论 ①。在费希特看来，康德过于执着以至于没有真的将我们思想的外因看成真正的客体。他仅需要对其进行精确阐释。德·热兰多也同样熟悉认同原则的变化。1816 年，A. J. L. 儒尔当（A. J. L. Jourdan）翻译了 J. G. 布勒（J. G. Buhle）《现代哲学史》的第六卷：这本书描述了费希特哲学的特征。书中认为费希特哲学试图寻找理论哲学与实践哲学的共同点 ②。1829 年，维克多·库辛翻译了坦内曼（Tennemann）的《哲学史》（*Histoire de la philosophie*）的梗概并传递出重要信息。如果费希特的形而上学思考是首位的，如果科学理论的作者被认为战胜了怀疑论，那么翻译也包含了对费希特自然法权的思考。

　　库辛几乎不看重这些信息，并且他在 1828 年出版的《哲学史导论》③（*Introduction à l'histoire de la philosophie*）中指责费希特歪曲了康德哲学。在康德的思想中，上帝作为思辨概念只有哲学功能，而费希特却将上帝转变成了有思维能力的主体，转变成了"自我"。

　　在维克多·库辛的圈子里，的确有很多更为重要的研究。阿尔萨斯人约瑟夫·威尔姆（Joseph Willm）在 19 世纪 40 年代末出版的《德国哲学史》（*Histoire de la philosophie allemande*）中，用了不少于 200 页的篇幅介绍费希特哲学。他将费希特哲学分为两个阶段，第二个阶段始于 1800 年出版《人的使命》，第一个阶段应该被理解为一种颠倒的斯宾诺莎学说。费希特对法国大革命的热情，威尔姆只是一笔带过，而费希特在大革命泛滥之后便与之保持距离。威尔姆认为费希特在他的国家与自然法权理论中过多地关注了契约不太具有哲学意义的细节，以及生产关系与货币流通："这显然是对哲学推理

---

① J. -M. 德·热兰多：《哲学体系比较史》，巴黎：海因里希（Heinrichs），1804 年，第 2 卷，第 295—302 页。

② 约翰·戈特利布·布勒（Johann Gottilieb Buhle）：《现代哲学史》（*Histoire de la philosophie moderne*），A. -J. -L. 儒尔当译，第 6 卷，巴黎：弗尔尼埃（F. I. Fournier）出版社，1816 年，第 583 页。

③ 维克多·库辛：《哲学史导论》，巴黎，1828 年。

的滥用，存在大量毫无用处的推论。"① 虽然威尔姆作为讲德语的人更容易获取原始资料，但是他最终还是认同库辛解释的主要内容。

欧仁·勒米尼埃（Eugène Lerminier）是法兰西公学院的一名比较法律教授，他作为一名不太重要的圣西门主义者对社会问题更敏感。在其作品《法律哲学导论》②（Introduction à la philosophie du droit）中，他主张将思辨转变为行动，作为自由思想的具体化。折中主义或许过度关注纯粹的哲学史，但是年轻的库辛会因费希特对《实践理性批判》的阐释而被禁止教学。勒米尼埃对费希特自然法权的哲学基础表示十分赞赏。他特别把民族概念纳入他的推理。因此，私有财产和教会财产是一种国家有权要求收回的出借形式。但是勒米尼埃并不打算像费希特在《锁闭的商业国》中那样将财产的所有权与生产联系起来。③ 在当时的法国，对费希特理论之社会维度的初步接受仍然是一种次要现象。

政治接受的开端与翻译问题

虽然费希特所撰确切意义上的哲学著作本身也是对法国政治形势的一种反应，但折中主义者与唯灵论者首先视其为一种自主现象。然而很快就出现了一种更具历史性和政治性的接受。埃德加·奎奈曾在德国的海德堡逗留过一段时间，因此有亲身经历，他是对德国哲学进行历史性探索的主要代表人物之一。在 1830 年的一篇关于哲学与政治史关系的文章中，奎奈认为费希特体现了国民公会精神：

① 约瑟夫·威尔姆：《德国哲学史：从康德到黑格尔》（Histoire de la philosophie allemande depuis Kant jusqu'à Hegel），巴黎：拉德朗日出版社，1847 年，第 2 卷，第 291 页。
② 欧仁·勒米尼埃：《法哲学》（Philosophie du droit），巴黎，1831 年。关于欧仁·勒米尼埃，参见理查·包南（Richard Bonnin）：《欧仁·勒米尼埃（1803—1857），德国文化对法国的贡献》（Eugène Lerminier [1803—1857]. Ein Beitrag zum deutschen Kultureinfluß in Frankreich），法兰克福：朗格（Lang）出版社，1989 年。
③ 《欧仁·勒米尼埃（1803—1857），德国文化对法国的贡献》，见第 146 页下（引用部分）。

他的原则就是应用于世界知识的山岳派原则。除了这个无情的共和国，谁还能像他一样如此蔑视过去与传统？谁比他更尊崇人类的意志？谁比他更大胆地征服或否认了自然本身？①

应当把费希特想象成一名山岳派代表，他属于革命俱乐部并且对现象世界进行解构。形而上学首次试图依靠一场具体的革命，并在这场革命中为恐怖的上帝找到了合法依据。奎奈甚至进一步认为，在政治提供新的推动力之前，任何新的哲学都是不可想象的。这种相互依赖将间接导致把对德国哲学的总结理解为对新政治事件的通告。

我们知道蒲鲁东（Proudhon）很早就开始关注德国哲学的社会阐释。但他不懂德语，他的信息要么来自那些移民到法国的德国人（卡尔·格伦②[Karl Grün]、赫尔曼·埃韦贝克③[Hermann Ewerbeck]、阿伦斯④），要么来自现有的法语文献（例如巴楚·德·彭霍恩的《德国哲学史》）。因此，其作品对费希特的影射只不过是一位自学成才者感受到的对科学合法性的怀

---

① 埃德加·奎奈：《德国与意大利》（*Allemagne et Italie*），载《作品集》（*Œuvres*），巴黎：帕涅埃尔（Pagnerre）出版社，1857年，第6卷，第175页。

② 卡尔·格伦和莫泽斯·赫斯是"真正社会主义"（socialisme vrai）的代表人物，1847年卡尔被逐出巴黎，他曾在巴黎与蒲鲁东建立联系。其著作《法兰克福和比利时社会运动》（*Die sociale Bewegung in Frankreich und Belgien*）可以追溯至1845年。

③ 赫尔曼·埃韦贝克（1816—1860）是一名医生，同时也是正义者同盟（Ligue des Justes）的成员，1847年又成为共产主义者同盟（Ligue des communistes）的成员。他翻译了路德维希·费尔巴哈（Ludwig Feuerbach）的著作《基督教的本质》（*Essence du christianisme*）以及多部普及费尔巴哈无神论的著作。参见雅克·格朗荣所著《国际工人运动传记辞典》之德国条目（*Dictionnaires biographique du mouvement ouvrier international. L'Allemange*），出版商：雅克·德罗兹（Jacques Droz）编，巴黎：工人出版社，1990年。

④ 海因里希·阿伦斯（Heinrich Ahrens, 1808—1874）曾是哲学家克劳斯（Krause）的学生，在参与了哥廷根动乱后于1831年逃亡至法国。1833年他在巴黎做了多场关于德国哲学的讲座。他从1860年起成为莱比锡大学政治经济学教授。在他的主要著作中，应该要提及的是1830年至1840年首先用法语出版的《自然权利或法哲学教程》（*Cours de droit naturel ou de philosophie du droit*）。

念之情①。

对一个理论的接受程度可以通过译著出现的先后顺序来衡量。最先出版的是皮埃尔·洛泰（Pierre Lortet）翻译的《论合法战争的观念，1813 年 5 月在柏林的三次授课》（*De l'essai d'une guerre légitime, trois leçons faites à Berlin en mai 1813*），该书于 1831 年在里昂出版②。随后《人的使命》的译本于 1832 年由巴楚·德·彭霍恩出版。在序言中，彭霍恩将费希特哲学描述为希望逃离启蒙运动感性主义的法国人的一线希望③。在他看来，阅读费希特意味着与时事保持距离。从这个观点去看，参照费希特正是对支持唯灵论的革命遗产的拒绝，他本着这种精神颂扬费希特的行动原则④。1838 年，蒙托邦神学院的一位神学家尼古拉⑤翻译了《论学者的使命》（*De la destination du savant*）。尼古拉在他写的简短引言中将介入法国大革命与自我孤独感联系起来。自由意志保证了从形而上学到革命的转变：

页码 252

> 对自由的热爱将他随后与法国大革命联系在一起，当自由只建立在哲学原则之上，而不是建立在尸体与断头台之上时，后来对自由的热爱

---

① 参见皮埃尔·敖特曼（Pierre Haubtmann）：《P. J. 蒲鲁东生平及其思想》（*P. J. Proudhon. Sa vie et sa pensée*），巴黎：哲学档案图书馆，1982 年。

② 皮埃尔·洛泰是里昂科学院院士，他还翻译了康德的一些著作，如《单纯理性限度内的宗教》（*La religion dans les limites de la raison*），以及弗里德里希·路德维希·雅恩（Friedrich Ludwig Jahn）的一些著作。

③ "事实上，我们可以相信，在这部作品中，费希特试图引导还在阅读孔狄亚克、曼恩·德·比朗（Maine de Biran）、特雷西（Tracy）的读者去阅读康德、雅各比（Jacobi）、谢林、黑格尔。"（第二版，1836 年，前言，第 14 页）

④ "事实上，行动的需要与人性中最隐秘的东西交织在一起。你在将之清除出去之前可能会令这个人心碎。我们的能力、激情、感觉、各种本能共同揭示了我们在世间的使命并不是无所事事地思考我们的思想，不是永远在心里酝酿想法，恰恰相反，我们要在外部世界表达想法，去实现这个想法，简而言之就是要行动。"（第二版，1836 年，序言，第 10 页）

⑤ 米歇尔·尼古拉（Michel Nicolas），法国尼姆人，他从 19 世纪 30 年代初起在日内瓦和柏林求学，后来成为蒙托邦神学院的神学教授。1840 年，他出版了《论折中主义》（*De l'éclectisme*）以反驳勒鲁。他有时也为《思想的自由》（*La liberté de pensée*）杂志撰稿。

鼓舞他对德意志民族作了精彩演讲。也是出于对自由的热爱，他在年轻时设想了一个独特的计划，远离人群前往一个遥远的岛屿，像鲁滨逊一样在那里一个人幸福地生活。①

早期的译本和早期的评论都以唯灵论为标志。

维克多·库辛尽量避免将他对德国哲学发展的了解带到法国。他与青年黑格尔派的通信表明，当他面对无法在法国语境中使用的思想方向时，他对一切是多么地视而不见。他的学生对待德国哲学更加认真严肃。他们传播了第一批质量不太可靠的译本，或多或少地在第二帝国时期公开宣扬共和主义，并在 19 世纪 70 年代之后成为共和国知识精英的代表。他们并不是一个封闭群体，他们乐意在政治哲学杂志《思想的自由》上发表一些文章②。费希特是这些不愿妥协的年轻共和主义者的重要参照。

1843 年，保罗·格兰布洛③（Paul Grimblot）出版了《科学理论》（*Théorie de la science*）的第一个法文译本。这部译著的序言值得关注。格兰布洛写道，与许多法国人的期望相反，德国哲学与实践相关。特别是费希特提出的公式 A = A 是人类思想活动的基础，而人类思想本身是行动的根源。此外《科学理论》作为行动哲学，为解决真正的时代问题，即政治问题做了准备。它要求读者有进行复杂推理的意识，使之能够解决政治难题。在这一背景下，格兰布洛还提到了费希特对马基雅维利的偏爱。作为第一部费希特主要纯哲学著作的法文译本，这部译作并非没有一般性的社会论述，它与斯塔尔夫人的立场相去甚远。

---

① J. G. 费希特：《论学者的使命》，巴黎：拉德朗日（Ladrange）出版社，1838 年，第 3 页。

② 关于法国自由思想的通史，参见雅克琳娜·拉鲁埃特（Jaqueline Lalouette）：《法国的自由思想（1848—1940）》（*La libre pensée en France [1848—1940]*），巴黎：阿尔班出版社，1997 年。

③ 保罗·格兰布洛（1817—1870）曾旅居德国，此外他在 1842 年还翻译了谢林的《先验唯心论体系》（*Le système de l'idéalisme transcendantal*）。1850 年之后转而从事印度学研究。

1845 年，库辛的另一名学生弗朗西斯科·布伊利耶（Francisque Bouillier, 1813—1899）翻译了《幸福生活指南》（*Initiation à la vie bienheureuse*）。这位师范学院的学生将一段有趣经历当作费希特的遗产。他首先反对试图在 19 世纪 40 年代将其排挤出大学的天主教派。他先后担任里昂大学教授和高等师范学院校长，他谨慎地与帝国制度进行对抗。1875 年，他出版了《道德与进步》（*Morale et progrès*），支持共和思想。在翻译费希特的著作之前，他已经为皮埃尔·洛泰翻译的康德著作《单纯理性限度内的宗教》①写了一篇导言。将康德和费希特结合起来明确了从激进民主主义的角度来理解康德学说的路径。

儒勒-罗曼·巴尔尼是另一位库辛主义的反对者，他在着手翻译《纠正公众对于法国革命的评论》之前就已经翻译了一些康德的评论。他还将《道德形而上学》（*Métaphysique des mœurs*）第一部分译成了法文。他在作为库辛的秘书负责修改库辛关于康德的课程时发现了康德和费希特。他于 1850 年完成的博士论文也就很自然地致力于研究《判断力批判》（*La critique du jugement*）。在 1861 年《纠正公众判断的贡献》（*Contributions à la rectification du jugement du public*）出版后不久，巴尔尼拒绝接受帝国政府让教师们进行的宣誓。1861 年到 1870 年他在日内瓦任教，并于 1868 年在那里出版了《民主中的道德》（*La morale dans la démocratie*），1872 年出版了《共和主义手册》（*Manuel républicain*）。自普法战争结束后，直到 1878 年去世，他一直是议会里的共和派议员。他是经过长期准备建立起来的第一共和国的奠基人之一，也是法国共和思想协会的创始人之一，同时他还开创了高中哲学教育，在其哲学和政治学思想的发展过程中，他对费希特的关注一方面似乎强调了彻底阐释康德主义的可能性，另一方面则将激进民主主义的社会抱负带到了第三共和国的社会现实当中②。第三共和国实现革命承诺的唯一途径是接受德国哲学，即将部分康德

---

① 伊曼努尔·康德：《单纯理性限度内的宗教》，巴黎，1842 年。

② 儒勒-罗曼·巴尔尼（1817—1878）：1859 年，《费希特对法国大革命的评论》（*Considérations de Fichte sur la Révolution française*）；1868 年，《民主中的道德》；1872 年，《共和主义手册》。

学说与费希特的激进主义相结合。因为无论康德被视为唯灵论者还是激进民主主义者，费希特都要为康德观点的激进化负责。

在库辛的学生中，有一名信奉犹太教的学生阿道夫·弗兰克（Adolphe Franck），他负责了《哲学科学辞典》①（ *Dictionnaire des sciences philosophiques* ）的出版。他将费希特看作康德合理的继承者。对他来说，同样重要的是费希特将斯宾诺莎的"自因"（ *causa sui* ）转变为"我是我"（je=je）。这种概念的迁变是《科学理论》的泛神论基础。泛神论还存在于费希特的历史哲学中：上帝永远显现在人的意识中。这种启示的最终结果将是一个神圣理性王国。我们不应高估《对德意志民族的演讲》（ *Discours à la nation allemande* ）中的民族雄心，首要目的是宣告理性王国，并且通过教育改革为之做好准备。从《科学理论》到《对德意志民族的演讲》，从这些革命著作中，弗兰克看到了一种持续发展，但这种发展随着法国启蒙运动的变化而衰弱。因为其实费希特的政治思想与卢梭的哲学没有太大区别：

> 而且费希特的政治思想经常是通过繁复的演绎推论得出，这与卢梭的政治思想较为相似。虽然他承认共和主义的形式最为理性，但他让民族公共精神的使用依赖于这种形式，而且只有在人民学会尊重法律的情况下他才相信这种形式是可能实现的。②

格扎维埃·莱昂和他的圈子

格扎维埃·莱昂是法兰西第三共和国时期重要的费希特主义者，他的作品现在仍然很有价值。1902 年他出版了巨著《费希特的哲学》（ *Philosophie*

---

① 《哲学科学辞典》，六卷本，1844—1852 年。
② 《哲学科学辞典》，六卷本，"费希特"词条。

de Fichte），首先探讨了费希特与他所处时代的关系 ①。

　　格扎维埃·莱昂是法国哲学协会的创始人，他认为费希特的哲学从未放弃法国大革命的理想，他毫不妥协地坚决捍卫这一观点。费希特总是知道如何提防德意志沙文主义（teutomanie）。书信可以表明费希特准备在法兰西共和国的庇护下于美因茨（Mayence）建立一所大学，作为理性主义者的费希特和作为民族神秘主义者的费希特之间的对立是站不住脚的。人民的概念是普遍的，并且远远超出了种族群体的范围。《对德意志民族的演讲》中的费希特的民族主义是将法国大革命取得的成果引入了德国②。当然，拿破仑的帝国主义征战把革命的普遍性成果输出到了欧洲各国。因此，这些征战表明了一种情感上的法国统一体，这种统一体先于法律和国家概念出现，我们只能将它称为民族主义。费希特的民族主义是对拿破仑主义泛滥的一种反应，是激进民主主义在德国传播的前提条件。然而，费希特没有意识到，在建立一个理性德国的道路上取得的这些进展有助于消除内部冲突。我们处在民族主义理论诞生之地。费希特对民族概念的阐释使他在第三共和国时期被法国接受：在法德关系紧张时期，德国民族主义守护者形象似乎扮演了理性国家合法捍卫者的角色。哲学家中最具德国色彩者的共和道德观成为法兰西民族主流意

256

―――――――――――――

①　"费希特与那些真正有独特见解的思想家一样；他们与其所处时代相比是超前的，费希特的许多思想至今仍能有效回应如今还在困扰我们的需求［……］费希特爱国主义的奥秘在于他希望把法国大革命向全世界昭示的对理想的坚守精神传播至德国，在他看来，帝国已经犯下了亵渎神明的罪过。在费希特通过教导德意志人民自由和法律的理想来重建他们灵魂的运动中，我们可以看出费希特在步入老年之际仍对他年轻时着迷的思想充满热情。"（格扎维埃·莱昂：《费希特与他的时代》[*Fichte et son temps*]，巴黎：A. 科林出版社，1992—1927 年，三卷本，第一卷，第 1 页。）

②　参见马夏尔·戈胡（Martial Gueroult）：《费希特与格扎维埃·莱昂》（Fichte et Xavier Léon），载《费希特研究》（*Etudes sur Fichte*），巴黎：奥比埃-蒙田（Aubier-Montaigne）出版社，1974 年。直到 1895 年，才由莱昂·菲利普（Léon Philippe）译出《对德意志民族的演讲》的第一个译本，该译本由 M. F. 比佳威（M. F. Picavet）作序。此前已经出版了第 11 次演讲："教育的拯救作用，1871 年 10 月 30 日，查理·罗伯特（Charles Robert）在圣奥诺雷（St-Honoré）礼拜堂解读了费希特 1807 年对德意志民族的第 11 次演讲。"

识形态。

格扎维埃·莱昂试图通过与康德的道德观进行比较来理解费希特的道德观。最初问题的表达方式已经表明了它的政治前提，并解释了为什么对实践哲学的论述占了一半以上篇幅。而说实话理论哲学仅是一个引言。《自然法权基础》表明了从理论向实践的转变，并在全部作品的结构中起到了试金石作用。格扎维埃·莱昂还对监察官概念给予了特殊关注和研究。在这种逻辑下，他还对《锁闭的商业国》的社会维度表现出了浓厚兴趣：

> 对他而言，所有权是行使我们的首要权利，即生存权和行动权所必需的行动范围［……］事实上，当立法试图确定所有权时，它会导致对自由的决定或限制，对活动的管理，对工作的安排。①

最后，格扎维埃·莱昂在《科学理论》中承认了世俗道德，法国对世俗道德的需求非常强烈，他没有掩饰自己想把费希特哲学这样一种对法国大革命的清点与现实联系起来。

格扎维埃·莱昂所抱怨的对费希特哲学的误解，举例来说，就是一个叫埃米尔·布特鲁②（Emile Boutroux）的人对费希特的误解，他在经历了"一战"造成的精神创伤后认为费希特是德意志沙文主义的捍卫者。这种形象已经成了第一次世界大战宣传文学的一部分：一个用战士语调说话的演说家，他肯定阅读过卢梭的作品，但在耶拿战役之后希望推动德国人采取一种强硬态度，并让他们相信自己是被选中的民族。布特鲁和同一代的许多大学教师

---

① 格扎维埃·莱昂：《费希特的哲学》，巴黎：阿尔康出版社，1902年，第236页。
② 埃米尔·布特鲁（1845—1921），自1885年起在索邦大学任教，曾在海德堡学习。他翻译了爱德华·策勒的三卷本著作《历史发展中的希腊哲学》（*La philosophie des Grecs dans son développement historique*，1877—1884），在他去世后，有两部作品相继出版：《费希特的哲学》（*La philosophie de fichte*）（1902年）、《德国哲学史研究》（*Etudes d'histoires de la philosophie allemande*）（1926年）。

一样，试图用敌视德国的长篇大论来抵消他最初对德国哲学的好感，甚至毫不犹豫地明确反对德国哲学 ①。但是应该承认埃米尔·布特鲁的功绩，他曾为格扎维埃·莱昂的作品撰写过一篇正面报告，并写了一篇充满颂扬之词的序言。

格扎维埃·莱昂的人格实际上是一种集体人格。1870 年战争之后的几十年间出现了排外和极端民族主义狂潮，在那些坚定信仰社会主义的法国共和派中出现了一种倾向——打破德国哲学的闭塞状态，将它从特定民族的枷锁中解放出来，并将其作为一种世界主义和普遍主义哲学的基础。犹太人与阿尔萨斯人这两个群体在这一进程中扮演了特殊角色。

在 19 世纪的法国，有一小部分犹太人一直致力于限制宗教信仰的力量，即天主教的权势，致力于将爱国主义转变为一种人类宗教，而德雷福斯事件表明爱国主义会转而攻击"外来势力"和"内部敌人"。到 19 世纪末，吸收了众多德国犹太移民并接受了犹太学的法国犹太人成了世界共和主义最坚定的支持者。此外他们忽视传统文化以至于他们的宗教信仰归属几乎只是一种伦理参照。格扎维埃·莱昂是一名犹太人，他试图让一位 19 世纪末反犹主义者和德意志沙文主义者所宣称的哲学家成为共和主义普遍性的捍卫者，这是世纪之交法国犹太人思想状况的一个例子。匈牙利裔犹太人维克托·巴施（Victor Basch）走上了一条类似道路，他不仅揭示了费希特与法国大革命的关系，还强调了尼采与具有施蒂纳思想本质的无政府社会主义之间的关系。在同样背景下，还应提及利奥·布伦士维格（Léon Brunschvicg）为反驳费希特对浪漫主义的阐释所做的努力 ②。

在一部关于德国社会主义起源的著作中，让·饶勒斯（Jean Jaurès）撰写

---

① 埃米尔·布特鲁：《德国哲学史研究》，巴黎：芙兰出版社，1926 年。

② 利奥·布伦士维格：《西方哲学中的意识进步》（*Le progrès de la conscience dans la philosophie occidentale*），巴黎：阿尔康出版社，1927 年，第 2 卷。利奥·布伦士维格于 1909 年至 1940 年在索邦大学教授哲学，他同样也是《形而上学与道德杂志》的撰稿人。

了两篇关于费希特的文章 ①。第一篇题为《论康德与费希特思想中的国家》(*De l'Etat chez Kant et Fichte*)。饶勒斯认为法国的国家理论存在保守的一面，并试图通过对德国哲学的思考来驳斥这种偏见。康德已经论证国家可以用一种新方式合法地分配财产，因为使财产合法化的契约是由国家担保的。而费希特则又向前迈进一步，他停止谴责反对当局的暴动，并公开捍卫法国大革命。他不再想强调国家结构和社会契约之间的差别：经济和政治是同一个现象的两个方面。没有一定财产，政治自由将是一种幻想；国家必须保障这种自由，还应公平分配所有财产。对饶勒斯来说，《锁闭的商业国》是对康德学说的自然补充。

第二篇文章还是针对费希特的这部政治著作进行的讨论。文章题为《费希特的集体主义》(*Le collectivisme chez Fichte*)，这个题目提前就问题进行了阐释。饶勒斯首先指出，确定所有权关系的契约，其全部价值来自国家。这就是为什么价值的确定是一个政治问题。费希特成了马克思主义的先驱，因为他从劳动力成本中推导出一种价值理论。费希特将劳动量作为价值的普遍衡量标准。虽然费希特将效用作为第二标准是错误的，但他在李嘉图（Ricardo）之前提出了劳动量理论，基本上已经为社会主义奠定了基础。"锁闭的商业国"和社会主义国家受到了同一个人的推动。这个国家必须是封闭的，因为它囊括了全人类。然而费希特的社会主义根源是道德性质的，与马克思的历史必然性相反。这就是为什么费希特的理论似乎比马克思的经济理论规律更接近法国大革命体现的对公平的要求。在费希特弟子斐迪南·拉萨尔（Ferdinand Lassalle）的努力下，法国大革命得以在德国社会主义中存续。

还应当指出，是让·饶勒斯写了一部对法国的共和主义者与社会主义者的自我认知起到了决定性作用的重要的法国大革命史，他在费希特哲学著作的影响下成为激进民主主义民族表现的一个标志。

---

① 让·饶勒斯：《德国社会主义的起源》(*Les origines du socialisme allemand*)，巴黎：作家联合出版社，1927 年。

《形而上学与道德杂志》

以格扎维埃·莱昂 ① 为名的集体人格在《形而上学与道德杂志》(*Revue de métaphysique et de morale*) 那里找到了一个恰当的喉舌。《形而上学与道德杂志》1893 年开始出版，试图替代旧时实证主义杂志《哲学评论》(*Critique philosophique*)。该杂志第一卷序言还对《哲学评论》进行了影射。《哲学评论》由查理·雷诺维耶 (Charles Renouvier) 出版，其功绩在于给科学工作带来了热烈反响，并使法国人了解了外国哲学著作。发表在《形而上学与道德杂志》上的文章也发展出了自己独有的哲学概念：

> 在不过分"压榨"哲学概念的情况下，实际上我们可以说哲学一直在试图，甚至企图追溯知识的原则，然后确定存在的一般条件，即使不是绝对存在，也至少是我们可以理解的现实；要么在思想的本质中，要么在存在的本质中寻找行动原则：知识理论、存在理论、行动理论——这正是哲学所要探索的领域。

哲学被定义为从形而上学到道德、从观念到行动的过渡，这一观点在很大程度上再现了费希特的形而上学著作和大众哲学的对立。在这一定义下，哲学应该服务于观察与强化时代精神：

> 这是一个动荡不安的时代。知识和道德平衡的条件缺失，思想是分

---

① 关于格扎维埃·莱昂的那些参与了《形而上学与道德杂志》早期工作的朋友的网络，参见佩里娜·西蒙-纳胡姆 (Perrine Simon-Nahum)、格扎维埃·莱昂和埃利·阿莱维：《书信集 (1891—1898)》(Correspondance [1891—1898])，载《形而上学与道德杂志》，1-2/1993，第 3—58 页。格扎维埃·莱昂是富裕的巴黎犹太资产阶级的代表，他的个性仍然是个谜，但通过书信，我们可以很好地重建他与埃利·阿莱维、利奥·布伦士维格等人的关系。

离且分散的。有些人对思想感到失望，便又重返熟悉的宗教，或是回到传统上来，又或是在梦中寻求一种非常简单、温和又令人痛苦的基督教的庇护。一些人梦想着得到让人难以置信的启示，另外一些人专注于特殊研究，只是不自觉地继续已经开始的工作。然而，在盲目而可怕的力量的作用下，社会基础似乎正在发生动摇。

　　哲学所寻求的反思与社会的调和只有通过青年才能在大学实现。《形而上学与道德杂志》在第一卷序言中呼吁法国青年通过吸收外国价值观，特别是德国哲学，加速构建自己的民族价值观。

　　作为杂志出版者，格扎维埃·莱昂发表过一些关于费希特的文章。1902年，他发表了一篇关于"费希特的哲学与现代意识"的文章，强调了费希特思想的现实性；1904年，他发表了一篇题为《费希特对谢林的反驳》的文章。1980年，在查理·安德勒的影响下，格扎维埃·莱昂又发表了一篇探讨费希特与共济会的文章。1911年，他就"费希特与1788年法令"发表了一篇文章。莱昂最后于1914年撰写了一篇题为《从〈锁闭的商业国〉看费希特的社会主义》的文章。在《形而上学与道德杂志》就费希特所做的研究中，一些是对法国大革命背景的细节性历史研究，一些强调费希特撰写的关于法国大革命的著作的现实性。在关于社会主义的这篇文章中，格扎维埃·莱昂始终捍卫这样一个论点：《锁闭的商业国》这本书标志着普鲁士特殊国家社会主义的诞生，它为理解德国现代经济政策开辟了道路，并将普鲁士传统与激进民主主义的奇怪趋同联系起来 [1]。

---

[1]　格扎维埃·莱昂："[……]在普鲁士经济问题十分严重的时候，摇摇欲坠的重商主义被折衷的自由贸易摧毁，他敢于向他国政府提出一项在他的同时代人看来是乌托邦式的解决方案。这一解决方案是一种国家社会主义，国家社会主义本质上是法国大革命经济原则在哲学上的系统化。"（《从〈锁闭的商业国〉看费希特的社会主义》，载《形而上学与道德杂志》第22卷，1914年，第27—71页与第197—220页，此处引用来自第28页。）

现代对费希特的接受的几个倾向

这里只简单介绍一下在格扎维埃·莱昂之后对费希特的接受情况。众所周知，与 19 世纪时对费希特的接受相比，在德国的讨论中，对他的接受在民族特征方面或许没有那么突出。马夏尔·戈胡在第一次世界大战后不久完成了学业，他被认为是格扎维埃·莱昂的接班人。他与格扎维埃·莱昂有密切联系，并就格扎维埃·莱昂撰写了一篇题为《费希特与格扎维埃·莱昂》的简短历史文章 ①。他对民族主义的态度决定了他研究费希特的方式。一方面马夏尔·戈胡发表了一些关于费希特与法国大革命的文章，在文章中强调了费希特受法国启蒙运动影响，另一方面，他试图在其巨著《费希特科学理论的演变和结构》(*L'évolution et la structure de la doctrine de la science chez Fichte*) 中探索系统结构 ②。在他 1939 年撰写的关于"费希特与法国大革命"的文章中，他强调了费希特的著作与国民公会辩论之间的契合点。在民族社会主义的背景下，其目的是将费希特作为法国大革命思想的代表人物来拯救：

> 正如《评论》(《纠正公众对于法国革命的评论》) 中所表现出的担忧只是对法国的一些事件和学说的反映——价格危机、最高限价、圣茹斯特 (Saint-Just) 的演讲，以及《锁闭的商业国》的基本论点，这些似乎都受到了巴贝夫 (Babeuf) 和布纳罗蒂 (Buonarroti) 的社会主义学说的启发。③

261

---

① 马夏尔·戈胡：《费希特与格扎维埃·莱昂》，来源同上，《费希特研究》，巴黎：奥比尔-蒙田出版社，1974 年，第 247—284 页。

② 马夏尔·戈胡：《费希特科学理论的演变和结构》，巴黎，1930 年，第二卷。

③ 《费希特科学理论的演变和结构》，第二卷，第 225 页。1941 年，马夏尔·戈胡在《卢梭、康德与费希特思想中的人性与自然状态》(*Nature humaine et état de nature chez Rousseau, Kant et Fichte*) 中完成了他对费希特与法国大革命的思考，《哲学杂志》(*Revue Philosophique*) 1941 年 5—6 月刊；《分析手册》(*Cahiers pour l'analyse*) 转载，1967 年第 6 期，第 1—19 页。

　　马夏尔·戈胡一开始对科学理论进行了纯粹逻辑分析，他在附随的文章中指出，自由哲学确实是由法国大革命开启的，这些文章具有更加明确的政治定位。

　　虽然 20 世纪 40 年代出现了各种各样的新译本 ①，但是第二次世界大战几乎没有促使人们去拯救这样一位被国家社会主义据为己有的哲学家 ②。相反，一位法律哲学家乔治·弗拉乔斯（Georges Vlachos）于 1948 年出版了一部题为《费希特国际思想中的联邦主义与国家理性》③（Fédéralisme et raison d'Etat dans la pensée internationale de Fichte）的著作，他认为国家理论与社会实践之间的差距是费希特哲学的原罪：

　　　　自我和非我的辩证法既不能根据精神因果关系解释社会力量的转变，也不能根据现象因果关系解释精神的转变。它在黑格尔唯心主义和马克思唯物主义之间无力地徘徊。④

　　费希特在世时主张经济民族主义，却完全没有去解决当时已迫在眉睫的国际法律基础问题。G. 弗拉乔斯在 1962 年费希特诞辰 200 周年之际发表了一篇文章，他对费希特的评价似乎并不那么严苛。这篇题为《费希特革命著作

---

① 《锁闭的商业国》，J. 吉贝林（J.Gibelin）译，巴黎，1940 年；《人的使命》，M. 莫利托尔（M. Molitor）译，M. 戈胡作序，巴黎，1942 年；《幸福生活指南》，马克斯·鲁什（Max Rouché）译，巴黎，1944 年。

② 1952 年，由 S. 扬科莱维奇（S. Jankélévitch）翻译的《对德意志民族的演讲》新译本出版，该书由德国研究专家马克斯·鲁什作序。——我们还能想到约瑟夫·S. J. 马雷夏尔（Joseph S. J. Maréchal）的作品《形而上学的起点——关于知识问题的历史与理论发展课程》（Le point de départ de la métaphysique. Leçon sur le développement historique et théorique du problème de la connaissance），第四册，康德与后康德主义者的唯心主义体系，巴黎，1947 年。但这里主要探讨的并不是政治哲学。

③ 乔治·弗拉乔斯：《费希特国际思想中的联邦主义与国家理性》，巴黎：A. 贝多内（A. Pedone）出版社，1948 年。

④ 《费希特国际思想中的联邦主义与国家理性》，第 34 页。

中的法律、道德与感受》①（ *Le droit, la morale et l'expérience dans les écritts révoultionnaires de Fichte* ）的文章承认了《纠正公众对于法国革命的评论》中将法律与道德分离是费希特对法国大革命的思考的一项重要成果。在弗拉乔斯的推动下，现代法国对费希特的接受出现了一种长期趋势：聚焦法律哲学，将其作为新政治学的基础。雅克·布弗雷斯（Jacques Bouveresse）的一篇长文②间接促成了这一转向，使费希特从《纠正公众对于法国革命的评论》到《对德意志民族的演讲》的思想变化成为一种政治意识现象学。1796年费希特已经放弃了康德的自然法抽象模式，他把处理建设性政策的任务首先转移到专制国家原则，随后转移到半封建的普鲁士国家。费希特关于将独裁的社会主义国家视为"最高教育者"的思考证明了法律思想在试图将其原则应用于创造性政治时的悖论。

正如我们所了解的那样，社会学家乔治·古尔维奇曾出版了一部关于费希特的书③，他的学术生涯也由此开始。这本书用德语写成，并未对法国的讨论产生直接影响。对古尔维奇而言，费希特哲学是他自己思想的前提④。

---

① 乔治·弗拉乔斯：《费希特革命著作中的法律、道德与感受》，载《法律哲学档案》（ *Archives de philosophie du droit* ），第七期，1962 年，第 211—275 页。在费希特诞辰 200 周年之际，我们意识到存在一种倾向：维护费希特，反对其沙文主义嫌疑。一篇受欢迎的于 1964 年撰写的引言指出了目前费希特研究的主要不足之处，迪迪埃·朱莉娅（Didier Julia）写道："费希特最早也是最伟大的评论家之一格扎维埃·莱昂清楚地表明对费希特做希特勒主义的解读是丧失理智的：费希特的《对德意志民族的演讲》与德意志民族主义中的浪漫主义概念背道而驰，后者与民主德国的真正民族主义概念截然相反。"（迪迪埃·朱莉娅：《费希特：生平、著作及其哲学介绍》[*Fichte, Sa vie, son œuvre avec un exposé de sa philosophie*]，巴黎，1964 年，第 33 页）。 不久后，朱莉娅出版了一部译著《科学理论，1804 年报告》（ *Théorie de la science. Exposé de 1804* ），巴黎：1967 年。最后值得一提的是 1989 年 I. 拉德里扎尼（I. Radrizzani）将《科学理论》以《科学学说，新方法》（ *La doctrine de la science nova methodo* ）之名在洛桑翻译出版。

② 雅克·布弗雷斯：《哥白尼革命的完成与对形式主义的超越：费希特的"真实"自然法律理论》（ *L'achèvement de la révolution copernicienne et le dépassement du formalisme: la théorie du droit naturel "réel"de Fichte* ），载《分析手册》1987 年第 6 期，第 101—138 页。

③ 乔治·古尔维奇：《费希特的具体道德体系》（ *Fichtes System der konkreten Ethik* ），图宾根，1924 年。

④ 参见乔治·古尔维奇：《思想历程》（ Itinéraire intellectuel ），载《新文学杂志》（ *Les lettres nouvelles* ）1958 年第 62 期，第 65—83 页。

1962 年，古尔维奇认识到了费希特的巨大贡献，他将辩证活动置于社会之中并将人类从事物本身中解放出来。但是费希特后期哲学中的不确定性被错误地理解为回到柏拉图主义的观点①。在与让-保罗·萨特关于辩证法的论战中（1960 年萨特出版了《辩证理性批判》[*Critique de la raison dialectique*]），对费希特哲学的阐释起到了间接作用。

　　我们将不再提起亚历克西·菲洛年科（Alexis Philonenko），他于 1966 年、1968 年先后出版了《费希特哲学中的人类自由》（*La liberté humaine dans la philosophie de Fichte*）与《康德和费希特的理论与实践》（*Théorie et pratique chez Kant et Fichte*）。对他来说，费希特的独创性在于他坚持要同时思考理论与实践。因此，人必须从自身、从主体的自由中寻找必要行动的标准。然而，费希特从 1794 年开始就对法律思想与自我意识的叠合提出了质疑。费希特是一名康德主义者，他希望把康德的观点应用在历史上，但也应当与康德保持一定距离。国家不是目的，它是可以改变的：

　　　　康德将公民分为积极公民与消极公民——费希特假定人具有最高价值，并赋予其选择或拒绝公民身份的权利。康德将公民置于被假定为自我目的的国家之中——而费希特认为国家，尤其是公民身份仅仅是一种手段：只有人本身才是目的。康德区分了法律平等和事实平等——费希特将人类置于构成国家的所有关系之上，他要求人类的纯粹而简单的平等。康德像普芬多夫（Pufendorf）一样谴责任何革命并为最严厉的镇压辩护——而费希特认为革命是合法的。康德引用了被设想成战争状态的自然状态，强调秩序的必要性——而费希特拒绝相信自然状态的曲解。康德从中推断出国家的必要性——而费希特则从中得出在国家之外生存的可能性。②

---

① 乔治·古尔维奇：《辩证法与社会学》（*Dialectique et sociologie*），巴黎，1962 年，第五章《费希特的辩证法》（*La dialectique chez J. G. Fichte*），第 59—71 页。

② 亚历克西·菲洛年科：《1793 年康德与费希特道德和政治思想中的理论与实践》（*Théorie et Praxis dans la pensée morale et politique de Kant et de Fichte en 1793*），巴黎：芙兰出版社，1968 年，第 156 页。

自由意识首先反对的是现有国家以及那些侵犯人类不可剥夺之权利的各项条文。但作为一个新社会的基础，仅有个人自由是不够的。费希特发展了一般意志概念，这使他与康德相去更远。1984 年菲洛年科出版了介绍费希特的作品《费希特的著作》（*L'œuvre de Fichte*），在该书最后一章中他像格扎维埃·莱昂曾说过的那样将《对德意志民族的演讲》解释为法国统治下特殊情况决定的革命著作的延续，而没有解释为否定。

作为格扎维埃·莱昂的遗产，历史观点又被菲利普·杜鲁埃（Philippe Druet）在 20 世纪 70 年代的各种出版物中提及 ①。费希特公开表现出的对法国大革命的信仰以某种相对化的方式被划分为一系列不同的思想立场。《纠正公众对于法国革命的评论》这部作品试图从康德主义视角将法国大革命合法化，是对国家概念的自由扰动，其中的思想被《自然法权基础》里国民公会议员思想的系统化以及《锁闭的商业国》中的专制社会主义所替代。费希特可能是革命辩证法的囚徒，这种辩证法导致他为独裁辩护，他认为独裁是暂时的和有教育意义的。对政治著作进行阐释的困难在于思维过程中各个阶段的逻辑连贯性，而这是由经验方式决定的，因此从严格意义上讲不能理解为科学理论的非系统而通俗的等同物。

对其政治著作进行的最新阐释 ② 包括阿兰·雷诺（Alain Renaut）在

---

① 皮埃尔-菲利普·杜鲁埃：《费希特》，塞热尔斯（Seghers）出版社/那慕尔大学出版社（Presses universitaires de Namur）联合出版，1977 年。同前，《费希特向康德政治学的转变》（*La conversion de Fichte à la politique kantienne*），载《形而上学与道德杂志》1975 年第 80 期，第 54—84 页。同前，《费希特的形而上学、法学与政治学》（*Métaphysique, droit et politique chez Fichte*），载《形而上学与道德杂志》1975 年第 86 期，第 254—261 页。参见皮埃尔-菲利普·杜鲁埃：《从无政府主义到有教育意义的独裁，费希特的政治学与形而上学》（*De l'anarchie à la dictature éducative. Politique et métaphysique chez Fichte*）（列日大学已答辩博士论文，1973—1974 年）。

② 这些阐释主要基于杜鲁埃的著作和 J. 布弗雷斯的一篇文章（题为《哥白尼革命的完成和对形式主义的超越》[*L'achèvement de la révolution copernicienne et le dépassement du formalisme*]，载《分析手册》），以及 R. 肖特基（R. Schottky）的一篇法语文章《费希特〈自然法权基础〉与启蒙运动的政治哲学》（*La Grundlage des Naturrechts De Fichte et la philosophie politique de l'Aufklärung*），载《哲学档案》（*Archives de philosophie*）7—12 月刊，1962 年。关于新近研究和翻译的详尽参考书目，参见《费希特研究参考书目（1968 年—1992/3 年）》（*J. G. Fichte Bibliographie*［*1968—1992/3*]），萨比娜·杜瓦耶（Sabine Doyé）编，阿姆斯特丹：罗多比（Rodopi）出版社，1993 年。

他所著的《法律体系，费希特思想中的哲学与法律》①（*Le système du droit. Philosophie et droit dans la pensée de Fichte*）以及吕克·费里（Luc Ferry）所著《政治哲学》（*Philosophie politique*）中提出的辩护性论点，费里在书中提出不应该在绝对自我中寻找费希特对形而上学进行批判的真正基础，而应在权利的主体间概念中寻找②：

> 因此，费希特对形而上学的批判必然不可避免地成为政治性的，至少在下面这个意义上是这样：通过攻击有偏见的和谋求私利的教条主义话语，费希特对形而上学的批判旨在通过恢复人的自我来建立一个主体间性或交流的空间。通过将主体间性问题与对形而上学的批判问题联系起来，费希特重新找到了批评判断能力的主要灵感。③

法律作为自由哲学，甚至将会是历史最终的归宿。这种对费希特的阐释在何种程度上依赖于纯粹的法国式讨论，这正是我们在阅读阿兰·雷诺的

---

① 阿兰·雷诺和吕克·费里不仅对哲学进行阐释，而且还从事翻译工作。阿兰·雷诺、吕克·费里：《马基雅弗利和 1806—1807 年的其他政治学与哲学著作》（*Machiavel et autres écrits philosophiques et politique de 1806—1807*），巴黎：巴约特（Payot）出版社，1981 年。阿兰·雷诺、吕克·费里：《费希特文选》（*Fichte. Essais choisis*），巴黎：芙兰出版社，1984 年。20 世纪 80 年代，一些法国哲学家参加了费希特的政治或实践著作的翻译工作：J. -L. 维埃亚-巴隆（J. -L. Vieillard-Baron）翻译了《论学者的使命》（*Conférences sur la destination du savant*），该书 1980 年由巴黎芙兰出版社出版；保罗·瑙林（Paul Naulin）翻译了《伦理学体系》（*Le système de l'éthique*），1986 年由巴黎法国大学出版社出版；J. -C. 戈达德（J. -C. Goddard）翻译了《试评一切天启》（*Essai d'une critique de toute révélation*）（1792—1793 年），该译著 1988 年在巴黎出版。
② 在法国人对费希特的阐释中，对主体间性问题的关注肯定与两篇由 R. 劳特（R. Lauth）撰写的法语文章有关：《费希特思想中的人际关系问题》（*Le problème de l'interpersonnalité chez Fichte*），载《哲学档案》1962 年第 25 期，第 325—344 页；《费希特论哲学的整体观念》（*L'idée totale de la philosophie d'après Fichte*），载《哲学档案》1965 年第 28 期，第 567—604 页。
③ 吕克·费里：《政治哲学》，1. 法律：新的古今之争（*Le droit: la nouvelle querelle des Anciens et des Modernes*），巴黎：法国大学出版社，1984 年，第 138 页。

《法律体系》（1986 年）的序言时所认识到的。法国哲学应当从在黑格尔或马克思的理性策略与海德格尔的信仰主张之间进退两难的境地中摆脱出来①，这是雷诺的出发点。可以预见的是，人权哲学的出路或许能够在对《自然法权基础》的重新阐释中找到其合法性。②对文本的详细分析以菲洛年科的分析为基础，他认为费希特不仅是康德与黑格尔之间独立的思想家，而且可以与这两位哲学家比肩，这种详细分析导致《自然法权基础》被称为一种自由主义意识形态，是一种"中庸之道"。无论如何，我们将注意到 20 世纪 90 年代在法国进行的费希特研究倾向于强调一种特殊的亲近，尤其是围绕着"自由"等概念③，这种亲近似乎可以解释为何现今如同 1900 年前后一样，为了重建一种认同，需要回归费希特的作品④。

费希特的作品属于外国知识产品，基于这些产品，19 世纪在法国人文科学领域中形成了一种民族自我认知。这种认识或许一方面与费希特对法国近代史上的根本事件——法国大革命的阐释有关，另一方面，他试图阻止法国大革命带来的民族主义后果，最后他寻求通过其纯粹的哲学著作来体现与法国的行动统治等同之物。接受的历史往往试图突出费希特哲学与其他哲学的不同。在这个框架下，费希特总是与康德联系在一起，无论他的思想被定义

---

① 这种人为的困境的确没有终结阐释的激进民主主义传统。若埃尔·勒费弗尔（Joël Lefebvre）在他的文集《德国人眼中的法国大革命》（*La Révolution française vue par les Allemands*）（里昂，1987 年）中收录了一些费希特政治著作的节选。

② 由达尼埃尔·舒尔特斯（Daniel Schulthess）的新译本（由洛桑"人的时代"出版社于 1980 年出版）重新引发的关于《锁闭的商业国》的辩论因此被置于次要位置。

③ 在自由概念的影响下，米里亚姆·比恩斯托克（Myriam Bienenstock）决定出版《费希特和谢林的通信》（*Correspondance de Fichte et de Schelling*）（1794—1802 年），巴黎：法国大学出版社，1991 年。

④ 参见费希特：《共济会的哲学及其他文本》（*La philosophie de la maçonnerie et autres textes*），由伊夫·拉德里扎尼（Ives Radrizzani）、福齐亚·托布吉（Fawzia Tobgui）撰写引言，巴黎：芙兰出版社，1995 年。另请参见伊夫·拉德里扎尼编：《费希特与法国》（*Fichte et la France*），巴黎：博谢纳（Beauchesne）出版社，1997 年。伊夫·拉德里扎尼建议将曼恩·德·比朗（Maine de Biran）当作法国的费希特并重读其作品。

为康德主义的政治转移还是康德主义的极端主观化。由于费希特常常被认为
是德意志民族情感的代表，因此对他的接受试图使他远离德国人的这些主张，
使他成为人类普遍意义上的哲学家。这就是为什么法国对费希特的接受与德
国对费希特的接受形成了鲜明对比，并且在法德对抗时期法国对费希特的接
受尤为频密。一个世纪以来费希特在法国和德国的接受体现出一种结构上的
不对称性。在斯塔尔夫人之后的法国，一个具有纯粹内在性的哲学家形象占
了上风，而在德国，正是这位意志哲学家促进了向年轻的黑格尔主义者推崇
的行动哲学的转变。相反，19 世纪末法国作家认知中的激进民主主义者费希
特与德意志帝国时期人们眼中的民族主义者费希特截然不同。这种不对称性
事实上表明了通过他者的民族概念建构 ①。知道费希特著作的含义是否得到了
很好的阐释并没有这个简单的认知重要：在第一次世界大战前后，法国知识
分子试图借助费希特来确定他们自己的认同。现今，民族定义问题已经不那
么尖锐了，但无论是从"理论—实践"二分法的角度重新审视这些政治著作，
还是将它们视为以法律为导向的哲学思想出现的标志，对政治著作的接受问
题时至今日仍旧存在，甚至比 19 世纪时更加突出。

---

① 1989 年，《纠正公众对于法国革命的评论》一书被列入教师资格考试大纲，当时正值法国
大革命两百周年，这个决定掀起了众多的讨论会和报告会。

结　语

　　文化迁变理论本不是教条，也没有提出一个整体的解释。它试图进行一种重新评估。历史，包括社会史、科学史、艺术史、文化史和文学史，面临民族传统之外的因素时显然存在理论方面的不足，而对未来的解释则属于民族传统的范围。即便比较文学摆脱了"影响"这一沉重而神奇的范畴，它所进行的比较也很难被证明是合理的。一般来说，虽然逐字逐句的比较能够显示出偶然的相似性，但它曲解了内在的一致性。至于那些民族历史中涉及外国的部分，则常常被置于不起眼的边缘位置，就像法国大革命史学家大会在研究了大革命的国内细节之后，在最后一节提到法国大革命在欧洲和世界范围引起的反响，然而这场革命对德国知识史的发展产生了同对法国一样大的影响，而这个知识史又反过来影响了法国人对大革命的认知。在观点转变之后，虽然与外国的关系被置于思考中心，但必须要集中对理论的反思。在一个文化空间内，外国人通常占少数，但他们的存在足以质疑接受系统的一致性，即使这些外国人人数不多，也可能引发新形式的自我感知。一些看似不稳固的网络使信息得以传播，这些信息能够在其传播环境里发生的辩论中将不同阵营区分开来。自此，外国不再作为一种外部界限，而是作为内部界限，成为一种解释什么是更确切的民族之物和最初之物的原则。

　　如果没有对德国的持续参照，我们无法解释法兰西第三共和国时期的知识与政治生活。同样，如果没有法国感觉主义思想这个参照，也就很难理解由赫尔德和洪堡发展起来的德国"教化"（*Bildung*）思想体系。这些参照不只是外部论据，而且也充当了真正的思考基础。诞生于 19 世纪法国的人文与社会科学受到了德国潜移默化的影响，但这并不会阻止它们被合理地视作法国论争的结果，并有可能再向外输出。除了民族记忆之场，还存在一些外国记忆之场，仔细考虑后我们会发现对档案记忆进行民族划分是一种具有决定性后果的武断行为。将与外国的关系置于中心位置使我们能够理解法德跨文化基础。事实上，这一基础更为广泛，因为很容易证明双边关系被三边格局打破，一个文化空间只能通过作为棱镜的第三空间才能被充分感知。这一基础促使对那些次级领土实体，即欧洲各地区的历史进行重写，其目的不再是使其消失于民族整体之中，而是像旧时的萨克森选侯国一样处于与其他文化带错综复杂关系的网络之中。也许从民族中心主义的偏见中被不意解放出来的艺术史相较于其他学科更彻底也最直观地观察到他人感知与自我感知之间基本的重合。然而，那些捍卫民族中心主义观点的概念，例如"民族"概念其实是借用和论争的综合结果，对费希特的接受就说明了这一点。民族文学受到外国人的持续影响，例如从荷尔德林到海涅的德国作家及其笔下拿破仑的形象。若把与外国的关系置于中心位置并突出跨文化基础，便会对基于文化带分散视角的学科产生质疑。学科的偏离迫使我们将历史学或语文学方法与更熟悉种族群体之间相遇的人类学传统进行比较。即使是在口头文化框架里发展起来的人类学方法，也并非没有可能应用于建立在书面记忆基础之上的民族。文化迁变理论并不是一种教条，它首先可以作为一种批判工具出现。

　　这是一种积极批评，它为许多调查研究开辟了道路，我们可以给出一些例子，并且能够说出它们的可能性。这些调查研究有时是凭经验的，例如为了探索法国或者德国档案中的外国记忆而进行广泛调查，研究民族档案分类对各自国家的历史编纂学带来的影响，并提供一种较少被基于民族概念的分类所预先确定的历史编纂学方法。当涉及人文学科及其历史时，这些调查研究更具理论性。一部能够体现法德交叉关系而不是像以往那样将两者并列起来的文学史还有待创作。交叉文学史认为作品、阅读方法、写作方法和文本传播方法之间仅有的一些衔接点是相互关联的，这门学科致力于研究从这种断裂出发的文学空间。一部各种视角交错的艺术史才刚刚草拟出来。证据表明德国对法国哲学史上的影响只是一个外国群体的影响，我们已经对这个外国群体的引入机制进行了及时研究。我们期待对外国记忆之地进行统计，并对欧洲领土进行分析，使它们不再沦为与国家大教堂同质的建筑石材。

　　然而，文化迁变研究体现的批判性实践受到了各种偏离倾向的威胁。其中之一是向严格的比较研究的回归，这种严格的比较在比较文学领域长期盛行。而以往平行主义的随意研究或将以文化迁变的名义重新出现。涂尔干认为比较之于社会科学就像实验之于精确科学，他给了这种坚持一件合法性的外衣。事实上，对人文与社会科学领域的任何研究而言，必须对观察结果进行对照、扩展、联系和比较，但是此类比较与不同文化体系中的分散元素比较几乎没有关系。即使将比较弱化成只有一种将部分观察结果联系起来的功能，比较也不能免除社会学对观察到的平行性产生机制的兴趣，也不能免除其历史维度。与文化迁变研究相关的另一个危险是将其工具化。谈论法国的德国认同并非对那个时代不正常的怀念，当时人们从语言图谱角度、从对法国历史人口学中的法兰克元素的猜想中发现，法国相当一部分在地图上画了影线的合法领土可以说是德语地区，即使易北河以东最早居住着斯拉夫人的观点引起了无休止的争论。将这片德语地区视为一个文化熔炉并不意味着它可以与法国这个中央集权国家分离。观察圣西门主义对黑格尔的共鸣或是《少年维特之烦恼》对夏多布里昂作品的影响并不意味着19世纪法国文学失去了其独创性或者说在某种程度上可以从外部观察点被掌控。一般而言，如果对跨文化关系的研究以及对那些部分异质的参照系统之间的碰撞所进行的研究掺杂了控制或者渗透策略，就像第一批人类学家将这些策略作为工具，那么这些研究将失去所有可信度、失去其作为批判与启发性工具的属性，转而成为一种辩护思想的形式。然而，它对思想的主要贡献是作为一种人文与社会科学的批判方式，质疑自其诞生之日起就已经显露并被继续传递的身份认同霸权。

270

参考书目

注：以下参考书目与本书注释中列出的文献无关。参考书目列出的是文化迁变研究的主要著作，以及虽然可能不涉及法德领域，但对该种文化史研究方法的发展起到了重要推动作用的著作。

Assmann Aleida, *Arbeit am nationalen Gedächtnis. Eine kurze Geschichte der deutschen Bildungsidee*. Francfort-sur-le-Main, Campus-Verlag, 1993.

Danneberg Lutz et Vollhardt Friedrich, *Wie international ist die Literatur-wissenschaft?* Stuttgart, Weimar, Metzler, 1996.

Azouvi François et Bourel Dominique, *De Königsberg à Paris. La réception de Kant en France (1788—1804)*. Paris, Vrin, 1991.

Barbey-Say Hélène, *Le voyage de France en Allemagne de 1871 à 1914*. Nancy. Presses universitaires de Nancy, 1994.

Barbier Frédéric, Entre la France et l'Allemagne: les pratiques bibliographiques au XIXe siècle. In: *Revue de synthèse*, 4e série, janvier-juin 1992, p. 41—53.

Barbier Frédéric, *L'empire du livre. Le livre imprimé et la construction de l'Allemagne contemporaine (1815—1914)*. Paris, Cerf, 1995.

Bechtel Delphine, Bourel Dominique et Le Rider Jacques (éds), *Max Nordan (1849—1923) Critique de la dégénérescence, médiateur franco-allemand, père fondateur du sionisme*. Paris, Cerf, 1996.

Beermann Matthias, *Zeitung zwischen Profit und Politik. Der Courrier du Bas-Rhin (1767—1810): eine Fallstudie zur politischen Tagespublizistik im Europa des späten 18. Jahrhunderts*. Leipzig, Leipziger Universitätsverlag, 1996.

Biard Agnès, Bourel Dominique, Brian Eric (éds), *Henri Berr et la culture du XXe siècle*. Paris, Albin Michel, 1997.

Bock Hans-Manfred, Meyer-Kalkus Reinhart et Trebitsch Michel (éds), *Entre Locarno et Vichy. Les relations culturelles franco-allemandes dans les années 1930*(2 vol.). Paris, CNRS-Editions 1993.

Bödeker Hans-Erich et François Etienne (éds), *Aufklärung/Lumières und Politik. Zur politischen Kultur der deutschen und französischen Aufklärung*. Leipzig, Leipziger Universitätsverlag, 1996.

Bois Pierre-André, Krebs Roland et Moes Jean (éds), *Les lettres françaises dans les revues allemandes du XVIIIe siècle*. Berne, Peter Lang, 1997.

Bollack Jean, M. de W. -W. Sur les limites de l'implantation d'une science. In: *Wilamowitz nach 50 Jahren*. Darmstadt, WBG, 1985, p. 468—512.

Caullier Joëlle, *La Belle et la Bête. L'Allemagne des Kapellmeister dans l'imaginaire français (1890—1914)*. Tusson, Du Lérot, 1993.

Charle Christophe, *Les intellectuels en Europe au XIXe siècle. Essai d'histoire comparée*. Paris, Seuil, 1996.

Charle Christophe, *Paris fin de siècle. Culture et politique*. Paris, Seuil, 1998.

Chiva Isac et Jeggle Utz, *Ethnologies en miroir. La France et les pays de langue allemande*. Paris, Editions de la Maison des sciences de l'homme, 1997.

Colin René-Pierre, *Schopenhauer en France*. Lyon, PUL, 1979.

Conry Yvette, *L'introduction du darwinisme en France au XIXe siècle*. Paris, Vrin, 1974.

Cornette Joël, *Un révolutionnaire ordinaire: Benoît Lacombe, négociant, 1759—1819*. Seyssel, Champ Vallon, 1986.

Crépon Marc, *Les géographies de l'esprit*. Paris, Payot, 1996.

Delinière Jean, *Karl Friedrich Reinhard (1761—1837). Ein deutscher Aufklärer im Dienste Frankreichs*. Stuttgart, W. Kohlhammer Verlag, 1989.

Décultot Elisabeth, Espagne Michel et Werner Michael (éds), *Hans-Georg Wille. Briefwechsel*. Tübingen, Niemeyer, 1998.

Décultot Elisabeth, La réception de Heine en France entre 1860 et 1960. Contribution à une histoire croisée des disciplines littéraires. In: *Revue germanique internationale*, 9—1998, p. 167—190.

Décultot Elisabeth, Eléments d'une histoire interculturelle de l'esthétique. L'exemple de la «Théorie générale des beaux-arts» de Johann Georg Sulzer. In: *Revue germanique internationale*, 10—1998, p. 141—160.

Denina Carlo, *La Prusse littéraire sous Frédéric II*. Berlin, Rothmann, 1790—1791.

Digeon Claude, *La crise allemande de la pensée française, 1870—1914*. Paris, PUF, 1959.

Droz Jacques, *L'Allemagne et la Révolution française*. Paris, PUF, 1949.

Espagne Michel et Werner Michael (éds), La construction d'une référence allemande en France, 1750—1914. Genèse et histoire culturelle. *Annales ESC*, juillet-août 1987, p. 969—992.

Espagne Michel et Werner Michael (éds), *Transferts culturels franco-allemands. Revue de synthèse*, 4ᵉ série n° 2, avril-juin 1988.

Espagne Michel et Werner Michael (éds), *Transferts. Les relations interculturelles dans l'espace franco-allemand*. Paris, Editions Recherche sur les civilisations, 1988.

Espagne Michel et Werner Michael (éds), *Lettres d'Allemagne. Victor Cousin et les hégéliens*. Tusson, Du Lérot, 1990.

Espagne Michel et Werner Michael (éds), *Philologiques I. Contribution à l'histoire des disciplines littéraires en France et en Allemagne*. Paris, Maison des sciences de l'homme, 1990.

Espagne Michel, *Bordeaux-Baltique. La présence culturelle allemande à Bordeaux aux XVIIIe et XIXe siècles*. Bordeaux, Editions du CNRS, 1991.

Espagne Michel, Lagier Françoise et Werner Michael, *Le maître de langue. Les premiers enseignants d'allemand (1830—1850)*, Paris, Maison des sciences de l'homme, 1991.

Espagne Michel, *Le paradigme de l'étranger. Les chaires de littérature étrangère au XIXe siècle*. Paris, Cerf, 1993.

Espagne Michel et Middell Matthias (éds), *Von der Elbe bis an die Seine. Französisch-sächsischer Kulturtransfer im XVIII. und XIX. Jahrhundert*. Leipzig, Leipziger Universitätsverlag, 1993.

Espagne Michel et Werner Michael (éds), *Philologiques III. Qu'est-ce qu'une littérature nationale?* Paris, Maison des sciences de l'homme, 1994.

Espagne Michel et Werner Michael (éds), *Les études germaniques en France (1900—1970)*. Paris, CNRS-Editions, 1994.

Espagne Michel (éd.), *Le miroir allemand*. Numéro spécial 4—1995 de la *Revue germanique internationale*.

Espagne Michel et Middell Matthias (éds), *Transferts culturels et région. L'exemple de la Saxe*. Numéro spécial des *Cahiers d'études germaniques*, 1995—n°28.

Espagne Michel (éd.), *L'Ecole normale supérieure et l'Allemagne*. Leipzig, Leipziger Universitätsverlag, 1996.

Espagne Michel et Dmitrieva Katia (éds), *Philologiques IV. Transferts culturels triangulaires France-Allemagne-Russie.* Paris, Maison des sciences de l'homme, 1996.

Espagne Michel et Greiling Werner (éds), *Frankreichfreunde. Mittler des französisch-deutschen Kulturtransfers (1750—1850)*, Leipzig, Leipziger Universitätsverlag, 1996.

Espagne Michel, *Les Juifs allemands de Paris à l'époque de Heine. La translation ashkénaze.* Paris, PUF, 1996.

Exils et émigrations d'Allemands, 1789—1945. *Cahiers d'études germaniques*, Aix-en-Provence, n°13, 1987.

Fontaine Jacques, Herzog Reinhart et Pollmann Karla (éds), *Patristique et Antiquité tardive en Allemagne et en France de 1870 à 1930.* Paris, Institut d'études augustiniennes, 1993.

François, Etienne/Siegrist Hannes/Vogel Jacob (éds), *Nation und Emotion. Deutschland und Frankreich im Vergleich, 19. und 20. Jahrhundert.* Göttingen, 1995.

François Etienne/Hoock-Demarle Marie-Claire/Meyer-Kalkus Reinhart/ Werner Michael en collaboration avec Despoix Philippe (éds), *Marianne-Germania. Deutsch-französischer Kulturtransfer im europäischen Kontext, 1789—1914.* 2 vol., Leipzig, Leipziger Universitätsverlag, 1998.

Gans Edouard, *Chroniques françaises.* Textes présentés et édités par Norbert Waszek. Paris, Cerf, 1993.

Gilli Marita (éd.), *Le cheminement de l'idée européenne dans les idéologies de la paix et de la guerre.* Annales littéraires de l'Université de Franche-Comté, 1991.

Ginzburg Carlo, *Le sabbat des sorcières.* Paris, Gallimard, 1989.

Godelier Maurice, *L'énigme du don.* Paris, Fayard, 1996.

Godelier Maurice, *L'Idéel et le Matériel. Pensée, économies, sociétés*. Paris, Fayard, 1984.

Grandjonc Jacques, *Communisme / Kommunismus / Communism. Origine et développement international de la terminologie communautaire prémarxiste des utopistes aux néo-babouvistes, 1785—1842*. Trêves, Schriften aus dem Karl Marx Haus, 1989 (2 vol.).

Grandjonc Jacques, *Marx et les communistes allemands à Paris. Vorwärts 1844*. Paris, Maspero, 1974.

Grosser Thomas, *Reiseziel Frankreich. Deutsche Reiseliteratur vom Barock bis zur Französischen Revolution*. Opladen, Westdeutscher Verlag, 1989.

Grunewald Michel et Schlobach Jochen, *Médiations/Vermittlungen. Aspects des relations franco-allemandes du XVIIe siècle à nos jours*. Berne, Peter Lang, 1992, 2 vol.

Gruzinski Serge, *La colonisation de l'imaginaire. Sociétés indigènes et occidentalisation dans le Mexique espagnol, XVIe—XVIIIe siècle*. Paris, Gallimard, 1988.

Halbwachs Maurice, *La mémoire collective*. Paris, Presses universitaires de France, 1950.

Haupt Heinz-Gerhard et Kocka Jürgen, Historischer Vergleich: Methoden, Aufgaben, Probleme. Eine Einleitung. In: *id.* (éds.), *Geschichte und Vergleich. Ansätze und Ergebnisse international vergleichender Geschichtsschreibung*, Francfort-sur-le-Main, 1996, p. 9—45.

Higounet Charles, *Les Allemands en Europe centrale et orientale au Moyen Age*. Paris, Aubier, 1989.

Hillebrand Karl, *De la Réforme de l'enseignement supérieur*. Paris, Germer-Baillère, 1868.

Jeanblanc Helga, *Des Allemands dans l'industrie et le commerce du livre à Paris (1811—1870)*. Paris, CNRS-Editions, 1994.

Jeannin Pierre, *Marchands du Nord: espaces et trafics à l'époque moderne.* Textes présentés par Philippe Braunstein et Jochen Hoock. Paris, PENS, 1996.

Jeismann Michael, *La patrie de l'ennemi. La notion d'ennemi national et la représentation de la nation en Allemagne et en France de 1792 à 1918.* Paris, CNRS-Editions, 1997.

Jordan, Lothar / Kortländer Bernd (éds), *Nationale Grenzen und internationaler Austausch. Studien zum Kultur- und Wissenschaftstransfer in Europa.* Tübingen, Niemeyer, 1995.

Kalinowski Isabelle, *Une histoire de la réception de Hölderlin en France (1925—1967).* Thèse, Paris 12, 1999, 2 vol.

Kanz Kai Torsten, *Nationalismus und internationale Zusammenarbeit in den Naturwissenschaften. Die deutsch-französischen Wissenschaftsbeziehungen zwischen Revolution und Restauration, 1789—1832.* Stuttgart, Franz Steiner Verlag, 1997.

Karsenti Bruno, *L'homme total. Sociologie, anthropologie et philosophie chez Marcel Mauss.* Paris, PUF, 1997.

Kasten Ingrid, Paravicini Werner et Pérennec René (éds), *Kultureller Austausch und Literaturgeschichte im Mittelater / Transferts culturels et histoire littéraire au Moyen Age.* Sigmaringen, Jan Thorbecke Verlag, 1998.

Keller Katrin, «*Mein Herr befindet sich gottlob gesund und wohl.*» *Sächsische Prinzen auf Reisen* ... Leipzig, Leipziger Universitätsverlag, 1994.

Kratz Isabelle, Libraires et éditeurs allemands installés à Paris 1840—1914. In: *Revue de synthèse*, 4e série, janvier-juin 1992, p. 99—108.

Krebs Claudia, *Siegfried Kracauer et la France.* Paris, Editions Suger, 1998.

Le Rider Jacques et Rinner Fridrun (éds), *Les littératures de langue allemande en Europe centrale des Lumières à nos jours*. Paris, PUF, 1998.

Lebeau Christine, *Référence française et réseaux de pouvoir à la cour de Vienne, 1748—1791*. Paris, CNRS-Editions, 1996.

Lefebvre Jean-Pierre, *Hölderlin, journal de Bordeaux*. Bordeaux, William Blake, 1990.

Lévy Paul, *La langue allemande en France*. 2 vol. Paris, Didier, 1950.

Lüsebrink, Hans-Jürgen / Reichardt Rolf, Histoire des concepts et transferts culturels, 1770—1815. Note sur une recherche. In: *Genèses*, 14, janvier 1994, p. 27—41.

Lüsebrink, Hans-Jürgen / Reichardt Rolf (éds), *Kulturtransfer im Epochenumbruch. Frankreich Deutschland, 1770—1815*, 2 vol. Leipzig, Leipziger Universitätsverlag, 1997.

Lüsebrink, Hans-Jürgen / Reichardt Rolf, «*Kauft schöne Bilder. Kupferstiche...*» *Illustrierte Flugblätter und französisch-deutscher Kulturtransfer, 1600—1830*. Mayence, Verlag Hermann Schmidt, 1996.

Marti Roland (éd.), *Sprachenpolitik in Grenzregionen...* Sarrebruck, Kommissionsverlag: Saarbrücker Druckerei und Verlag GmbH, 1996.

Mauss Marcel, *Sociologie et anthropologie* (textes rassemblés par Georges Gurvitch). Paris, PUF, 1950.

Middell Katharina et Middell Matthias, Forschungen zum Kulturtransfer. Frankreich und Deutschland. In: *Grenzgänge. Beiträge zu einer modernen Romanistik* 1, 1994, p. 107—122.

Middell Matthias, «In Grenzen unbegrenzt». Überlegungen zu Regionalisierung und Kulturtransfer. In: Espagne Michel et Middell Mathias (éds), *Transferts culturels et région. L'exemple de la Saxe*. Numéro spécial des *Cahiers d'études germaniques*, 1995—n° 28, p. 7—21.

Middell Katharina, *Hugenotten in Leipzig*. Leipzig, Leipziger Universitätsverlag, 1998.

Moes Jean et Valentin Jean-Marie (éds), *De Lessing à Heine. Un siècle de relations littéraires et intellectuelles entre la France et l'Allemagne*. Paris, Didier, 1985.

Mondot Jean, Valentin Jean-Marie, Voss Jürgen (éds), *Deutsche in Frankreich. Franzosen in Deutschland, 1715—1789*. Sigmaringen, Thorbecke, 1992.

Mondot Jean et Ruiz Alain (éds), *Interférences franco-allemandes et Révolution française*. Bordeaux, Presses universitaires de Bordeaux, 1994.

Nethercott Frances, *Une rencontre philosophique. Bergson en Russie (1907—1917)*. Paris, L'Harmattan, 1995.

Noiriel Gérard, *Le creuset français: histoire de l'immigration (XIXe—XXe siècles)*. Paris, Seuil, 1988.

Parisse Michel (éd.), *Les échanges universitaires franco-allemands du Moyen Age au XXe siècle*. Paris, Editions Recherche sur les civilisations, 1991.

Pénisson Pierre, *Herder. La raison dans les peuples*. Paris, Cerf, 1992.

Petitmengin Pierre, Deux têtes de pont de la philologie allemande en France: le *Thesaurus Linguae Graecae* et la Bibliothèque des auteurs grecs. In: *Philologie und Hermeneutik im 19. Jahrhundert 2*, éd. par Mayotte Bollack et Heinz Wismann. Göttingen, Vandenhoeck & Ruprecht, 1983, p. 76—98.

Pierre Petitmengin, La bibliothèque de l'Ecole normale supérieure face à l'érudition allemande au XIXe siècle. In: *Revue de synthèse*, 4e série, janvier-juin 1992, p. 55—70.

Pichois Claude, *L'image de Jean-Paul Richter dans la littérature française*. Paris, J. Corti, 1963.

Pille René-Marc, *Adelbert von Chamisso vu de France (1805—1840) Genèse et réception d'une image*. Paris, CNRS-Editions, 1993.

Pomian Krzysztof, *Collectionneurs, amateurs et curieux. Paris, Venise, XVIe—XVIIIe siècle*. Paris, Gallimard, 1987.

Pommier Edouard, *L'art de la liberté. Doctrines et débats de la Révolution française*. Paris, Gallimard, 1991.

Raschke Bärbel (éd.), *Der Briefwechsel zwischen der Herzogin Luise Dorothée von Sachsen-Gotha und Voltaire*. Leipzig, Leipziger Universitätsverlag, 1997.

Régnier Philippe, *Le livre nouveau des saint-simoniens*. Tusson, Du Lérot, 1991.

Roche Geneviève, Les traductions-relais en Allemagne au XVIIIe siècle. In: *Grenzgänge. Beiträge zu einer modernen Romanistik* 1, 1994, p. 21—50.

Ruiz Alain, *Le destin franco-allemand de Karl Friedrich Cramer. Contribution à l'étude du cosmopolitisme européen et à l'étude de la Révolution française*. Thèse d'Etat Paris III, 1979.

Ruiz Alain (éd.), *Présence de l'Allemagne à Bordeaux du siècle de Montaigne à la Seconde Guerre mondiale*. Bordeaux, Presses universitaires de Bordeaux, 1997.

Ruiz Alain, *Johanna et Arthur Schopenhauer, Souvenirs d'un voyage à Bordeaux en 1804*. Lormont, Editions de la Presqu'île, 1992.

Schöttler Peter, *Lucie Varga. Les autorités invisibles. Une historienne autrichienne aux* Annales *dans les années 1930*. Paris, Cerf, 1991.

Schütt Hans-Werner, *Die Entdeckung des Isomorphismus. Eine Fallstudie zur Geschichte der Mineralogie und der Chemie*. Hildesheim, Gerstenberg, 1984.

Simon-Nahum Perrine, *La cité investie. La «science du judaïsme» français et la République*. Paris, Cerf, 1992.

Thiese Anne-Marie, *La création des identités nationales. Europe XVIIIe—XXe siècle*. Paris, Seuil, 1999.

Trautmann-Waller Céline, *Philologie allemande et tradition juive. Le parcours intellectuel de Leopold Zunz*. Paris, Cerf, 1998.

Trebitsch Michel et Granjon Marie-Christine (éds), *Pour une histoire comparée des intellectuels*. Paris, Editions complexe, 1998.

Trouillet Bernard, *Das deutsch-französische Verhältnis im Spiegel von Kultur und Sprache*. Weinheim und Bâle, Beltz Verlag, 1981.

Turgeon Laurier, Delâge Denys et Ouellet Réal, *Transferts culturels et métissages. Amérique / Europe XVIe—XXe siècle*. Les Presses de l'Université de Laval, 1996.

Wachtel Nathan, *La vision des vaincus. Les Indiens du Pérou devant la conquête espagnole, 1530—1570*. Paris, Gallimard, 1971.

Wachtel Nathan, *Le retour des ancêtres. Les Indiens Urus de Bolivie, XXe— XVIe siècle. Essai d'histoire régressive*. Paris, Gallimard, 1990.

Warburg Aby, *Ausgewählte Schriften* (Dieter Wuttke éd.). Wiesbaden, Verlag Valentin Koerner, 1980.

Werner Michael, Histoire littéraire contre Literaturgeschichte. La genèse d'une vision historienne de la littérature en France et en Allemagne pendant la première moitié du XIXe siècle. In: *Genèses*, 14, janvier 1994, p. 4—26.

Werner Michael, Maßstab und Untersuchungsebene. Zu einem Grundproblem der vergleichenden Kulturtransfer-Forschung. In: Jordan Lothar / Kortländer Bernd (éds), *Nationale Grenzen und internationaler Austausch. Studien zum Kultur- und Wissenschaftstransfer in Europa*. Tübingen, Niemeyer, 1995, p. 20—33.

Wismann Heinz, *Modus interpretandi*. Analyse comparée des études platoniciennes en France et en Allemagne au XIXe siècle. In: *Philologie und Hermeneutik im 19. Jahrhundert 2*, éd. par Mayotte Bollack et Heinz Wismann. Göttingen, Vandenhoeck & Ruprecht, 1983, p. 490—512.

Yates Frances Amelia, *L'art de la mémoire*. Paris, Gallimard, 1975.

索　引

图书在版编目(CIP)数据

法德文化迁变 / (法)米歇尔·埃斯帕涅
(Michel Espagne)著 ; 齐赵园译. -- 上海 : 上海人民
出版社, 2025. -- ISBN 978-7-208-19175-4

Ⅰ. K565.03; K516.03

中国国家版本馆 CIP 数据核字第 20243GZ879 号

责任编辑　张晓婷
封面设计　苗庆东

法德文化迁变

［法］米歇尔·埃斯帕涅　著

齐赵园　译

出　　版　上海人民出版社
　　　　　（201101　上海市闵行区号景路 159 弄 C 座）
发　　行　上海人民出版社发行中心
印　　刷　上海商务联西印刷有限公司
开　　本　720×1000　1/16
印　　张　19.5
插　　页　3
字　　数　259,000
版　　次　2025 年 2 月第 1 版
印　　次　2025 年 2 月第 1 次印刷
ISBN 978 - 7 - 208 - 19175 - 4/K · 3429
定　　价　108.00 元